生活因阅读而精彩

 生活因阅读而精彩

明太祖秘史

三石 ◎ 著

中国华侨出版社

图书在版编目(CIP)数据

明太祖秘史 / 三石著. —北京：中国华侨出版社，2014.6
("翰林书院"帝王史系列)
ISBN 978-7-5113-4697-1

Ⅰ.①明… Ⅱ.①三… Ⅲ.①朱元璋(1328~1398)–传记
Ⅳ.①K827=48

中国版本图书馆 CIP 数据核字(2014)第113519号

"翰林书院"帝王史系列：明太祖秘史

著　　者 /	三　石
责任编辑 /	月　阳
责任校对 /	孙　丽
经　　销 /	新华书店
开　　本 /	787毫米×1092毫米　1/16　印张/20　字数/279千字
印　　刷 /	北京军迪印刷有限责任公司
版　　次 /	2014年8月第1版　2020年5月第2次印刷
书　　号 /	ISBN 978-7-5113-4697-1
定　　价 /	68.00元

中国华侨出版社　北京市朝阳区静安里26号通成达大厦3层　邮编：100028
法律顾问：陈鹰律师事务所
编辑部：(010)64443056　　64443979
发行部：(010)64443051　　传真：(010)64439708

总序

　　滚滚长江东逝水，浪花淘尽英雄。是非成败转头空。青山依旧在，几度夕阳红。白发渔樵江渚上，惯看秋月春风。一壶浊酒喜相逢。古今多少事，都付笑谈中。

　　这首词是明代杨慎《说秦汉》的开场词，深沉悲壮，意境高远。后来罗贯中将其收入《三国演义》，更被广为传诵。

　　虽为《说秦汉》的开场词，但作者的视野却没有局限在秦汉两代上，而是高屋建瓴地从历史事件和人物经历中，概括出一些始终能让人产生共鸣的思想感情，比如"空"。古来多少英雄是非成败，犹如大浪淘沙转眼成空。字里行间抒发了对历史变迁、英雄故去的感慨：无数英雄豪杰长眠地下之后，生前所有的是非得失、荣辱成败又有什么意义呢？在横亘古今的"青山"面前，"夕阳红"不过是人生短暂的美好时光而已。一个"空"字，无限感慨，几多惋惜，尽在其中。

　　本序言为何以这阕词为引子？是因为笔者认为这阕词可称为"史论"。它综观历代兴亡盛衰，以英雄豪杰的成败得失抒发感慨，体现了一种旷达超脱的人生观和历史观。在这种人生观和历史观指导下，我们认识和了解本套书的诸多帝王才更有宏观感和穿透力。

　　中国正统朝代的皇帝，加上一些农民起义建立的政权，皇帝总数不少于四百位！如何在这么多君王中选出十二个，实在不是简单的事。丛书撰写组最终在名气、正史、评价等综合因素考虑下，遴选出了如下十二位帝王，作为"帝王秘史"

的第一辑。这十二位帝王分别是：

统一六国，结束战国乱世的秦始皇嬴政；

起于亭长，击败西楚霸王项羽的汉高祖刘邦；

平定内乱，北击匈奴的汉武帝刘彻；

统一北方，奠定魏国基业的魏武帝曹操；

一统华夏，被西方称为"中国最伟大皇帝"的隋文帝杨坚；

文武双全，堪称帝王典范的唐太宗李世民；

毁誉参半的历史上唯一一位女皇帝武则天；

弯弓射雕，横扫欧亚的一代天骄成吉思汗；

乞丐出身，推翻元朝残暴统治的明太祖朱元璋；

开创明朝辉煌时代的明成祖朱棣；

南征北战，在位61年的康熙皇帝玄烨；

在位60年，有"十全老人"美称的乾隆皇帝弘历。

这十二位帝王，毫无疑问都开创或推动了一个时代的文明与繁盛。无论是时势造英雄，还是英雄改变时代，他们都是华夏星空中熠熠生辉的历史"明星"。本丛书的每一分册，都在有限而真实的史料基础上，以生动的语言和独特的视角，叙写他们百转千回、波澜壮阔的一生，展示了他们的成功与失败、高潮与低谷、坚定与疑惑、气魄与迷茫……

每位帝王都曾抒写过一段历史，或雄壮或悲戚，给后人无穷的想象和感叹。你可以击节，可以唏嘘，更可以和篇首那阕词中通晓古今、豁达潇洒的"白发渔樵"一样，把古今多少英雄的是非恩怨、成败荣辱都化作可助酒兴的谈资，纵论古今、品评人物，笑谈之中，人生不亦乐哉！

是为序。

目录 Contents

第一篇　风云际会

第一章　痛苦时代中的翘楚

愤怒的陈友谅　　　　　　　003
颠沛流离　　　　　　　　　007
屋漏偏逢连夜雨　　　　　　011
落发皇觉寺　　　　　　　　014

第二章　金鳞出海

意外引发的恶果　　　　　　019
艰难的抉择　　　　　　　　022
羽翼渐丰　　　　　　　　　027
行军路上的"偶遇"　　　　033
道德和策略的制高点　　　　036

第三章　真正的对手

应天府　　　　　　　　　　040
最大的盐贩　　　　　　　　043
陈友谅的崛起　　　　　　　048

第二篇　天下谁属

第四章 ／ 隐忍与爆发
　　正确的决策　　　　　　　　055
　　"神仙"刘伯温　　　　　　　059
　　试探　　　　　　　　　　　062
　　鹬蚌相争　　　　　　　　　066

第五章 ／ 鄱阳湖之战
　　致命的失误　　　　　　　　070
　　拉锯战　　　　　　　　　　075
　　鄱阳湖的火光　　　　　　　078
　　最后的挣扎　　　　　　　　081

第六章 ／ 南方群雄的种种
　　称王的插曲　　　　　　　　085
　　错失机会的张士诚　　　　　088
　　性格决定命运　　　　　　　092
　　平定江南　　　　　　　　　095

第七章 ／ 北定中原
　　不曾被遗忘的角落　　　　　098
　　元朝的犹豫　　　　　　　　101
　　攻陷大都　　　　　　　　　103
　　内乱　　　　　　　　　　　108

第八章 / 收尾

朱元璋的打算　　　　　　　　111
三军北伐　　　　　　　　　　116
灭夏国　　　　　　　　　　　121

第三篇　百废待兴的王朝

第九章 / 最后的隐患

君临天下　　　　　　　　　　127
对宗教的镇压　　　　　　　　129
灭梁王　　　　　　　　　　　131
收服纳哈出　　　　　　　　　134
安抚女真族　　　　　　　　　137
朱元璋的优点　　　　　　　　139
知识的力量　　　　　　　　　141

第十章 / 民以食为天

吃饱饭不是一件容易的事　　　146
发展到极致的屯田　　　　　　148
倒霉的地主　　　　　　　　　153
无法逃脱的人口普查　　　　　157

第十一章 / 腐败的怪圈

空前绝后的反腐令　　160

空印案和郭桓案　　162

历史性难题　　167

《大诰》　　170

无处不在的锦衣卫　　175

第十二章 / 龙椅上的农民

心中的乌托邦　　178

规则制定者　　182

化民成俗　　184

对外贸易中的疑云　　186

何处定都　　188

第四篇　权杖上的刺

第十三章 / 白刃不相饶，文人若寒蝉

学校教育　　195

科举制　　198

内容与意外　　202

旧朝新臣　　206

无辜的孔孟　　208

猜忌和屠戮　　212

第十四章 / 皇权的极致

朝堂上的争斗　　　　　　　　　215

高手过招　　　　　　　　　　　218

改变命运的谈话　　　　　　　　220

胡惟庸的天真　　　　　　　　　223

宰相制度　　　　　　　　　　　227

李善长的失误　　　　　　　　　229

覆灭　　　　　　　　　　　　　232

大局已定　　　　　　　　　　　235

第十五章 / 将星陨落

开国与治国　　　　　　　　　　238

朱元璋的办法　　　　　　　　　241

时间的问题　　　　　　　　　　244

死因成疑的李文忠　　　　　　　247

蓝玉的时代　　　　　　　　　　251

军人的荣耀　　　　　　　　　　254

性格之后的黑幕　　　　　　　　257

壮烈的傅友德　　　　　　　　　259

开国大将们最后的命运　　　　　262

第五篇　帝王家事

第十六章 / 王的女人
马皇后　　　　　　　　　　267
后宫的典范　　　　　　　　269
后世的纪念　　　　　　　　272
朱元璋和他的嫔妃们　　　　276

第十七章 / 凤子龙孙
太子朱标　　　　　　　　　280
朱标之死　　　　　　　　　284
藩王世相　　　　　　　　　288
公主们的命运　　　　　　　291

第十八章 / 念念不忘身后事
最后的法令　　　　　　　　294
后事的交代　　　　　　　　298
撒手人寰　　　　　　　　　300
功过谁说　　　　　　　　　304

第一篇　风云际会

第一章 / 痛苦时代中的翘楚

愤怒的陈友谅

陈友谅愤怒了，并且是出奇地愤怒了。这名出身于沔阳的渔家对自己对面的对手只有一个愿望，那就是食其肉、寝其皮。

几天之前，陈友谅还沉浸在巨大的喜悦之中，他已经成为皇帝，有了自己的文武百官，有了一支庞大的舰队，只要攻克应天，朱元璋就会同他以往的对手一样消失，而他将成为江南之地的新的主人。陈友谅如此自信还有一个理由，那就是在朱元璋军中效力的康茂才早已经成为了他的内线，他只需带着舰队去和康茂才里应外合，就可以杀朱元璋一个措手不及。

但是，一生自恃精明的陈友谅怎么也想不到，康茂才的间谍身份其实是朱元璋授意的。由于康茂才守的是江东桥，所以双方约定在此大桥处会合。

而康茂才告诉对方江东桥是一座木桥，双方以"老康"为联络信号。所以在定下进攻路线之后，朱元璋便命人将江东的木桥改为了石桥，并布置好了天罗地网，只等着陈友谅的到来。

陈友谅如约而至的时候，他按照最初的约定呼唤着"老康"的名字，但是并没有得到任何的回应。而此时的陈友谅借着月光观察了康茂才所说的江东桥的时候，他惊奇地发现这不是康茂才在信中所说的木桥，而是一座结结实实的石桥。此时的陈友谅立刻觉醒到，自己中计了。心中一阵紧张的陈友谅并没有等到预想之中的伏兵，但是长期征战的直觉告诉他，这个地方并不安全。而这支舰队将要停留何处呢？

正在此时，陈友谅得到了另外一个情报，那就是他的弟弟陈友仁已经率领着数万人马在新河口北面的龙湾登陆了。这一消息无异是黑暗中的一丝亮光，陈友谅当即决定率舰队前去龙湾。很快，这支舰队就达到了龙湾，陈友谅开始组织士兵上岸，一切没有异常，他没有想到，在他下令士兵弃船登岸的时候，背后已经有一双眼睛正死死盯住了这一切。

正在这个时候，冷静至极的朱元璋摇起了象征着进攻的黄色旗帜。一时间，隐藏在龙湾附近的五路军队在徐达、常遇春等人的率领下，对汉军展开了轮番冲击。从军士的战斗素养上来讲，朱元璋以训练有素的骑兵为主，而陈友谅的军队则是习惯水战的步兵。面对突如其来的凶神恶煞，陈友谅军自然毫无斗志，纷纷奔向自己熟悉的船只。但是上天也帮了朱元璋大忙，此时正是退潮之时，船只搁浅。一片混乱之中，陈友谅找到了一条吃水较浅的小船拼命逃窜，一路逃到了九江。

这就是陈友谅愤怒的原因。他没有想到的是，自己已经够足智多谋了，而朱元璋还是计高一筹。仅此一战，陈友谅损失了两万名士兵，还有将近一万人做了朱元璋的俘虏。除此之外，陈友谅这次所率领的100多艘大船和数百艘小船也悉数成为了朱元璋的财产。而对面只会偷袭的朱元璋几乎没有任何损失。

陈友谅的愤怒是可以理解的，他在乎的是并不是那些损失的士兵和战船。士兵没有了可以继续招募，战船没有了可以继续建造，他愤怒的是一直在水面纵横无敌的自己竟然遇到了这样一个对手。朱元璋仿佛是一名高明的猎手，将陷阱一点点地挖好，然后拿着一张大网准备猎物的到来。

狼狈离开的陈友谅一路一面咒骂着朱元璋，一面准备着另外一项计划。

与此同时，刚刚打完胜仗的朱元璋心情大好，他开始视察自己所管辖的这片土地，也就是应天。这也成为了他后来的习惯。

在无意之中，朱元璋来到了紫金山上的一座禅寺。在这兵荒马乱的时节，寺院也不是久留之地。朱元璋还是选择叩开了禅院的大门，希望能够在这里借宿一宿。看门的小僧见朱元璋手持宝剑，相貌又异于常人，不敢对其有所阻拦，朱元璋于是就很顺利地进入了寺院之中。

但是寺院里的住持对于朱元璋的到来却心存疑虑。在他眼中，朱元璋可能就是一个习惯打家劫舍的强盗。为了防止意外情况的发生，谨慎的住持开始询问朱元璋的具体情况。心思缜密的朱元璋很快就明白了住持的心意。没有做过多的回答，朱元璋只是沉默不语。而禅师见状，继续向朱元璋讲述佛家的道理。希望能够用佛家教义来感化这位来路不明的恶汉。

朱元璋并没有恼怒，而是听完了老僧的讲述。朱元璋没有表示赞同，也没有表示反对。这种沉稳让一向镇定的禅师都暗自吃惊，他从未遇到过这样的香客。送走这位陌生的香客后，禅师自己也陷入沉思之中，他对香客的身份也产生了好奇，打定主意想第二天问个清楚。

第二天清晨，禅师准备把问题问个清楚的时候，客房里早已经空无一人了。而寺院的大殿之上；却留着一首被后世称为《愤题和尚诘问》的诗句：

杀尽江南百万兵，腰间宝剑血犹腥。老僧不识英雄汉，只管哓哓问姓名。

老僧见状，若有所悟。按照正常识人与阅人的经验，老僧也可称得上是阅人无数了，但是他从来没有遇到过一个这般的香客。他仿佛是一汪并不起眼的湖水，但是却深不见底。老僧万没有想到，他与这位陌生的香客依然有一次见面的机会，只不过那是这位香客已经成为了高坐在龙椅之上的帝国统治者，当然这都是后话了。

颠沛流离

在古今中外的所有帝王之中，朱元璋的出身可以说是最为卑微的。一般来说，很多人都愿意提及自己祖上的光荣事迹并以此来证明自己高贵的血统，但非常不幸的是，朱元璋的祖上并没有任何显赫的事迹，可以说是彻头彻尾的农民。

根据历史考证，朱元璋的高祖名叫朱百六。朱百六娶了胡氏后生了两个孩子，老大叫作朱四五，老二叫作朱四九。老二朱四九就是朱元璋的曾祖父。而朱四九后来又娶了侯氏，生下了四个孩子，分别叫作朱初一、朱初二、朱初五以及朱初十。看到这里，一些读者可能会有一些疑问，这是正常人的名字吗？事实上，这是朱元璋家族族谱上的名字。造成这种现象的原因有一个：那就是穷。作为一个只能在土里刨食的农民，名字只是孩子的一个编号，并不具备任何的象征意义。古代礼仪传承下来的那一套对朱家来说宛如天书。除此之外就是宋元以来，普通的平民百姓如果不上学或者不当官就没有正式的名字，只能以父母的年龄相加或者以出生的日期命名。

到了朱元璋祖父，也就是朱初一的时候，他娶了王氏为妻，然后生了两个男孩。这两个男孩一个叫作朱五一，一个叫作朱五四。

在前面说，朱氏一族是在土里刨食，这并不是虚言。朱氏一族因为家庭贫困，他们这一族到金陵的时候，所从事的行业是淘金户。在一些人的眼中，淘金可能是一个迅速致富的行业，但事实并非如此。淘金在当时可是一个不折不扣的苦差事。这又是什么原因呢？按照当时元朝的户籍制度，每个人都有固定的户籍，而这个户籍基本上也规定了一个人所要从事的行业，并且这种行业不是可以随意改变的。这其中就包括有匠户、民户、医户、淘金户等诸多的类别。而朱元璋的祖辈们户籍上所规定的就是淘金户。所谓的淘金，并不是为自己淘金，而是负责给官府淘金。淘金户在泥沙之中淘取金子后然后用来缴税。随着时间的增加，淘金也变得越来越困难。为了维持生活，百般无奈之下，只得举家搬迁，移居到了现在被称为盱眙的地方。即便到了现在，如果有人去苏北，依然可以看到后来的朱元璋在盱眙为他的祖先修建的明祖陵。

朱五一在盱眙居住了一段时间后，发现在这里讨生活同样不是一件简单的事。无奈之下，朱五一只好率领着全家一路继续迁徙，最后到达了今天的安徽凤阳。没过多久，朱五四随后也来到了这个地方。一路不断漂泊的朱氏始终没有想到，这一支贫困的家族却十分多子。朱五一在盱眙有了三个孩子，分别是朱重一、朱重二、朱重三；而朱五四则在盱眙生下了朱重四和一个女儿。后来，朱五一家增加了另外一个男孩，名字叫作朱重五。继续漂泊的路上，这对食不果腹的兄弟继续着自己扩大子孙的计划，朱五四的后代很快就排行到了朱重六、朱重七，这期间还不算他又生下的一个女儿。

公元 1328 年，朱五四已经 47 岁了。长期糟糕的生活状态让这个年近半百的朱五四完全成为了一个老头。但是很难想到的是，在这样的年纪，他还是生下了另外一个孩子，这个男孩也就很自然地顺承了哥哥们的排行，家人称他为朱重八。

然而，这是一个没有被关注的生命，他的出生就像一棵野草，隐藏在元帝国不为人知的角落之中。对于朱五四来说，他早就过了喜得孩子就备感喜悦的年纪了。他要面对的首要问题并不是这个孩子吃饭的问题，而是当时朱家穷得没有一块裹住自己身子的破布，幸好此时朱家人在河边捞到了一块红绸布，于是这块红绸布就成为了朱元璋最初的襁褓。在朱元璋称帝以后，朱家捡到红绸布的地方被后来的人们传得神乎其神，以至于后来此地的地名都改作"红罗幛"。

在出生后很长一段时间里，朱重八对生活最为深刻的感受就是一种刻骨铭心的饥饿。

身在社会底层的朱元璋对未来没有奢望，他生命中的第一份工作就是放牛。不是此时的朱重八不懂得读书的重要性，而是他确实付不起先生的学费。最重要的是，他需要吃饭。当然，在放牛之余，朱重八还是有一些娱乐活动的。

明代王文禄的《龙兴慈记》曾这样记载：

圣祖幼时与群牧儿戏，以车辐版作平天冠，以碎版作笏，令群儿朝之，望见俨然王者。

在这个已经无从考证真伪的故事里，我们可以简略地知道这是一个天生具有极强领袖欲望的男孩。至于朱重八的文化活动，那基本就是听说书先生说书了。在隋唐、三国和杨家将等评书里，朱重八模糊地知道了"君叫臣死，臣不得不死"，同时也知道了在遥远的朝堂之上，有"忠臣"也有"奸臣"。朱重八在小小的乡村所能得到的资源仅仅也只能是这些。

史书上称朱重八自幼聪明，在《明太祖实录》中有这样的记载：

太后（指朱的母亲）尝谓仁祖（指朱的父亲）曰："人言吾家当生好人。今诸子皆落落,不治产业。(指上曰)岂在此乎?"

从后来朱元璋的种种表现来看，他的智商以及情商绝对是高于众人的。但是，如果没有意外，朱重八的命运早早会被贫困和饥饿锁定在自己熟悉的土地之上。等到朱重八长到十几岁的时候，家人会找人做媒，找一个手脚勤快、能够干活的姑娘作为他的媳妇，然后生下自己的儿女。但是一场意外打破了小朱重八对未来生活的向往。

屋漏偏逢连夜雨

元至正三年到四年,也就是公元 1343 年到 1344 年,一向不缺水的淮河两岸发生了干旱。田里的庄稼被晒得枯黄得就像一棵棵荒草,土地干裂得就像是一块块硬邦邦的石头,到处是裂缝,很多人在百般无奈之下恨不得找个地缝钻进去从里面舀上些水来。

但是干旱并不是唯一的灾难。就在人们的身体已经虚弱到极致的时候,一场瘟疫又在这片土地上降临了。对于这样的情况,大部分的农民并没有恐慌,而是打起包裹,走上了逃难的道路。

朱五四的一生可以说都是在逃难中度过的,如今他已经 64 岁了。按照当时的平均寿命,这已经是难得的高寿了。此时的他须发皆白,身躯佝偻。长期的营养不良已经让他丧失了再次逃难的能力。而瘟疫首先攻击的目标就是这些抵抗能力极弱之人。沾染上瘟疫的朱五四自然也没钱请大夫,只能默默等待着死亡的到来。

这一年的四月初六,朱五四结束了自己的苦难,撒手西去。然而,这对于朱家来说,并不是困难的结束,而是苦难的开始。就在朱五四去世之前,朱重八的哥哥朱重四也倒下了,然后同朱五四的命运一样,四月初九,朱重四去世。朱家的死亡名单并没有就此结束,大哥朱重四去世以后,他的长子也去世了。到了最后,朱重八 59 岁的老母亲陈氏终于给这个名单画上了一个句号。

此时只有 17 岁的朱重八，看着自己的亲人在一个一个死去，自己却无能为力。这或许就是人世间最大的痛苦吧。短短的 13 天内，连续失去了 4 位亲人。这种打击对于一个半大的孩子而言，不可谓不沉重。

事实上，在这次灾荒之前，朱重八的二嫂和三嫂都已经先后病故了。二哥的独生子也夭折了。一个原本人丁兴旺的大家庭转眼之间就剩下了朱重八和他的二哥朱重六以及大嫂王氏和她的一双小儿女。而大嫂已经带着儿女逃荒去了。这样一来，家里就只剩下朱重八和自己的二哥了。

此时朱重八唯一发泄的办法只剩下哭泣。但是哭并不能解决实际的问题。要埋葬自己的父母和亲人。可是，朱重八所面临的状况是没有棺材，没有寿衣，甚至没有一块可以埋葬尸体的坟地。

走投无路之下，朱家仅存的兄弟俩只好厚着脸皮去央求地主刘德，希望刘德看在父亲给他当了一辈子佃户的分上，找个地方让他埋葬了自己的父亲。刘德想都没想，干净利索地拒绝了兄弟俩的请求。原因很简单，朱五四在耕种他土地的时候，给他干过活，但是他也给过朱五四饭吃。

吃了闭门羹的兄弟俩此时真的是上天无路，下地无门。自己的脚下就是大片的土地，但是没有一块是属于他们的。最后还是一位好心人看不过去，给了他们一小块荒地来埋葬自己的父母，朱重八这才让死去的双亲有了尺寸之地。年幼的朱重八此时并不明白，自己的父母在土地上辛勤耕作了一辈子，却在死后连入土为安都无法做到。但是，此时朱重八脑袋里并没有足够的时间来考虑这个问题，因为他首先要解决的就是吃饭问题。

家破人亡用来形容此时的朱重八是一个再好不过的词语了。面对这种困境，兄弟二人也准备延续家族的逃难历程。在这个世界上，穷人命如蝼蚁，甚至比蝼蚁更加脆弱。兄弟二人在分开逃难的前夕抱头痛哭，因为经此一别，或许以后永世不能再见。多年以后，已经成为皇帝的朱重八在《皇陵碑》中是这样回忆当年凄惨的景象的：

兄为我伤，我为兄哭，黄天白日，泣断心肠！

兄弟两人的哭声惊动了隔壁的汪大娘。这位善良的大娘给兄弟俩出了个主意。朱重八的二哥已经成年，出门逃难还可行，但是朱重八年龄太小了，不如到村头的皇觉寺里当个和尚吧。可是和尚也不是任何人想当就能当的，虽然自己本身也并不富裕，但是汪大娘还是掏出了压箱底的钱，替朱重八买了香烛礼品，把他送到了庙中。

落发皇觉寺

皇觉寺后来又改名为黄寺、龙兴寺,据说最早是在宋朝建立的,在金兵和元兵南下的时候几次遭到毁坏。此时的皇觉寺是元朝初年建立的,虽然规模不是很大,但是终归是一个可以让朱重八吃饱饭的地方。

朱重八来到了寺庙,原本的目的就是为了讨一口饭吃。在寺庙里,他从事的工作和长工是非常类似的。那些年长的和尚对他的态度和地主刘德差不多。这些和尚有自己的田地,平时也向附近的农民出租田地。虽然朱重八依然很辛苦,但是好歹是吃上了饭。可是好景不长,朱重八寄身的寺庙也遭到了灾荒的打击。没过多久,寺庙里同样也揭不开锅了。无奈之下,寺院的住持也只能让和尚们自己云游找食物去了。

对于刚刚入寺的朱重八而言,想要活命的出路只剩下乞讨了。只不过来到皇觉寺使乞讨的时间向后推迟了几十天而已。如果要说有什么不同,那就是皇觉寺给了朱重八一个和尚的身份和一个比一般乞丐要体面的行头,这包括了一个木鱼,一只瓦钵。从这一天起,朱元璋开始了自己长达三年的流浪生涯。对于这段时光,后来他在自己写的《皇陵碑》中有这样的描述:

居未两月,寺主封仓,众各为计,云水飘飏。我何作为,百无所长,依亲自辱,仰天茫茫,既非可倚,侣影相将,朝突炊烟而急进,暮投古寺以趋跄,仰穷崖崔嵬而倚碧,听猿啼夜月而凄凉,魂悠悠而觅父母无有,志落魄而侠伴。西风鹤唳，俄淅沥以飞霜，身如飘蓬逐风而不止，心滚滚乎沸汤，一浮云乎三载，年方二十而强。

这一百多个字，是关于朱元璋流浪生涯的唯一官方记载。这段话语言直白，情词并茂，把朱重八的流浪生涯表现得十分生动。但是，这并没有结束，这三年的流浪生涯可以说是改变了朱重八命运和性格的三年。

当朱重八背上破包袱，手拿木鱼和瓦钵的时候，他眼中的世界已经发生了变化。在此之前，他自己只是被多个社会系统牢牢钉死的。无论是户籍本、家谱册乃至后来的和尚度牒，这都是社会对他个人身份的一种承认。他是大元朝濠州府钟离县太平乡的一个男丁，是朱氏家族亲戚关系中的一个结点，也是皇觉寺中的一名小僧侣。他的生活应该是恪守三纲五常、娶妻生子，或者一心念佛，生老病死。

可是，一场由饥荒引起的巨变可以说是扯断了他身上所有的锁链。父母已经寒酸地被埋葬，唯一的亲兄弟已经不知在何处逃荒，一切家族亲戚的关系就此被割裂，即便是他试图栖身的寺庙此时也无法再容得下他了。第一次，官府不再管他，长辈不再管他，甚至住持也不再收留他。此时的朱重八一无所有，同时也失去了自己的定位，仿佛一枚被遗弃的棋子。

艰苦的流浪生活就此开始。朱重八首先向南一直走到合肥，然后又向西走到了河南固始。在随后的几年时间里，朱重八走遍了包括庐州、六安、汝州等地，具体来说就是包括今天的安徽北部、河南东部、江苏北部这一带。可以想象的是，一个刚从农村里出来，双眼还对这未知的世界充满迷惑的十六七岁的孩子，他要经历的饥饿、孤独和艰辛是常人难以想象的。我们可以简单地发挥一下想象力，流浪在外的朱重八吃过大户人家施舍的白面馒头，也曾以草根和野菜为食。至于住，他住过村边的破庙，也曾睡过山洞。

朱重八在外流浪的三年，等于是在社会上读了三年书。只不过这本社会的大书教给他的东西足够他受用一生了。毕业之时，朱重八的成绩是非常不错。从起初的不适应，到成为了流浪的老手。

和以往挨饿但是平静的村庄生活相比，外面的世界实在是太过精彩也太过繁华了。他看到了在村庄里无论如何也不会看到的社会百态。三年的时间，让朱重八对当时的社会和纷繁的世相有了更加深刻的了解。在与各色人等都打交道的过程中，他感受过勇气和善良，也见识到了邪恶和冷酷。根据朱元璋晚年的回忆，他后来颇为得意地对自己的子孙说：其"阅人既多，历事亦熟"，"人情善恶真伪，无不涉历"。这种知人识人的本领，相当程度上就是在这三年流浪的生涯中历练出来的。

流浪的生活可以说改变了朱重八的命运，也改变了他的性格。虽然在村庄的时候，朱重八已经表现了与常人迥异的聪明和大胆，但是从本质上来说他还是一个性格质朴的农村少年。然而三年的漂泊和流浪可以说打破了这种质朴，对于几乎每天都在饥饿线上挣扎的朱重八而言，活着就是目的，吃饱就是价值。从此以后，实用主义的信条就深深植根在了他的脑海之中，并贯穿了他的一生。而随着一次次与死亡擦肩而过，在原本质朴的道德血液中又很罕见地注入了冒险元素。

如果说原本聪明伶俐的乡野孩子朱重八是深埋在穷山僻壤中的一块铁矿石的话，那么三年的流浪生涯已经将他冶炼成了一块上好的生铁，等着更险恶的环境将其进一步锻造成特种钢材。

三年以后，再次回到孤庄村的朱重八已经完全长大成人了，他的眼睛里不再有热情和天真，却多了些许阴凉和老练。对于这种变化，史书上有很清楚的描述，那就是："志意廓然，人莫能测。"因此，这三年的流浪生活对后来的朱重八来说，无论怎样强调其重要性都不为过。从农民到流浪僧人的转变，不仅仅是衣着和身份的改变，更是一种心灵上的质变。

根据《皇朝本纪》中的记载，朱重八在外游历了三年后，决定重新回到皇觉寺。在皇觉寺，朱重八开始了自己全新的生活。具体来说就是他知道立大志、勤奋学习了。以前很少有机会读书的朱重八，在云游三年之后，开始了真正地阅读佛经和其他书籍。也正是这样的机遇让朱重八有了一个稍微平稳一些的读书环境。

但是寺庙里也并不平静，在一些野史的记载中，此时的朱重八已经显露出了一些异于常人的现象。

一个传说是当时的朱重八每天都要打扫寺庙的厅堂，而厅堂之上有很多佛像都在一起。有一次，他看见佛像的脚挡住了他打扫的范围，就随口说了一句，"赶紧缩回去"。结果这个佛的脚果然就缩了回去，给朱元璋让开了一条路。

还有一个更为离谱的传说。众所周知，一个佛像前面的蜡烛台被老鼠咬坏了。朱重八就心想，这个佛还有什么用，连自己面前的烛台都保不住。他就恶作剧般在佛像的背后写了几个字——"发去三千里"。这原本只是朱重八无心开的一个玩笑，结果没有想到这天晚上很多和尚都做了同一个梦，梦见那尊佛像前来向他们告别。和尚们都很奇怪，连忙问是什么原因。佛说是当世之主遣发我。而这个当世之主也就是未来要做皇帝之人。到了第二天清晨，和尚们开始检查这座佛像，发现有朱重八在佛像背后写的字才明白其中的原委。朱重八得知此事后很淡然地说："这只是一个玩笑罢了，我已经赦免他了。"结果到了第二天晚上和尚们又做了一个梦，梦见这尊佛特意感谢朱重八的赦免。

这两个故事在今天看来是太过虚假了，但是这在明代王文禄写的《龙兴慈记》中是有着明确记载的。事情的真假早已经是无从考证，作者的动机后人也难以揣摩。但是无论如何，假如此时的朱重八在没有任何意外的情况下，凭借着他的聪敏，或许能够成为一代精通佛学的大师，传经布道，终老一生。

第二章 / 金鳞出海

意外引发的恶果

其实就在朱重八"闭门读书"的这一段时间内,外面却发生了一件轰动一时的大事,这件事就是元政府终于要修黄河了。元至正十一年,也就是公元 1351 年的四月二十二日,当时的工部尚书兼河防使贾鲁在汴梁组织了 15 万民工共计 13 路,会同庐州当地的戍军 20000 余人,从黄陵冈开始,西到阳春村,南到白茅口,准备一共挖出河道计 280 里,将黄河之水勒回旧道,以绝水患。

其实这件事的起因是在好几年前,在至正三年(1343)的时候,也就是朱重八的家乡还在饱受干旱灾害的时候,当时黄河在白茅口处决堤,次年四月下了一场暴雨,使得黄河水位暴涨,再次于白茅堤处决堤。六月的决堤,使得黄河两岸备受水灾之害。重修河堤是一个工程量浩大的事情,早已经对底层丧失了统治能力的元朝不敢也没有能力发动起这样的一个工程。

但是当时的宰相脱脱并没有想那么多,他简单地认为,河堤被冲垮了就要修,只有修好河堤后,流民才能回归家乡,社会也就才能安定下来。但是他将事情想得太简单了。当修河堤的命令从元大都里传下来的时候,各级官员是异常兴奋的,这倒不是因为他们有多么关心百姓的死活,只是因为他们认为自己放手捞钱的机会来了。但这些官员更加没有想到的是,那些早就对元政府心存不满的人也看准了这个时机。

果不其然,当这一浩大工程还在大量招集河工的时候,就走漏了消息,教韩山童得知后便派人四处去散播一个童谣:"石人一只眼,搅动黄河天下反。"暗中则命人事先凿了一个脸上只有一只眼睛的石人,悄悄埋在了黄陵冈那一地段。

这一天,当那些干活的河工们挖到了黄陵冈这一段时,挖着挖着,突然就在一棵树下挖出了一个只长着一只眼的石人,很多人都愣在了当场。一时间河工们当场色变。这不正说明,可以造反了吗?平日里,那些元政府的官员们总是七七八八地找出许多理由来百般克扣他们的工钱,如今再加上那些人的一蛊惑,立马群情高涨,工地上闹翻了天,人人都双手合十口中念佛,因为一切都应验了那个童谣所言,也就是说他们翻身的日子就要到了。

另一方面,韩山童已经在白鹿庄内聚集了3000多人,他们在经过斩白马和乌牛祭告天地之后,他们纷纷高呼韩山童既然是宋徽宗的第八代孙子,那么就当为华夏大地之王。而刘福通既然是刘光世的后人,就要辅佐着韩山童起义,还大好河山于大宋王朝。这些人立马歃血为盟,纷纷将一块红巾戴在头上。可就在他们准备拥立新君起义的时候，不料大队的官兵涌至了白鹿庄。

原来事情不小心走漏了风声，被及时赶来的元政府官兵围住，结果韩山童一时间脱身不得，被逮了个正着，被官兵当场砍死。好在他的妻子带着儿子及时逃脱，从此隐姓埋名过起了安生日子，算是留住了韩家的一支血脉。

刘福通奋力抵抗，最后冲出了重围，看来已经等不到相约起义的日子了，刘福通把心一横，索性就地就时起义。在刘福通的带领下，义军很快攻占了颍州、上蔡、罗山以及正阳和霍山等地，随后又分兵攻取了舞阳和叶县等地方。

那些黄陵冈上的河夫们，在得到信号之后也是揭竿而起，他们杀死了监工的河官，头上包上了红巾。据探报的报告，据说当时到处是一片红，而众多河工在和主力部队会合之后，这支起义军已经成为了一支拥有着60000多人的一支大部队了。

艰难的抉择

在元政府看来，一向极为温顺的农民是不会也不敢造反的，毕竟造反这件事代价实在是太高了。但是，高高在上的元政府高估了民众的忍耐程度。当普通民众连像狗一样生存下去都是一种奢望的时候，反抗成为了维持个体生存最危险但也是唯一的一种方式。

当寺庙之外已经乱成一团糟的时候，朱重八依然在皇觉寺里老实做着和尚。在这里，他能够吃饱饭，而这相对于其他人来说，朱重八的处境已经非常之好了。从种种的迹象看，此时的朱重八并没有起兵造反的意思。虽然几年前的一场灾祸让朱重八几乎丧失了所有家人，但是他并没有将这一切都怪罪给元政府，他唯一所能埋怨的就是那个他看不见的老天爷。

但是佛门之地并非一处清静之地。在义军蜂起之时，元政府派出了大量的军队对义军进行了镇压。镇压的效果并不明显，这主要是因为义军有一个活动灵活的天然优势，还没有等到政府军前来镇压的时候，义军早已经不知逃离到了何方。此外，还有一点，义军是不需要后勤补给的，这对于正规军来说无疑是一个更大的优势。在交战的初期，正规军虽然装备精良，人数众多，但往往占不到任何便宜。但是正规军想要的是立功，想要趁机捞钱也不是没有办法，他们打家劫舍，掠夺财物。为了邀功，一些元军竟然抓了一些并没有参与造反的百姓来充做俘虏。在皇觉寺周围的一些村庄，好多村民都被元军当作俘虏杀掉了。见此情形，原本以为寺庙就是安身之所的朱重八对自己的命运产生了不确定感。如果哪天政府军为了凑俘虏人数，将自己拉过去充数，那自己就大事不妙了。

此时的朱元璋面临着人生之中一项极为重要的抉择。如果不参加义军，可能会被杀掉。而如果参加了义军，或许还能够有一线生机。就在朱重八左右徘徊之际，一封友人的信件让他心中的天平开始有了稍微的倾斜。

寄信的人是他幼年时期的好朋友汤和，信件的内容大概是说自己已经做了义军的千户，希望朱重八"速从军，共成大业"。接到这封信后，朱元璋的心情很复杂，在后来的历史记录中，他将这种情绪描述为"既忧且惧"，一时也没有特别好的处理办法。事实上，此时的朱重八也还没有拿定主意走上反抗的道路。

但是另外一个因素促使着他向前又迈进了一步。虽然朱重八在接到汤和的信件后很谨慎地将信件烧掉了，但是毕竟天下没有不透风的墙。万一哪个人向元军举报有义军向他写信，自己就很明显的是叛匪了。朱重八已经被逼上了绝路。当然，朱重八在离开皇觉寺的时候也不是那么义无反顾，而是自己给自己算了一卦。这段经历被朱重八后来写成了一篇叫作《纪梦》的文章，这篇文章详细记载了朱重八的心理变化：

岁在壬辰，纪年至正十二，民人尽乱，巾衣皆绛，赤帜蔽野，杀人如麻。良善者生不保朝暮。予尤恐之。特祝神避凶趋吉，惟神决之。若许出境以全生，以珓投于地，神当以阳报；若许以守旧，则以一阴一阳报。

从这个记载中，我们可以看到，朱重八用来算卦的工具是一个叫作"珓杯"的卜筮工具。珓杯是用竹或木做成的像杯一样的东西，杯口朝上是阳，杯口朝下是阴。两个杯抛起，落在地下，以阴阳来判别吉凶。

经过一番测算，卦象给朱重八的启示就是离开寺庙，开始新的冒险。既然神明和现实都逼着朱重八不能过安生的生活，那就索性到外面去冒险吧。

元至正十二年，也就是公元 1352 年，一个穿着破烂的年轻和尚来到了濠州城下，向守门的士兵要求进城去，准备参加红巾军。守卫一看，来的人身材高大，大鼻子大耳朵大下巴，两眼炯炯有神。士兵见此，总觉得这个和尚身上有点与众不同的地方。面对着士兵手中雪亮的大刀，这个看似僧人又不是僧人的人没有丝毫的恐惧之感。

此时城外正元军密布，守卫很自然地认为这个人有可能就是元军的奸细。虽然没有直接证据，但是本着宁可错杀但绝不放过一个的原则，守卫叫来几个人按住了这个不明身份的和尚，准备当作奸细杀掉。

没有审判，也不会有审判，如果不出意外，朱重八会被拉到护城河边处斩。虽然说选择过来投军是有风险的，但是他万万没有想到，他还没有当成兵就很有可能在下一刻成为刀下鬼。一般人遇到这种情况，只会埋怨自己来得不是时候，兵荒马乱的时节，人命如草芥，死也就死了。

但是朱重八没有慌张，他选择了大声呼喊。加上朱重八本身力气也大，和前来押送他的士兵扭打在了一起。他试图吸引更多军人前来围观，或许能有真正管事的人制止这几个守卫不问是非就杀人的行为。

谢天谢地，这个看似概率极低的方式竟然真的拯救了朱重八。此时正在城外巡视的起义军元帅郭子兴听到了这边有情况，连忙驱马前来，想看看这边出了什么事。此时正大敌当前，郭子兴的神经早已经绷紧了。从这个虽然年轻，但是长相奇特的小和尚的眼睛里，郭子兴没有看到任何的慌乱。从他的眼睛里，他看到的是沉着和冷静。郭子兴问了朱重八几个问题，此时的朱重八表现得神态恭敬，语言流利。不用多想，朱重八三言两语就使得郭子兴确信这个小和尚确实是为投军而来的。

朱重八的这一举动不仅挽救了他的生命，同时也可以说是开启了朱重八成功的序幕。郭子兴通过此事对朱重八的印象很深，他没有将朱重八编入到汤和的部队之中，而是把他调到元帅府做了自己的亲兵。

郭子兴没有看错人，在朱重八的身上，有一种出类拔萃的品质，这种品质就是不管做什么事情，只要着手去做了，他都会全心全意地做好。此外，郭子兴从这个年轻人身上开始不断发现其他人所没有的品质：头脑清楚、做事周密谨慎，凡事想得极为长远。此外，他没有这个年龄段年轻人常有的轻浮和鲁莽，有的是这个年龄段的人极为罕见的沉着和老练。郭子兴交给他的任务，他都能够办得十分妥帖，挑不出任何毛病。出兵打仗的时候，这个长相奇特的年轻人作战的时候极为勇敢，史载"从旁翼卫，跳荡无前，斩首捕生过当"。在一个普通亲兵的角色里，朱重八很好地完成了自己的任务。郭子兴尝试着让他带着小队出征，每次朱重八都身先士卒，得到了战利品也从不独吞，总是和众人平分。很快，年轻的朱重八就成功地树立起了自己的威信，自己也被郭子兴提拔为九人长，这是朱重八的第一个官职。

也正是在此时，朱重八将他自己的名字改成了朱元璋。所谓的璋，意思是一种尖锐的玉器。朱元璋的实际意思也可以看作是"诛元璋"，此时的朱重八将自己比作诛灭元朝的利器，而他最终也没有辜负这样的一个称呼。

郭子兴知道自己碰到了一个极为难得的人才。逐渐从小事开始，郭子兴遇到一些事情的时候就开始找朱元璋商量，让这个年轻人提出点儿自己的意见。朱元璋常常给出他意料之外的意见。然而，在经过朱元璋的分析和解说以后，郭子兴又觉得他说得很有道理。他对朱元璋十分欣赏，以至于没过多久,他就把自己的干女儿马氏许配给了朱元璋。

这个马氏是郭子兴的老友临终前将其托付给他的。郭子兴的第二个夫人张氏便将其收为义女,郭子兴更是对这个义女百般疼爱,两个人一直想给这个女儿找个好的人家。而恰在此时,朱元璋出现了。通过一段时期的考察,郭子兴更加认定朱元璋是一个难得的人才,一个可以真正辅佐自己的人才。即便是为了自己的未来着想,郭子兴也要培养一些真正属于自己的势力,而朱元璋无疑是最佳人选之一。

而也恰恰是这个决定,可以说真正改变了朱元璋的一生。因为这不仅是朱元璋政治身份上的改变,也是朱元璋家庭上的改变。至于这位马姑娘在年轻的时候具体长什么样子,后人已经无从得知。历史上流传下来的只有一幅画像,从这幅画像里我们可以看出,马姑娘是一个非常普通的农村妇女,她没有倾国倾城的容貌,也不是受过很多教育的名门闺秀,但是她拥有作为一个女人最优秀的品质,那就是善良。关于这一点,我们在以后会有多次印证。

羽翼渐丰

  郭子兴之所以要急着拉拢朱元璋，有一个非常重要的原因就是自己的力量实在是太小了。濠州城里虽然郭子兴是名义上的统帅，但是这支部队并不是想象中的那样团结。事实上除了郭子兴以外，濠州城里的头目还有孙德崖等四人，而郭子兴只是名义上的最高统领而已。但除了郭子兴以外，其他的四个人大多都是农民出身，也没有什么见识。但这些人不愿看到郭子兴一人独大，每次议事的时候，这四个人就联合起来，专门反对郭子兴的意见。久而久之，郭子兴就不愿参加会议了。

  成了"朱公子"后的朱元璋不断四处征伐，一路飞黄腾达，很快就升任到了总兵官的位置。虽然朱元璋的战功是有目共睹的，但是郭子兴手下的其他总兵官却对朱元璋十分不满。这其中的原因很简单，作为一个资历尚浅的上门女婿，即便立有战功，也很难得到其他人的认同。按照当时的规矩，朱元璋位列总兵官第一位，理所当然应该坐会议上的第一把交椅。但是一些资格较老的军官对此就颇为不服，在背后经常说朱元璋并没有多少真实的本事，只不过是依靠着自己是郭子兴的女婿而位列其中。

  朱元璋得知此事后并没有以职位来压制他们，而是让小兵把议事大厅里的椅子都撤掉了，换成了长凳。这样一来，在下次举行会议的时候，每个人都可以自由挑选自己的座位。很快，在第二天开会的时候，朱元璋有意迟到，而那些按时进入会场的人见朱元璋没有到来，就自己先坐到了右边。因为那个时候是以右为尊，所以等朱元璋前来的时候，整个会场就只有最靠左的一个位置。朱元璋一句话没说就坐在了那个位置。等开会讨论的时候，同样按照惯例是坐在右边的人先发言，但是这些人并没有明确的战略分析，也没有具体的作战计划。最后一个轮到朱元璋的时候，他侃侃而谈，分析得合情合理。大家听了以后，不由得对朱元璋刮目相看。这样的情形出现几次之后，后来大家开会的时候，其他总兵官都自觉把右手的位置给他留出来了。朱元璋的威信就这样逐步树立了起来。

随着朱元璋能力逐渐被认可，孙德崖等人越来越觉得有了朱元璋的郭子兴是一个巨大的威胁。双方的矛盾也日趋白热化了。

一天，孙德崖派人抓住了正在濠州城里闲逛的郭子兴，然后堂堂的大元帅就被绑架了。奇怪的是，这些绑匪对索取酬金好像并不是很热心，明显就是奔着将郭子兴往死里打的目的。郭子兴在被一顿暴打之后给关了起来。

朱元璋在得知这一消息后，没有做任何的迟疑，立即准备回到濠州城解救郭子兴。对朱元璋来说，郭子兴不仅是他的上级和恩人，更是他的岳父。旁边的一些人开始劝说朱元璋，认为既然孙德崖已经拿下了郭子兴，朱元璋此次前去无疑是送死。但是朱元璋并没有任何的退缩，毅然决然带兵进入了濠州城。可以说，朱元璋的这一举动极大地树立起了他的威信，同时也彰显了他优秀的品格。此时的朱元璋不再是给口饱饭吃就很满足的放牛娃了，他还有更大的追求。而勇于承担责任则是自己跨出的最重要一步。

朱元璋回到濠州城后很快就弄清楚了事情的原委。朱元璋立即率领着自己的士兵包围了孙德崖家。孙德崖压根儿没有想到朱元璋还有胆量和勇气回来，一番质问之后，孙德崖无言以对。朱元璋派人对他家进行了搜索，最终在孙家的地窖里找到了快被打得半死的郭子兴。

经过了这件事，朱元璋确立和巩固了自己在濠州城内的地位。但是精明的朱元璋也通过这件事意识到，和这些人在一起恐怕是很难有前途的。而自从郭子兴被朱元璋救回来以后，他对这个女婿也不是很满意了。其中的原因也不难推测，郭子兴是一个习惯一人独大的统帅，他是不允许一个能力比他强，甚至有可能取代他的人长期在身边的。

很快，朱元璋就向郭子兴申请自己带兵出征，离开濠州。不出意料，自己的岳父在表面上看起来有些不舍，但是内心还是很高兴地批准了朱元璋的请求。也许是为了能够彻底不用再见到朱元璋，郭子兴给朱元璋下达的第一项作战任务是攻打定远。当时的定远有重兵把守，一般情况下，义军能够躲着元军就已经属于十分幸运的了，还没有多少人敢直接面对元军。但朱元璋既然领命了，就不得不硬着头皮上了。朱元璋不愧是朱元璋，他很快就找到了元军防守中的一个漏洞，很快就攻克了定远，在元军集中兵力围剿之前又安然撤出。定远的胜利给了朱元璋以及他所率领的将士极大的信心，乘胜追击，接连攻击了怀远、安奉、含山等地，一时势不可当。

取得这些成果以后，朱元璋并没有满足，他来到了自己的家乡钟离。在这里，朱元璋做了一件影响他一生的举动，那就是招募了24个前来投奔他的人。这些人在当地都是小有名气的，当这些人也来到朱元璋队伍之中的时候，一传十，十传百，越来越多的人就都来投奔朱元璋了。很快，朱元璋手底下能够直接管辖的人就有了700多人。

尤其值得注意的是朱元璋所招募的20多个人，我们可以简单看一下他们的名字，因为这些人中的大多数还会多次出现。徐达、周德兴等人，以及郭英、郭兴、张温、张龙、张兴等兄弟，还有陈德、顾实、吴良、唐宗胜、王志、陆促亨、孙兴祖、丁德兴、陈桓、何福、耿君用、李梦庚、胡泉等人。

当朱元璋再次回到濠州的时候，他不仅出色地完成了自己的任务，而且还多带回来了一支700多人的队伍。经过了攻打定远和招募兵丁的事情后，朱元璋对自己的能力有了更为清楚的认识。他更加坚定了一个信念：跟着郭子兴等人是没有前途的，要想在这样的乱世存活下来，必须要发展壮大自己的力量。为此，朱元璋回到濠州后很快又向郭子兴请辞了。这次离开的时候，朱元璋给郭子兴送了一份大礼，那就是将自己招募而来的700多名士兵全部都留给了郭子兴，而自己只是精心挑选了24人离开了濠州城。

离开濠州后，朱元璋听说定远附近的张家堡有一支自称驴牌寨的队伍，大概有3000多人。这是一支孤军，跟其他队伍没有什么联系，现在正处于孤立无援的境地，他们想要投奔义军，但又不知道该怎么办才好。朱元璋立即觉察到这是一个千载难逢的机会。

朱元璋为了能够得到这支队伍，亲自前去招降。到了张家堡以后，朱元璋巧舌如簧，对这支武装的首领可以说是封官许愿，一阵谈判后，对方大为心动，答应三天后前来投奔朱元璋。朱元璋心中异常高兴，然后就等待这支队伍的前来。但是计划赶不上变化，在朱元璋走后，又有另外一支起义军前去招降了这支武装，并且给出的条件比朱元璋给出的更加诱人。

这个时候的朱元璋也丝毫没有含糊，当机立断，很快就赶到了张家堡，派人去请首领，说是有要事相商。可是等首领一到，朱元璋立即缴获了首领的武器，然后把他关押了起来。在控制首领后，朱元璋派人到张家堡，向那里的队伍说首领已经变计，转投了朱元璋。张家堡的普通军士不知是计，于是就收拾装备东西来到了朱元璋的驻地。此时的首领见木已成舟，这三千武装就被朱元璋成功招降了。

在得到了这支队伍之后，朱元璋如虎添翼，挥师向东去夺取横涧山。

横涧山内有"民兵"两万人，主帅是缪大亨，这个人是定远人，他集结的是一股地主武装力量，也就是青军，在郭子兴进行濠州的战争中由于没占到什么便宜，所以才率军退到了这横涧山内，被元朝政府封为了义兵的元帅。为了得到这支队伍，朱元璋派花云领了一支队伍，他们摸黑将对方的军队围了起来，却并不开战，而是摇旗呐喊，元政府派来的监军张知陆军见此情景，骑上快马只身逃走了。

朱元璋的部下中有人与缪大亨有私交，便前去劝说，走投无路之下，缪大亨只好归顺了朱元璋。

如此一来，算上缪大亨的部队，再加上当地的几万精壮人员，朱元璋一下子增加了70000的大军。为此，他将这支大军进行了整编，从中选出了两万精壮士兵编成了一支队伍。出乎人意料的是，朱元璋没有对士兵说一些同生死、共患难之类的话，而是对这些士兵进行了谴责，朱元璋对这些军士们说："你们的部队本来是一支十分庞大的队伍，为什么不费吹灰之力就被我收服了呢？原因其实很简单，你们以前没有纪律，平时又缺少训练。所以，我们如果想在以后能够成就一番大业的话，那么必定要从现在开始就遵守纪律，严格地去训练。只要未来建立了功业，大家都会有好处的。"这番话可谓是有理有节，新加入的士兵对这位新的统帅一下子有了好感。

也正是经过这次的改编，朱元璋的部队和其余的那些乌合之众的农民暴动军有了本质的区别。在定远，其实还有另外一支队伍，严格来讲，他们是一支真正的青军，因为这支队伍是由冯国用和冯国胜两兄弟组织起来的，他们在当地拥有着数百亩的良田，是当地的中小地主，可是由于兄弟俩喜欢研读兵书、兵法，红巾军起兵时，为了能够自保，这才组织当地的一些小地主和乡民，成立了一支"民兵"队伍，目的只是想自保。可是随着时局的动荡，他们却越来越感觉到自身力量的单薄，于是就想找棵大树来靠一靠。兄弟俩四处一打听，得知朱元璋的部队纪律严明，深得人心，便主动前来投靠。

一时之间，朱元璋的部队得到了空前的壮大。但是与其他队伍不同的是，这冯国用和冯国胜两兄弟却不比他人，由于从小喜欢读兵书，有着很深的谋略，对朱元璋日后的发展起到了至关重要的作用。

行军路上的"偶遇"

　　元至正十三年，也就是公元 1353 年，朱元璋率领着自己的军队准备攻打滁州，也正是这个时候，一个人走进了朱元璋的军营。起初，朱元璋并没有太在意这个人。朱元璋看此人温文尔雅，字也写得挺好，于是就将此人留在了军中当文书。这个中年人对于这样的安排也没有什么怨言，只是安安分分地做好自己的工作。直到有一天，朱元璋自言自语地说了一句："四方战斗，何时定乎？"意思是说如今天天打仗，什么时候才能是个头呀？

　　没有想到的是，这个人非常从容地回答说道："秦末混乱的时候，汉高祖刘邦也是普通百姓出身，但是他豁达大度，知人善任，仅仅用了五年就成就了帝王的事业。现在的天下已经不是元的天下了，元帅你的户籍现在濠州，距离刘邦老家也不是多远，就算不是王气所在，也多少能沾点边。"说完这句话后，这个中年人停顿了一下，然后说出了最关键的一句话："只要元帅能够向刘邦学习，按照他的行为去做，将来的天下一定是你的！"

　　这句话对朱元璋的震撼无疑是极其巨大的。在很长的一段时间里，朱元璋是没有明确而具体的目标的。他唯一想要做的就是在这样一个险恶的环境下生存下来。即便是招兵买马，其目的中还有很大一部分就是源于自保。至于当皇帝，那是一件太过遥远也几乎没有想过的事情。

朱元璋很诧异地看着这个他以前几乎没有注意到的人。这个中年人的一番话彻底燃起了朱元璋的内心的渴望。是的，当皇帝才是自己的方向，既然刘邦做得到，我也能够做得到。想到这里，朱元璋调整了自己的坐姿，向眼前的这位中年人行了礼。

此人就是后来明朝开国的第一功臣李善长。

李善长也是定远人，他是听闻朱元璋的事迹后前来主动投诚的。这个李善长可不简单，他并不是因为家庭贫困没地方吃饭才来投靠朱元璋的。他本就是地方上的一个知名人物，自幼读了很多书，料事如神。他出身于地主家庭，但良好的家境却没有让他沉迷生活，他有自己的追求，在诸多起兵造反的义军中，李善长认定了朱元璋。后来的事实也证明了，朱元璋的确是一个值得他去辅佐的雄主。

李善长的到来可以说极大地刺激了朱元璋的雄心，他很快就任命李善长为记室，实际上就是自己的私人秘书。除此之外，朱元璋还交给了李善长另外一项重要的任务，那就是协调军中诸将之间的矛盾。朱元璋对李善长说："如今天下大乱，群雄四起，没有像先生这样的人是不行的。我见群雄中管文案和参与谋划的人，往往利用机会毁谤左右的将帅，非常不利于人心的团结。希望先生以此为戒，协调诸将，同心同德，共谋大业。"

至此以后，李善长就成为了朱元璋最为倚重的谋士之一，并且担负起了军师和后方给养的任务。

按照原定的计划，朱元璋要夺下滁州。滁州是一个地势险要、易守难攻的地方。宋代大文学家欧阳修曾写过"环滁皆山也",此言着实不虚。

但滁州城内的守军并没有想象的那样利用有利地形对朱元璋形成威胁。在双方开战之初,朱元璋手下的一员名叫花云的猛将就率领着数千骑兵以中央突破战术直冲元军阵地。元军溃败,朱元璋率军很快就攻入了滁州内。

在占领了滁州城后,朱元璋又迎来了人生中的另外一件喜事。他的军营里迎来了自己的亲人,分别是他的侄子朱文正、姐夫李贞和外甥李文忠。此时的朱元璋不可谓不得意。他拥有了滁州这个根据地,团聚了家人,手下既有强兵又有良谋。此时的朱元璋的眼界早已经超越了小小的滁州城,他想要得到的是整个天下。

这一年,朱元璋仅仅26岁。

道德和策略的制高点

正当朱元璋春风得意的时候，他的岳父郭子兴的日子并不是那么好过了。在朱元璋走后，郭子兴基本上就是一空头元帅了，很快就被孙德崖一伙人架空了。孙德崖几个人变得也更加嚣张，几次都想找个由头将郭子兴除去，只是心里一直顾忌着朱元璋在滁州的数万兵马，才没敢轻举妄动。但几个人一合计，想出了一条计策，想把朱元璋调来守盱眙，然后借机将他和郭子兴一起除掉。

朱元璋自然明白这是个陷阱，怎肯上当，便推托元军来犯，不敢轻易动用军队。接着又花钱买通了赵均用的几名左右，进言赵均用不要听从孙海崖等人的挑唆，应当好生用郭子兴，让他去开疆扩土，取城夺寨。纵使赵均用主意再坚，也经不住左右天天如此讲，心一软就放了郭子兴，让他可以带着本部人马去滁州。

到了滁州以后，朱元璋不仅没有对曾经为难过自己的岳父怎么样，而且还把统帅的位置让给了郭子兴。这不是简单地给郭子兴一个名头，而是实打实地将自己手下30000精兵的指挥权交给了郭子兴。这一举动让郭子兴百感交集，问朱元璋为什么要这样做。朱元璋诚恳地说，如果没有您，就没有我的今天，我不能忘恩负义。

得知这个消息以后，原先企图杀害朱元璋的人也都对他十分敬佩，这其中就包括了郭子兴的儿子郭天叙。

郭子兴的到来无疑是增加了朱元璋的实力，但是小小的滁州城一下子涌进了如此多的将士，粮食补给很快就成为了一个大问题。为了解决这个问题，朱元璋再次表现出了极为大度的品性，他带领一部分人马进攻和州，攻打下来后就居住在了那里，而将拥有天险的滁州交给了自己的岳父郭子兴。

危机很快就到来了。郭子兴离开濠州城后，濠州城内孙德崖的日子也不是那么好过。濠州城经营多年，士兵众多，而这些人又缺乏筹集粮饷的能力，久而久之，濠州城内的士兵就有了躁动的情绪。无奈之下，孙德崖只好带着队伍离开了濠州。郭子兴的滁州是不能去了，眼下唯一可以投靠的就属于身在和州的朱元璋了。朱元璋在得知这一消息后，正在万分头疼之时，却得到另外一个添乱的消息。身在滁州的郭子兴得知孙德崖无粮前去投奔朱元璋后，郭子兴心中暗喜，于是自己也带了数万兵马准备前去和州，要和孙德崖一决高下。

此时身处夹缝之中的朱元璋连忙在双方之间斡旋。而孙德崖也知道自己如果真的打起来，面对郭子兴和朱元璋的联手，自己没有丝毫的胜算。一番衡量之后，孙德崖表示自己愿意撤出和州。朱元璋一直等着这句话，当即决定为孙德崖送行。但是朱元璋万万没有想到的是，郭子兴对着即将溜走的猎物依旧恋恋不舍。

在郭子兴眼里，没有未来战略，没有轻重缓急，此时的他只记得孙德崖数次羞辱过他，而这是他报仇的最佳时机。他看到城内的孙德崖身边没有多少士兵，就趁着朱元璋不在的时机，命令手下的人将孙德崖抓了起来。

孙德崖的士兵闻说主帅被抓，第一反应就是朱元璋所指使的，很快就抓住了朱元璋。在抓到朱元璋后，孙德崖的手下开始找郭子兴谈判。郭子兴对孙德崖是恨之入骨的，但是他知道朱元璋对他将来或许有着更大的作用。仔细衡量一番后，郭子兴决定放人。经过一番交涉，孙德崖和朱元璋最终都平安地回到了自己的军中。

或许就是天命，郭子兴对于孙德崖从自己手头溜走一直怀恨在心，郁郁不得发泄。没过多久，郭子兴就一命呜呼了。郭子兴的死对于朱元璋真算不上什么坏事，虽然他失去了所谓的"岳父"，但是他终于能够完全放开手脚了。

一时间，郭子兴的部队便群龙无首，暂时由郭子兴的两个儿子郭天爵和郭天叙与朱元璋共同执管。但是很快，小明王的圣旨便到了，从此，郭子兴的这支军队再次有了新的元帅。

小明王就是当年策划"石人一只眼，搅动黄河天下反"的韩山童的儿子韩林儿，当年韩山童的妻子带着儿子隐姓埋名起来，不想却在后来被刘福通在江苏的砀山夹河一带给找到了，于是将其母子接到了亳县。因当时刘福通跟随韩山童发动红巾军起义时，韩山童自称是宋徽宗的第八代孙子，所以这韩林儿也自然就成了宋徽宗的嫡传后人，被刘福通立为皇帝，又号"小明王"。

不管小明王韩林儿是否有实权，但所有的任命还是要经由他的手的，在张天祐到亳州面议之后，就带回了小明王的旨意：封郭子兴的儿子郭天叙为都元帅，张天祐为右副元帅，朱元璋为左副元帅。

自大军占领和州之后，朱元璋可谓是一波三折，不仅兵权失而复得，甚至还险些丢了性命，但是最终他还是从郭子兴与孙德崖之间这条夹缝中钻了出来，并且真正成为了统领一方的左副元帅，真正名正言顺地掌握了兵权。

第三章 / 真正的对手

应天府

　　完成这一切后，朱元璋迫切希望能够呼吸到外面新鲜的空气。小小的和州城已经无法容纳下他了。朱元璋将自己的目光投向了集庆，也就是现在的南京。

　　在当时人的眼中，要想有所作为，顺应王气是非常重要的一点。人们常说南京虎踞龙盘，那是因为南京的紫金山纵横南北，恰似一条巨龙潜伏，而石头山则临江陡峭，如虎盘踞。此外，还有一点非常重要，南京的前方是宽阔汹涌的长江，这可以说是一道天险。单单从地势上来看，南京绝对是任何有作为的人都垂涎三尺的地方。

　　除了地势的原因，南京附近还是重要的产粮区。最为重要的是，南京还是水陆交通枢纽。这在当时是不可多得的优势，可以说是一个水陆繁华之地。

一旦占据了集庆，可以说是对自己能力的一大肯定，也是开辟了一方可以持续作战的根据地。

其实，朱元璋也无时无刻不想着尽早攻打下集庆，但是他也只能望江兴叹，有心无力。这不是说朱元璋军队作战不勇敢，战斗力不强，而是朱元璋此时才发现，自己缺少一样东西，那就是水军。因为长期在中原地区作战，朱元璋手下除了骑兵就是步兵。

很长时间以来，朱元璋满脑子想的就是如何得到战船。此时一个良机出现在了朱元璋的面前。当时天下各处的叛乱此起彼伏，巢湖上左君弼有一支自己控制的水师。此人和湖北的天完叛军联合在了一起，基本上控制了如今安徽中部。巢湖水军中的俞通海在1355年的7月初来到和州拜访了朱元璋，而朱元璋也毫不含糊，同样冒着生命危险回访了他。当巢湖的舰队离开大本营的时候，这支水师中的大部分船只都跟随了赵普胜（双刀赵）投奔了陈友谅，同时也有相当数量的船只由俞通海带着投奔了和州的朱元璋。

这一年的七月末，朱元璋带着水陆联合军队离开了和州，渡过了长江，在采石登陆。他们一路向南进发，夺取了太平城。元军的地方指挥官陈野先企图夺回太平城，但是无奈失败了，他本人也被俘最后投降了朱元璋。

没过多久，郭子兴的长子和陈野先的军队一同去攻打南京。关键时刻，陈野先背叛了他们，郭子兴的儿子以及姻兄弟均被杀害，而陈野先本人不久也被秘密杀害。朱元璋在这次战役中起到了什么样的作用，史书并没有明确的记载。但是有一点可以肯定的是，朱元璋事实上的权力被很明显地加深了。

到了这个时候，郭子兴的长子和继承人同郭子兴的姻兄弟张天祐都已经死去。没过不久，朱元璋以破坏军纪的罪名处死了郭子兴的次子。至此，朱元璋已经成为了这支军队中名义上和事实上的领导。在翦除了最后的掣肘之人以后，朱元璋终于可以对集庆放手一搏了。在经历过一次小规模的水战之后，朱元璋敏锐地感觉到自己已经有能力再次试图攻打集庆了。

朱元璋这次来到集庆郊外的时候，驻守的蒙古军指挥官是陈兆先，他是从已故的陈野先手中继承军权的。双方并没有激烈的战斗，陈兆先也率军投降了。有了这支军队的协助，朱元璋的军队很快就进入南京城内。朱元璋将集庆改名为应天府。

对于应天这样一个大约有50万人口的大城市，朱元璋的战利品不可谓不丰厚。占领应天以后，朱元璋迅速采取了一系列措施来稳定当时的局面。朱元璋表示，元政府昏庸无能，早晚都要被推翻，而他占领了南京城后就是来改变老百姓的现状的，如果有愿意和他一起来建功立业的，都会以礼相待。同时他还再次重申了军队的纪律，如有做官的做出作践百姓的事定当严惩不贷。军民一下子得到了安定，南京城也重回了太平年间的繁华景象。

除了在作风上效仿刘邦之外，朱元璋还确确实实办了几件事。元政府的前江南御史台成为了他管理江南的府邸。此外，朱元璋开始以他自己的权力来任命和提升文武官员。值得注意的是，此时的应天府的行政机构大多都还是有军事性质的。从军队的人数上来看，朱元璋的军队已经接近10万。而跟随他来的那20多个人以及前来投奔他的义军小领袖都晋升为了方面军的将领。这些方面军称为"翼"，是仿照元朝非正规军的标准进行编制的。朱元璋在应天府把自己的军队组成了8个翼，而在其他每一个被攻克的府城通常都有另一个翼。它们的元帅这时全面行使军政大权。

最大的盐贩

从自己的战略考量来说，朱元璋无疑是实现了自己预定的目标。但事实上，吃下了应天这块看似美味的蛋糕，已经让周围一些人非常不爽了。首先对朱元璋感到不满的就是张士诚。

张士诚的身份有点特殊，他不是农民也不是拥有产业的地主，而是一名私盐贩子。说到这里，就不得不说从春秋战国以来就实行的一个基本国策，那就是国家对盐和铁实行的专卖政策。张士诚生活的区域是江苏北部沿海地区，这里是产海盐的政府专卖盐场。这种盐经过水陆和陆路运输到其他城市，再从这些地方由特许证持有者提货并向政府缴税，然后这些商人再将从政府手中买来的盐分销到全国市场上。

但是这一政策有天然漏洞，对于盐，尤其是海盐而言，原材料就是汪洋的大海，在极为漫长的海岸线上，个人私自晒盐和卖盐的行为一直屡禁不绝。所以很多人就铤而走险，走上了贩私盐的道路。而这些人之所以要这么做，说到底就是利益的驱动。

当普通百姓可以花上一半甚至更低的价格就能够从盐商手中买到私盐的时候，那给国家缴税的那些盐商自然就无路可走了。所以，为了保证国家的税收，历代政府都对私自贩卖食盐的行为进行严厉的惩处。

根据史料记载，在1329年，江苏北部的26个官办盐场，也就是人们常说的两淮盐场生产了全国大约 40%的盐。这是一个非常惊人的数字，因为这也就意味着当时这片盐场为元帝国贡献 1/3 的税收。因此，这里是元政府异常重视的地方。

但随着元中央政府对地方控制的日益削弱，盐业的高利润吸引了众多的人参与其中，这其中就包括了地方的贪官污吏、运输工人中的走私者以及一些普通的盗匪。走私盐业是一种高度有组织的活动，秘密的帮伙在其中起到了不可替代的作用。

张士诚在年轻的时候就作为一个身体强壮、脾气不好、武艺高强但很讲义气的流氓而闻名。这样的特点在贩私盐这个行当是非常受用的。但是毕竟张士诚出身贫苦，他和他的三个弟弟经常被富商欺骗。也就是说，当张士诚和自己的兄弟辛辛苦苦将盐送到富商面前时，他们又受到了富商私人卫队的欺凌。终于有一天矛盾爆发了，1353 年，当时年仅 32 岁的张士诚以暴力的手段报复了一名经常欺辱他的商人，然后带着自己的弟弟以及一些跟随他的人逃走了，从此走上了另外一条道路。

凭借着自己多年混迹盐场的经验，张士诚在短短几个星期之内就招募到了数万名的队伍。就像其他盗贼一样，他带领着这些人劫掠了泰州和这一地区的其他的一些城市。元政府对这样的盗贼已经司空见惯，在组织了微弱的抵抗后就对张士诚进行了赦免并给予他一定的官职。这种招降的方式是元政府几十年来应对这种危机的常用方法。如果不出意外，张士诚就会成为这个地方的小霸主，从此过上衣食无忧的生活。

但是张士诚并没有就此满足，虽然表面上他接受了元政府的招安，但是当封赏的使臣到来之时，张士诚却显示出了自己的流氓本性，命人杀死了前来的使臣。到了 1353 年年底，他攻占了扬州以北 25 公里处的重要城市高邮。这样一来，他就能够横跨运河两岸，可以任意拦截往来运河上的粮食和其他物资。张士诚的理想并不是当一名简单的匪徒，他有着非同凡响的抱负。在确保自己占据高邮后，他就自称为大周王朝的诚王，从1354年起改元为天家祐。为此，张士诚还任命了一整套文武百官，自立为皇帝。其实，早在1351年，湖北南方红巾军领袖徐寿辉已经称帝，国号天完。张士诚在一个土地狭小，人口又少的高邮建国称制，这在当时的叛乱分子中并不多见。

元政府对这些叛军打击的策略也是很明显的，只要不反对政府，没有树立起自己的旗号，一律以招降为主。而对于这些公然称帝的行为，那就属于敌我矛盾了，元政府并没有丝毫客气的意思。

1354年夏天，蒙古军队从这一地区重要的军事集结地扬州出发，想要一举消灭张士诚。但是这次元军并没有完成预定的任务，他打败了元军，小小的高邮依然屹立在那个地方。这次失败后，元政府马上以更加优越的条件给予他赦免，并且给予他更大的官职和更为显赫的爵位。这一次张士诚又玩起了自己的那套把戏。他先是接待了元朝的使臣，然后把他们残忍地杀害。

对于张士诚这种反复无常的举动，元政府终于无法再容忍下去了。元政府中最有势力和最能干的人也就是当时的左中丞相脱脱决定对张士诚以及他周围的叛军斩草除根。1354年末，他带上一支大军上了战场。这其实也是蒙古政权在中国发动的最后一次重大军事行动。大军很快就包围了高邮，并且在11月28日和12月12日之间屡次在高邮城下打败了张士诚的军队。

面对这种情形，当时很多人都想放弃高邮，张士诚思考良久，对众人说了一句话:"我们还能去哪里呢?"众人默然。自己心中也明白,要死的话也只能死在高邮。

为了拿下小小的高邮,元军动用了各种武器攻城,这其中就包括了一些火炮。为了鼓舞高邮城守军的士气,张士诚和他的两个弟弟张士义和张士德亲自在城楼上坚守,所有的将士都可以看到他们的身影。于是,小小的高邮就在这种情形下苦苦支撑了3个月之久。

和很多常见的历史细节相似,就在脱脱苦心将要攻下高邮的时刻,脱脱的政见不同者帮了张士诚大忙。他们向元朝皇帝进言,说脱脱长期在外独掌军权,恐怕容易造反。1355年1月7日,蒙军统帅脱脱接到了一道署名为12月24日的诏旨。让脱脱百思不得其解的是,这道诏旨命令他把兵权交给别人,剥夺他的一切职务,并把他放逐在外。少了脱脱这样一个既有眼光又有能力的指挥官,这支军队很快就溃散了。脱脱的政敌可以说是挽救了张士诚,他们摧毁了唯一可以消灭张士诚的机会。一年以后,脱脱在自己被流放的云南边境被政敌毒死,当然这都是后话了。

从死亡边缘逃离出来的张士诚变得更加肆无忌惮。元朝廷继续给张士诚赦免以及高官。他几乎可以说是奇迹般逃脱了被覆亡的危险,这也使得他深信自己是受到上天佑护的。1355年,张士诚继续杀死了朝廷派来任命他为官的使臣们。随后,他继续发动攻势夺取了江苏北部的大部分地区。这一年的秋天,位于长江南岸江阴地区的一位叛军领袖为了避难来到了高邮,希望寻求张士诚的庇护。这位叛军领袖给张士诚传达了一个非常重要的信息,那就是他劝说张士诚把注意力转向长江三角洲的苏杭地区。因为那个地方比高邮要富饶得多,人口也多,最为重要的一点还是那是一块相对平稳的地方。

　　张士诚对于这个建议，可以说是考虑了良久。很快，张士诚派自己最能干的弟弟张士德渡过长江来试探情况，寻求在长江南岸发展的可能性。这一年的 7 月，朱元璋正视图准备带兵渡过长江攻克集庆。张士德不负众望，在 1356 年的 2 月攻下了常熟，3 月又攻下了苏州。见此情形，张士诚很快就从高邮到达了苏州，并将苏州作为自己新的都城。在随后的几个月里，张士诚的大部分战斗部队都转移到了长江南岸。他派兵攻占了常州以东的一些州府，并向南进军到了浙江北部。很快，张士诚集团就变成了一个不可忽视的重要的地区性政权。

　　对于朱元璋来说，张士诚虽然势力较大，也积攒了大量财富，属于闷声发大财的那种。但是真正让朱元璋惧怕的并不是反复无常的张士诚，而是另外一个人，至于朱元璋为什么会不惧怕张士诚，以后会进行专门的分析。

陈友谅的崛起

真正让朱元璋心存恐惧的人其实是陈友谅。要说这个陈友谅，首先要从他的上司徐寿辉说起。徐寿辉是湖北罗田人，所从事的职业只是一个布贩子。在那个时候，布贩子也不是那么好当的，经常受到当地官员的盘剥。元至正十一年（1351），传播白莲教的刘福通经过了徐寿辉的家乡。经过一番宣传，徐寿辉长期压抑的怒火被点燃了。徐寿辉决定跟随刘福通一起造反。

为了壮大自己的声势，徐寿辉还找来了两个帮手，一个是在麻城的邹普胜，另外一个就是江西的彭莹玉。取得一定的群众基础以后，徐寿辉在大别山区发动了起义，很快就攻克了罗田，随后又攻克了黄州和浠水，并在浠水的县城称帝。称帝后，徐寿辉充分暴露了他浅薄的一面，他将自己的国号定为天完。或许很多人觉得这个国号太过奇特，其实细心的人会发现这是一个很有意思的拆字游戏。当时的朝廷被称为"大元"，为了能够在形势上压住"大元"，所以就取了这样一个十分奇特的名字。

从徐寿辉的举动来看，他本人确实是一个没有太大志向的人。当时他的地盘是非常小的，只有刚刚打下来的黄州和浠水这么一小片地方。虽然地方小，但是却并不妨碍他讲排场。在自立的小国中，元朝该有的机构他都有，虽然手下不足万人，但是他却设置了元帅府、中书省、六部等诸多的机构。

与他一同造反的邹普胜被任命为太师。就在这个时候，一个相貌不凡又能识文断字的人走进了徐寿辉的军营，这个人就是陈友谅。

陈友谅原本只是一个渔民，而且是最为底层的那种渔民。按照当时的行业划分，作为渔民基本上是不可以靠岸的，这种情形延续了很久。出生在这样环境下的陈友谅并不甘心一辈子只当一个渔民，他选择了读书。或许是与生俱来的那种上进心，陈友谅读书很认真，最终在当地的县衙找到了一份文书的工作。但是让陈友谅没有预想到的是，即便成为了小吏，他依然没能得到别人的尊重。那些曾经瞧不起他的人依然对他嗤之以鼻。

这样的经历对陈友谅来说无疑是一次理想的破灭。他至此坚定了一个简单的道理：要想得到尊重，只有不断地往上走，一直爬到最高点的时候，才能得到所有人的仰望。抱着这样的信念，当徐寿辉带领的起义军来到陈友谅的家乡时，他毫不犹豫地参加了徐寿辉的部队。要知道，他当时作为一名底层官吏，要做出这样的决定绝非一件易事。也由此可以得出一个结论，陈友谅与那些普通得连饭都吃不饱的人参加起义所怀抱的信念是完全不同的，他想要的就是绝对的权力。也正是由于这一点，陈友谅是元末农民起义中唯一一个誓死不向元朝政府妥协的人。

再说回这个徐寿辉，兄弟之间共苦是没有问题的，但是同甘就有些困难了。徐寿辉手下的邹普胜是他最为倚重的军事领袖，但是邹普胜的地位在1355年被野心大得多的元帅倪文俊取代了。作为名义上最高领袖的徐寿辉对此只能无可奈何。倪文俊在1356年攻克了汉阳，并且将都城迁到了这里。汉阳是战略重镇，倪文俊以汉阳为基础，极大地扩展了天完王朝的领土。

随着天完王朝占据的领土越来越大，此时的倪文俊就心怀不平衡了。在倪文俊看来，自己跟随徐寿辉多年，一直是自己在出工出力，而徐寿辉既无谋略规划又不冲锋陷阵。为此，倪文俊对徐寿辉的不满也就一天天增加了。事情就变得很通俗了，倪文俊企图刺杀徐寿辉，后来事情败露，倪文俊只能一路逃跑。

出逃后的倪文俊自然心有不甘，他找到了自己一手提拔的陈友谅。因为他相信，凭借着自己对陈友谅的关照，陈友谅一定会帮助他的。可是，这一次，他太小看陈友谅了。很快，身在汉阳的徐寿辉就收到了陈友谅奉送的倪文俊的项上人头。

有了这样的资历，陈友谅很快就成为了天完王朝的第一重臣。事实上，善于团结部下又能领兵打仗的陈友谅在倪文俊和邹普胜死后立即鹤立鸡群。这种情形下，陈友谅很快就控制了天完王朝的军政大权。

与倪文俊的想法相似，在得到了军队的绝对控制权以后，陈友谅看徐寿辉是越看越不顺心。徐寿辉的确是个好人，但是他除了有一个好人的标签之外，好像也没有其他的能力了。当陈友谅的直觉告诉他，他可以对徐寿辉取而代之的时候，他立即将这种想法转变成了实际的行动。

陈友谅没有倪文俊那样简单粗暴，他知道，要除去徐寿辉并不是一件困难的事，重要的是如何解决那些依然跟随他的人。陈友谅将矛头首先对准了赵普胜。于是，没过多久，赵普胜就以图谋不轨的罪名被处决了。见此情形，徐寿辉的另外两个死党丁普郎和傅友德见当时的情形不对，立刻离开了汉阳，投奔到了朱元璋的帐下。

此时的徐寿辉成为了一个真正的光杆司令，可以说是被陈友谅玩弄于股掌之上。终于到了1360年,陈友谅毫不费力地刺杀了徐寿辉并取得了他的地位。元至正二十年,也就是公元1360年,陈友谅在五通庙登基为帝,定国号为"汉"。

第二篇／天下谁属

第四章／隐忍与爆发

正确的决策

在朱元璋费心费力占领了应天后,陈友谅和张士诚本能地感觉到了威胁。作为从无数死尸上走出来的人,朱元璋占领应天意味着什么是一件再也明白不过的事情。但是在朱元璋占领应天的时候,陈友谅还没有除掉徐寿辉,他正忙着想方设法巩固自己的地位。所以,最先与朱元璋发生直接冲突的其实是张士诚。原因其实也很简单,朱元璋侵犯到了张士诚的利益。

张士诚仗着自己根深业大,不断地对朱元璋进行骚扰,几乎不给朱元璋任何喘息的机会。不胜其烦后,朱元璋也做出了一个重要举动,那就是与张士诚和谈。这其实也是迫不得已,因为另外一个不好惹的人陈友谅已经磨刀霍霍了。如果以朱元璋的实力进行一挑二的战斗,那朱元璋必败无疑。但是张士诚并不理会朱元璋的谈判，他看出了朱元璋不利的处境，一心想灭掉朱元璋好分蛋糕的张士诚拒绝了朱元璋。

既然如此，那朱元璋也只能最后一搏了。1956年七月，张士诚大举进攻朱元璋所控制的镇江，朱元璋命令当时手下最优秀的王牌将领徐达和常遇春应战，最终打败张士诚的军队。随后，朱元璋手下的猛将常遇春一路追击，第二年攻克了常州。经过这次重创以后，张士诚果断放弃了对朱元璋的围剿。

也正是在这段时间里，朱元璋做了一件可以说是改变了他一生的决策并遇到了一个辅佐了他一生的人。这个决策就是"广积粮、高筑墙、缓称王"，这也是他一贯奉行的政策。其实，"高筑墙，缓称王"一直是朱元璋所信奉的策略。那在此可以说说粮食的问题。对于军队而言，粮食是一个不容忽视的大问题，一旦有战事，其实考验谁最后能够取胜的往往就是这个问题，所以军中才有"军马未动，粮草先行"的说法。朱元璋对此更是深有体会，经常为粮食的事而奔忙。他们从和州渡江至太平，其实主要也是为了解决这一问题。尽管从和州到太平，甚至到如今的应天，粮食问题虽然得到了一定的缓解，但是随着不断地用兵，粮食问题再一次凸显了出来。

以往，朱元璋的军队都是采取张榜通告的方式，对百姓实施强征，按着一村一寨的百姓人头来征收，所以又被叫作"寨粮"。可是由于近年来到处战争不断，很多地方的农民都无法安心种庄稼，很多青壮劳力又参军无法在家中种粮，再加上战争对农田、堤坝的破坏，使得农田的产量并不高，但军队随着战事的增加，对粮草的需求却越来越大，这样中间就出现了"断粮"

现象。

在以往行军中，朱元璋采取的办法是捎粮，也就是说，军队在出征的时候是不发给士兵粮食的。在攻破对方城池之后，如果敌军拒绝投降，进行抵抗，那么可以随意去抢夺对方的粮食，但如果对方肯降，那么士兵则必须以安民为主。说白了也就是抢粮。

针对这一情况，常遇春与胡大海早就提出过意见，认为这样做有些不妥，因为毕竟粮食是出自当地老百姓之手，总是这样捎粮的话，百姓们的日子很难过好，这毕竟不是一条长久之策。

为此，朱元璋特意找来了李善长等谋士前来商议，谋士们都是各地的儒士，自然也不赞成捎粮，而要从根本上解决这一问题，没有别的好办法，就是军队自己动手搞生产，只有这样才能做到"广积粮"。在历史上，军队屯田积粮的例子并不在少数。

朱元璋觉得这个办法可行，因为南京只是他据守而图谋四方之地，未来的战事还会很多，如果不从根本上解决粮食问题，那么说不准什么时候他们就会出现像有些青军那样出现的以人代粮的情况。然而几年的战事下来，很多农田的堤坝都毁坏了，百姓们根本修不起，要想做好这件事，就必须派出专门的将领来负责，比如开垦荒地、修筑堤坝等，并且还要立下一个章程，因为将军率领士兵去打仗会论功行赏，种庄稼积粮食同样也要如此，也要定下个具体的数目来酌情对将士进行奖罚。

积粮，也就意味着所种的粮食不仅能够供给本部的开销，同时还要做到屯积，因为一年里还有冬天，还有出战时无法种粮。而在这一命令之下，康茂才的军队做得最为出色，一年后他竟然屯得谷15000石，余粮更是高达

7000石。得到了朱元璋的褒奖。

这种积粮的方式很快得到了普通百姓的欢迎，最简单的原因就是他们减轻了百姓的负担，因此也更加得到了老百姓们的拥戴，因为老百姓们在减少军队压力的同时，由于军队大兴屯粮，灌溉农田所需的堤坝、水渠也得到了修缮，老百姓们因此受益更大，粮食也得以增收。在责令军队屯粮的同时，朱元璋还设置了营田使，同时又立了管理民兵万户府，从乡寨中抽取出了一些精壮之人做民兵，他们农忙时就地耕田，冬闲时练习战阵，既可以维护地方治安，同时又能够做好屯田。如此一来，正规的军队就可以抽身出来去打仗了。由于军队的将士从此再不用为粮食发愁了，战斗力也无形之中增强了很多。

"神仙"刘伯温

前面说朱元璋遇到了一个可以改变他一生的人,这个人就是被后世称为刘伯温的刘基。刘基在后世是和诸葛亮、张良等人并称的人物。那他是怎么样的一个人呢?

刘基出生在1311年,比朱元璋大17岁。与朱元璋不同,刘基从小生活一点都不贫苦,甚至可以说是非常优厚的。刘基祖上非常显赫,世代均为书香门第,所以自幼他就受到了很好的家庭教育。此外,刘基读书还非常地认真,自幼就有"神童"之称。事实上,他也担得起神童这一称号,他14岁的时候就中了秀才,16岁的时候中了举人。中举之后,他到了石门书院继续刻苦攻读。在书院的这段日子,是他飞快提升自己的时刻。他在这里不仅更深入地钻研了古代流传至今的经史子集,而且还广泛涉猎了医学、占卜、星象等诸多学问。

1333年,刘基毫无意外地考中了进士,按理说是应该授予一定官爵的。但是非常不幸的是,刘基生活的朝代是元朝,而元朝向来鄙薄汉人,蔑视儒生。考中进士的刘基闲居了3年之后,才被元朝政府选任为江西高安县的一个县丞。刘基在这个位置上查处了几个地方上的豪强恶霸,但是也由此得罪了上级,最终不得不辞官而归。

元末各地义军蜂起,刘基自然也心存报国之志。他欣然接受了元政府的任命并打败了几股农民军。但是当刘基将战报送给朝廷的时候，他却受到了降职处分。很显然，刘基暗处得罪了一些心存不满的官僚。经过这件事，刘基对元政府已经丧失了基本的信心，选择辞职归家。

朱元璋久闻刘基大名。有一次，朱元璋同自己最倚重的谋士李善长谈话。朱元璋问李善长，当初的汉高祖刘邦为什么能成功呢？李善长很坦然地说，这是因为汉高祖善用"三杰"。朱元璋听后沉默良久，坦诚说道："先生是我的萧何，徐达是我的韩信，那么谁能够成为我身边的张良呢？"李善长向朱元璋推荐宋濂，但是朱元璋并不认可这种推荐。他敏锐地觉察到刘基才是一个文武全才，而宋濂只是一个学问很好的儒生而已。

朱元璋有一个部下叫作胡大海，他是一个十分爱惜人才的将领。他在攻打处州以后，听说附近有几个人非常的有名，所以就专门派人去请这几位。这几个人的名字分别是叶琛、章溢、刘基。

叶琛和章溢倒是非常爽快，在接到邀请后立即就来了。可是这个朱元璋最为重视的刘基死活不愿意。这并不是因为刘基要摆谱，而是刘基确实没有任何要跟随朱元璋造反的理由。他不缺吃穿，名声在外，更何况他还是大元王朝的中级官员。而造反，代价是沉重的。

胡大海将刘基不肯出山的情况报告给了朱元璋，而朱元璋也铁了心要请到刘基。为此，朱元璋还特意派出了一名说客，这名说客的名字叫作孙炎。孙炎几次前往拜访，都吃了闭门羹。但是孙炎也没有恼怒，继续五次三番去请刘基。刘基被逼无奈后，回赠了一把宝剑给了孙炎。这并不是一个很友好的举动，而孙炎见朱元璋交代给自己的任务无法完成，也急了。他对刘基说了一句："剑当献天子，斩不顺命者。"意思是说你这把剑应该献给天子，天子用剑专门斩杀那些不听话的人。

刘基见此情形，明白了和这些人是无法讲道理的，于是辞别了老母，来到了朱元璋的帐下。是金子总是会发光的，在见到朱元璋后，刘基向朱元璋说出了自己对现实形势的判断：

明公因天下之乱，崛起草莽间，尺土一民，无所凭借，名号甚光明，行事甚顺应，此王师也。我有两敌：陈友谅居西，张士诚居东。友谅包饶、信，跨荆、襄，几天下半；而士诚仅有边海地，南不过会稽，北不过淮扬，首鼠窜伏，阴欲背元，阳则附之，此守虏耳，无能为也。友谅劫君而胁其下，下皆乖怨；性剽悍轻死，不难以其国尝人之锋，然实数战民疲。下乖则不欢，民疲则不附，故汉易取也。夫搏兽先猛，擒贼先强，今日之计，莫若先伐汉。汉地广大，得汉，天下之形成矣。

这就是著名的刘基陈时务十八策。刘基的这段言论，和以往历史中诸葛亮未出茅庐先三分天下的隆重对策十分相像。刘基对时局的精确把握，对现状的透彻分析，让朱元璋一下子明白了战略方向。虽说朱元璋手下并不是没有谋士，也不是没有人出过一些好主意，而是没有一个人能够高瞻远瞩，从战略层面上提出问题。

此外，刘基的这段分析更加印证了朱元璋一直想做但是不敢做的决定，那就是在陈友谅和张士诚之间，到底要选择谁作为第一攻击目标。

按照当时将领的普遍想法，陈友谅比较强势，而张士诚比较弱小。按照正常的思维习惯，首先应该拿弱者开刀，目的是占据江浙一带来扩张自己的势力。应该说，这个决策在绝大多数人看来都是无懈可击的，但是朱元璋在此时并没有盲从。这是作为一个战略家的敏锐直觉。而刘基则是将这种直觉转化成为了清晰可见的理由：在东西两个方向，攻击陈友谅的话，"自守虏"的张士诚很可能会按兵不动；而攻击张士诚的话，"剽悍轻死"

的陈友谅一定会乘虚而入。鉴于两人这样的性格，所以说朱元璋所面临战局的关键不在张士诚而在陈友谅。一旦灭掉了陈友谅，则"天下之形成矣"。刘基的这番分析让朱元璋豁然开朗，也真正起到了张良所起到的作用。

试探

　　面对陈友谅，朱元璋一时也犯了愁。公元1359年，陈友谅已经完全控制了天完国。陈友谅的兵力比朱元璋更多，训练水平也比朱元璋的士兵要高。最要命的是，陈友谅的长处恰恰是朱元璋的短处，那就是陈友谅拥有一支庞大的水军。

　　从地形上看，陈友谅占据的是湖北和江西，也就是说，陈友谅是占据长江上游的。而朱元璋所占领的应天正位于长江下游。这样一来，水战就成为了一种不可避免的战争方式。朱元璋虽然也拥有了一些前来投奔的水军，但是与其说那是水军，倒不如说那只是几艘渔船更为合适。朱元璋即便没有多少水战经验，他也知道用那些小船和真正的战船作战，自己的胜算只能是零。

　　也正是鉴于这样的原因，朱元璋在很长一段时间都一直准备和陈友谅开战，但是始终下不了决战的勇气。但是该来的终究会来，一次意外打破了这种微妙的平衡。元至正十九年，也就是公元1359年11月，朱元璋手下重要将领常遇春攻克了池州，陈友谅大为吃惊，准备派人夺回这一战略重地。但不曾想到的是，陈友谅的这一计划泄露，朱元璋早就有所防备，他命令徐达与常遇春采用伏击战的方式，打败了陈友谅的军队，并且俘获了3000多人的俘虏。

此时，常遇春一个不好的习惯发生了，那就是杀降。他对徐达说要杀掉这3000人，徐达坚决不同意，并且表示要将这一事情上报给朱元璋。但是没有等朱元璋的指示下来，常遇春就将这3000人除了留下几个活口报信以外，其余的全部活埋了。

这件事可以说极大地惹恼了陈友谅。他下定决心要将朱元璋赶出江南。

陈友谅率领着庞大的舰队顺流而下，当朱元璋得到陈友谅率大军前来进攻的消息时，陈友谅的舰队已经占领了军事要地采石。这种速度是朱元璋万万没有想到的，朱元璋也意识到，采石的沦陷意味着应天最重要的屏障太平就孤零零地屹立在陈友谅的10万大军面前了。太平城的守将是花云，城内只有3000士兵。按照正常的守城方式，太平城有长江天险，城墙坚固，这些人足够坚守。但是花云忽略了陈友谅可怕的舰队实力。

陈友谅并没有让士兵去攻城，他只是让水军将船只开到太平城靠近长江的城墙边上，然后用梯子爬上了城头，很快就歼灭了3000守军。太平城被攻破以后，应天基本上可以说已经无险可守了。此时的陈友谅也正率领着浩浩荡荡的水军前去攻打仅有10000水军的朱元璋。

当太平城失陷的消息传来的时候，朱元璋赶忙召集了他的主要谋士们商讨下一步的行动方案。在这次会议上，绝大多数人的主张是逃跑，这无可厚非，就水军的战斗力而言，陈友谅和朱元璋甚至可以说不在一个等级上。此外，还有一部分主张退守紫金山，充分发挥自己步兵的优势。无论是哪种方案，都有一个基本的前提，那就是放弃在应天与陈友谅水战的念头。

朱元璋否决了这些建议，而是选择性实施了一个极为大胆的计划。这就是把陈友谅引诱到岸上来，让他进入预定的地方，设法对其进行伏击。而在这一切都安排好以后，本书中刚开始的一幕如朱元璋预料中的那样上演了。

陈友谅吃了败仗，心里一直窝着火，在修整了一个多月后，再次举兵而来，并在七月间一举夺回了安庆。

得到消息后，朱元璋大为恼怒，召集众将议事，并决定挥师西伐。因为陈友谅不除，始终是朱元璋的一大心患。但是如何来除呢？

俗话说，攻城不以力，而以谋，是为上上策。朱元璋深知这个道理，就像当年曹操在俘获吕布后打算收为己用，当时刘备一句话就让曹操把吕布给杀了。尽管杀后曹操有些后悔，但刘备却因此而为日后谋求霸业时省下了许多的麻烦。所以要想挫败陈友谅，同样要从他的左膀右臂来下手。

陈友谅的军队中有一员猛将叫作赵普胜，被人称为"双刀赵"，其多次领兵替陈友谅冲锋陷阵，攻克了不少朱元璋在西线上的军事重镇，可以说是朱元璋的死对头。朱元璋几次想让人对其劝降却始终不得要领，便命人使了反间计。因陈友谅这人有点忌能护短，本就一直担心双刀赵或许会由于功劳太大而恃功自傲，在军中威信超过了自己，因此在朱元璋的反间计下，听到双刀赵要对自己不利的消息后，陈友谅自然是勃然大怒，立刻派人将其绑上砍了。

未出兵先斩大将，这本就是军中大忌，此刻对于陈友谅来说则更无异于自毁羽翼。只不过事情并没有这么简单。由于双刀赵作战勇猛，因此其手下很多将士都十分佩服他，而不想双刀赵为陈友谅如此卖命，却落得个无端端身首两处的下场，众将士心一下就寒了。起初只是打仗不肯出力，后来却有不少人也都跟随着那些徐寿辉死后归降过来的部下们纷纷投奔到朱元璋的旗下了。

在使用反间计除掉"双刀赵"后，朱元璋利用陈友谅军中将帅不和的矛盾，伺机对陈友谅展开了猛烈的进攻，一举重新夺回了安庆，并进而攻克了江州。江州守将丁普朗和傅友德等带领其麾下众将士悉数归顺朱元璋。这个消息对陈友谅来说无疑是晴天霹雳。这相当于朱元璋在陈友谅的眼皮子下面扎下了一颗钉子。

按照以往陈友谅的性格，自己的部下出了这样的乱子，他首要的应会是亲自带兵去镇压。从他以往的军事行动轨迹来看，陈友谅完全属于那种不择手段、干完了再去思考的人。但是这一次的情况好像有些意外，他没有贸然行动，而是继续等待着机会的降临。

所以，从这个角度来看，朱元璋在最初与陈友谅交战的时候，他的实力远远不如对方，可是在接连经过几年的战事之后，在一点点削弱着陈友谅，再加上不少陈友谅部下将领的归降。实际上到了如今，陈友谅不断削弱实力的同时，朱元璋的实力却在一天天地壮大。此时的朱元璋也早已不再惧怕陈友谅了。

鹬蚌相争

实际上，朱元璋之所以能够如此从容地与陈友谅展开决战，不仅仅是因为他擅长用计和图谋巩固地盘伺机天下的野心，关键还在于他一直在南京"养尊处优"之中。而他之所以能够有如此的"悠闲"，小明王的庇佑是不容忽视的。

小明王与元朝军队一直以来都在进行着周旋，这也为朱元璋的"从容作战"提供了一种保障，使得元军根本没有精力来对付他，否则几路大军如果来犯，朱元璋根本没有时间和精力来对付陈友谅。

比如，就在朱元璋与陈友谅在江南展开厮杀的时候，江北也是战事连连，并且战争的局面也发生着微妙的转变。小明王和刘福通领导的红巾军原本一直占据着主动先机，此时却随着元朝大将察罕帖木儿的频频进攻而露出了疲态，察罕帖木儿抓住机会，接连收复了关、陇一线。此时，山东地区的红巾军内部也出现了矛盾，给了元军以可乘之机。

山东一直在大将毛贵的镇守之下，治理得原本一直不错，还招降了元朝"义兵"的田丰、王信和俞宝等将领，不断扩大了实力，并派那些归降的元朝将领来镇守各地关隘，收效很大。可是这时赵均用和彭早住却插了一杠子，很快就把局面给搅浑了。

赵均用与彭早住原本一直是驻守在濠州城内，但经常受到元军的围攻，后来迫不得已便北上逃至山东与毛贵合在了一处。矛盾就此而来。赵均用一直十分痛恨元朝的官吏，而毛贵却起用了不少元朝的旧将领去镇守地方，还将原本是红巾军死对头的元朝大地主武装力量田丰等人招至麾下，赵均用一时心生恨意，冷不丁就找个机会突下杀手将毛贵害了。毛贵的部将续继祖便从辽阳赶到山东的益都，伺机将赵均用给杀了。结果原本平静的山东被搅得鸡飞狗跳

察罕帖木儿借机大举进兵，攻下了汴梁，使得小明王不得不退居安丰。察罕帖木儿又借机招降了田丰、王士诚等人，然后兵临益都。

山东就此失守，小明王的都城安丰也岌岌可危，如果安丰失守的话，朱元璋的北面也就从此失去了一块屏障，南京也就完全暴露在了元军面前，朝不保夕了。

从自身的角度出发，为了能够确保与陈友谅之间的战事，朱元璋无奈之下使了缓兵之计，派人向察罕帖木儿去求和。说白了也就是表示投降。派去的人回来后告知朱元璋，益都的战事还不够明朗，也就是说，察罕帖木儿目前根本没有心思考虑到小明王所在的安丰，就更没有精力来对付南京了。

朱元璋正是抓住了这一空隙，才敢于向陈友谅发动进攻的。

正如派去求和的使臣所言，对于朱元璋的主动求和，察罕帖木儿和元朝政府当然是求之不得，立刻派出了户部尚书张昶带着官衣和御酒及诏书很快来到了浙东方国珍处，方国珍曾数次派人通知朱元璋。

朱元璋此时一直在等益都那里的消息，所以虽然自己主动提出了请和，但这仅仅是权宜之计，并非真心要归顺元政府，所以根本就没把这事放在心上，所以一直到了元顺帝至正二十二年（1362）的十二月，朱元璋才通知了

江西的方国珍，元朝户部尚书张昶一行才得以来到了南京。

不久，消息又传来，察罕帖木儿已被田丰和王士诚所杀，由其义子扩廓帖木儿继为全军统帅，他与另一位大将孛罗帖木儿正在为地盘争斗得厉害，根本就没有南下进军南京的意思。朱元璋这才安下心来，继续布置着与陈友谅之间的战事。

当张昶带着元朝的招降诏书来到南京的时候，宁海人叶兑这时给朱元璋写了一封信。信中，由于叶兑不了解朱元璋向元朝政府请和的真正意图，所以他苦口婆心地劝说朱元璋不要归顺元政府，并且还为朱元璋明确指出了他如今所面临的形势，以及以南京为根据地向四周图谋天下的战略步骤，还具体分析了他未来周围的这所有对手的情况及实力。

可以说，叶兑所言，其实正代表了当今那些地主阶级知识分子们的普遍看法，这些对朱元璋的内心触动很大，以至在日后他平定天下的过程中，很多都采用了此时叶兑为他规划的策略和进攻路线。

朱元璋当然听取了叶兑的建议，张昶一行到达南京后，他即刻将随行的副使给杀了，只留下了张昶。因为张昶做了多年元朝的大官，精通朝间典故和各种制度，被朱元璋任命为行中书省都事，委以重任。据史料记载，张昶在到达南京后，朱元璋曾对他的部下说："元朝送一大贤人与我，尔等可与之议论。"足见他对张昶的器重。

自小明王称帝以来，其军政大权一直由刘福通掌握。刘福通能征善战，但却不像朱元璋一样懂得调度，尽管他带领的红巾军夺了许多城池，却没能建立一个有效的制度去管理。那些在外作战的大将大多都是刘福通旧日的同伴兄弟，难免都不太服从他的指挥，使得他即使是打了胜仗，也不懂得如何继续扩大战果，而一旦打了败仗就只晓得四处乱躲，一点章法都没有。甚至是有些将军在打了败仗后怕受到处罚，索性直接投靠了元军，调过头来与元军一起对付红巾军。因此，随着元军的不断加大攻势，刘福通所占领的城池便很快又尽数归还到了元军手里。

益都在被元将扩廓帖木儿包围后，刘福通只好亲自带兵援救，结果大败而归。元至正二十三年（1363）二月，当投降了张士诚的部下大将吕珍乘机围攻安丰之时，无奈之下，刘福通只好派人来向朱元璋求救。

此时朱元璋面临着两难的选择，对于刘福通到底是救还是不救的取舍问题。面对这样的难题，朱元璋找来了自己最信任的谋士刘基来商讨此事。刘基没有立即发表意见，而是先询问了朱元璋的意见。在朱元璋看来，刘福通是一定要救的，其中的原因有两点：第一，自己本身也是红巾军出生，而且从名义上讲，刘福通还是自己的上级。第二，安丰可以说是南京的重要门户，如果安丰失守，南京也将受到威胁。从这两方面来看，做出支援安丰的决定并没有任何的不妥之处。

但是刘基做出了与朱元璋截然相反的判断，刘基认为，如果此时出兵，陈友谅要是出兵来犯该当如何？另外，如果救出了小明王又当如何安置呢？是让他继续骑在自己的头上当皇帝，还是杀掉？要是继续当皇帝，不是找个人回来管着自己吗？要是杀了，那还不如不救呢。除此之外，刘基认为安丰失守只是小事，如果陈友谅此时趁机打过来，那应天就将变得岌岌可危了。

但是朱元璋这一次没有听从刘基的意见，而一场大错也即将铸成。

第五章　/　鄱阳湖之战

致命的失误

这一年的三月，朱元璋率兵援救安丰。在最初的计划中，朱元璋已经料想到了两种截然不同的战果。第一情况，安丰成功解围，韩林儿和刘福通获救，自己将获得巨大的荣誉和威望。第二种情况，安丰失守，韩林儿和刘福通死去，自己做到仁至义尽，从此以后自己将不受任何人的管辖。

但是最终的战果可以说是完全出乎意外，安丰最终失守，主将刘福通战死，而韩林儿则被朱元璋救了出来。这是一个让朱元璋哭笑不得的结果。朱元璋救出韩林儿以后，便将他安置在了滁州，为其建造了行宫。朱元璋给予了韩林儿极高的待遇，但实际上也只是将他软禁起来了而已。

与此同时，张士诚的军队并没有就此罢手。在朱元璋撤退的路上，他组织了小股武装对朱元璋的数万大军不停地进行着骚扰。这种打得过就打，打不过就跑的游击战术让朱元璋很是恼火但又无可奈何。张士诚的这一举动让朱元璋十分不爽，加上安丰的失守，朱元璋做出了他军事生涯中可以说是最错误的一个决定，那就是进攻庐州。

庐州就是今天的安徽合肥，张士诚在这里经营多年，城防坚固且有重兵把守。朱元璋之所以要进攻庐州，一方面是为了泄愤，另外一方面就是打算攻下庐州其实等于打通了通往张士诚的老巢——也就是江浙一带的道路。

无论是从个人情绪还是战略意图上来看，朱元璋的这一决策也没有任何的问题。但是一个人依然对朱元璋的这一抉择提出了反对意见。这一次不是刘基，而是朱元璋非常倚重的徐达。

徐达反对的理由和刘基十分相似，他向朱元璋陈述，援救安丰已经是一种失策了，现在进攻庐州，万一不能快速拿下庐州，陈友谅一旦此时出兵，应天将会变得异常危险。此时的朱元璋却不以为然。他自信地认为，自己在出兵安丰的时候，陈友谅就毫无动静，那进攻庐州，陈友谅很可能依然保持着一种观望的态度。此外，朱元璋在心底也暗自下了决心，如果此次出征不能取得一点像样的战果，他是没有面目去见刘基的。

于是，朱元璋率军出发了。而在遥远的长江上游，陈友谅也在发动着最后一次军事动员。这一次可以说是孤注一掷了，他已经动员起自己所管辖区域里的全部的潜力，组成了一支无敌舰队向朱元璋发起了最后的攻击。陈友谅这次所倚重的，还是他无往不利的高大战舰。据史料记载，他的舰队的主力拥有漆红色的三层甲板的大战船，上面有掩护弓箭手的包铁塔楼，它们的船尾高得可以爬上任何城墙。还有一种材料说，每一只这样的战船可以载两三千人。这在当时无疑是一种不可战胜的"航空母舰"。除此之外，这些大型战船的后面还跟随有各样大小不同的船只。陈友谅的这次行动充分展示了他的个人风格，那就是习惯性孤注一掷。组织这样一支规模庞大的舰队，足以使他理论上是当时各路割据者中最强的海军，但是也就意味着陈友谅经不起任何的失败，一旦失败也就意味着他即被剔除争夺天下的行列。

元至正二十三年四月，也就是1363年4月，陈友谅趁着春汛，率领着他庞大的海军出征了。陈友谅进攻的第一目标是洪都。按照最优选择理论，陈友谅的大军最好也是最省事的选择就是一路南下，进攻应天。这样一来，朱元璋将腹背受敌，无法分兵。其实对于这个问题，有两个理由可以解释陈友谅的选择。

首先是从战略上考虑，洪都可以作为进攻应天的基地，一旦攻下洪都，陈友谅进可攻，退可守。这在战略上就等于占据了主动权。其次是从陈友谅的心理上，因为洪都原本就是自己的地盘，在他的人生哲学里，失去的东西自己一定要拿回来。攻下洪都，就可以教训那些曾经背叛自己的人，让那些人为自己的背叛付出代价。

按照陈友谅的预想，攻破洪都只是一件水到渠成的事情。但是朱元璋早有准备，洪都面江的城墙已经经过了改造，这使得陈友谅不得不改变他从船上夺取该城的可能性，基本上说是打乱了陈友谅的时间表。无奈之下，陈友谅只好选择传统的攻城方式。陈友谅首先选择的进攻目标是邓愈守护的抚州门，这门四面开阔，十分适合进攻。

这次进攻可以说是异常惨烈，城内的士兵不断地把准备好的大石头和木头等重物向城墙下的士兵砸去。而陈友谅的士兵大多是水军，习惯使用的是竹盾，很显然这在攻城战中是相当不利的。一天下来，陈友谅的士兵死伤惨重。

此番陈友谅的来势却相当猛烈，仅仅过了4天的时间，邓愈所守的抚州门就被陈友谅的军队攻破了30多丈，无奈之下邓愈只好用火铳将敌军击退，用树枝当作栅栏挡住了陈友谅的大军。

陈友谅的士兵又冲上来去抢夺树枝，朱文正只得对将士下了死命令，一面死守，一面又命人连夜修筑城墙。次日天亮，双方还未交战，陈友谅的将士们就发现，昨天才被自己攻破的城墙，只一夜工夫便又重新竖了起来，于是再次加紧了进攻。不想城墙每每被陈友谅攻破，可第二天又奇迹般地长了出来。就这样破了又修修好又破，朱文正和邓愈的兵马仅仅不足万人，却硬是将陈友谅的十几万大军在抚州门前拉锯了两三个月。明明已经到了嘴边的一块肥肉，陈友谅硬是吃不到口里。

其实城外的陈友谅急，城内的朱文正更是急。由于洪都城被陈友谅围了个水泄不通，已经和外界断绝了所有的消息往来，在六月十五日这一天，朱文正便派千户赵子明趁夜驾起一叶小舟顺江而下，偷偷跑回了南京。

朱元璋这才得到了前线的消息，并且赵子明还告诉朱元璋，尽管南昌城的兵马伤亡惨重，但是陈友谅那里的将士们同样好不到哪里去。目前江水不旺，而陈友谅所乘的都是十分高大的战舰，对他们不利，况且用兵过久，其粮草必定缺乏，只要援兵去支援南昌，必能战胜对方。

朱元璋大喜，对赵子明说："你速回，转告文正，让他再坚守一个月，我定能让陈友谅有去无回。"

不料，赵子明在回去时却被陈友谅的手下在湖口处给捉了。陈友谅说："你若是能让朱文正降了我，我保你一生富贵。"赵子明便答应了。可是一来到城下，赵子明即刻对城上的将士们喊道："我已见过主公，援军马上就要到了，请都督再坚守数日。"

结果赵子明当即被陈友谅所杀，这样一来，反倒更激发了洪都将士守城的信心和勇气。

朱元璋当然不会让朱文正在洪都守一个月，在确定了与陈友谅决战的方针后，朱元璋从庐州调回了徐达的部队，并且召集起了朱元璋所能动员的全部力量。这些力量包括二十万人的士兵，以及他手下优秀的将领徐达、常遇春、冯胜、郭兴等人，这当然也少不了刘基这样的谋士。朱元璋此次的行动也可以说和陈友谅一样，空国而来。

此时的陈友谅和朱元璋心里都明白，这是一场谁也无法避免的赌局。输的人将输掉一切，而赢的人将获得大片土地的统治权，甚至整个天下的统治权。对于这样的诱惑，没有人能够拒绝。元至正二十三年（1363）七月六日，朱元璋的军队以急行军的速度向洪都前进，而此时的陈友谅还正和守卫洪都的朱文正鏖战呢。

拉锯战

七月十六日，朱元璋的大军到达了湖口。为了能够彻底解决掉陈友谅，达到与其决战的目的，朱元璋兵分两路，分别占领了泾江口和南湖口，同时还封锁了陈友谅唯一可以退却的武阳渡口，阻塞了陈友谅的退路。

做出这一决策是需要勇气的，因为这一决策基本上也就意味着如果陈友谅不能被全歼，那自己将会置于非常危险的境地。而这也是朱元璋经过反复思考的。他认识到，如果要彻底战胜陈友谅，唯一的办法就是摧毁他强大的海军。

七月十九日，陈友谅得知朱元璋前来救援并且已经封锁了自己的退路以后，他主动撤离了洪都，来到了双方最终决战的地点——鄱阳湖。

七月二十一日，中国冷兵器时代最大规模的水战即将开始。说起水战，其实对于中国人来说并不陌生。早在商朝时期，甲骨文中就已经明确地记载了先祖们在水上的活动。鲁哀公十年（前485），吴"徐承帅舟师将自海入齐"（《左传》），这是历史上有记载的中国舟师第一次海上军事行动。这一时期的舟师已有相当规模。吴越之战，越军4.9万人中有习流2000人。后来，越舟师出海北上攻齐有戈船300艘，死士8000人。

到了汉朝，随着国家的统一，水军的规模和战船的规模都日趋完备。东汉建安十三年（208），在有名的"赤壁之战"中，双方使用的船舶数以千计，足以说明当时水战的巨大规模。魏晋南北朝时，人们认识到水战时风力大小无常，不可恃以作战，因而重视发展人力推进的战船，出现多桨快艇。隋朝杨素造"五牙"大舰，起楼 5 层，高 100 余尺（约合 29.5 米），能容战士 800 人，有 6 个拍竿，高 50 尺（约合 14.76 米），用以击碎敌船。

经过宋元的发展，此时江南地区的造船技术更加精湛，尤其是陈友谅所建造的战舰可以说是达到了登峰造极的地步。正因为如此，当朱元璋在鄱阳湖上布阵的时候，朱元璋及其士兵才发现了一个极为严重的问题，那就是他们的舰船太小了。长期以来，朱元璋的水军可以说是以大量的渔船为主。其主力战舰还是在几年前龙湾之战中缴获的陈友谅的船只。虽然朱元璋的士兵们在很早就听说陈友谅的水军有多么地厉害，但只有近距离观察后，士兵们才知道这是一支多么可怕的舰队。

但是朱元璋已经没有任何退路了，只能硬着头皮打下去。在一片哀叹和恐惧声中，朱元璋说出了自己的破敌方法。在朱元璋看来，陈友谅的船只虽然庞大，但是有一个致命的弱点，那就是机动性能较差。只要利用自己小船的灵活性，是可以击破敌人的。

话虽然如此，但是谁能够执行这样惊险的任务呢？答案是朱元璋身边的"韩信"——徐达。徐达之所以被朱元璋器重，很重要的原因就是徐达并非匹夫之勇，他对现状有着清醒的认识。仔细分析了敌方船只的弱点以后，他命令自己所率领的船只列成小队，带上火枪和箭弩，在靠近敌船以后，先发射火枪和箭弩，然后趁机攀爬上敌方的船只，与敌人进行短兵相接。

制订完周密的作战计划后，徐达开始行动了。此时的陈友谅刚刚集结完自己的舰队。他万万没有想到弱小的朱元璋竟然敢主动出击。陈友谅大为惊慌，连忙派出自己的舰队迎敌。而徐达见状，将自己率领的小船突然分成数十个小队，从不同的角度对陈友谅的大军进行围攻。由于陈友谅巨大的战舰行动不便，不同的方向经常是顾此失彼，始终无法摆脱徐达的围攻。最终，徐达率领的军队攀登上了一条大船，杀敌数千人。

徐达的勇猛的确达到了预期的效果，虽然从战略上讲对朱元璋的处境没有多少的改善，但是无疑达到了鼓舞士气的目的。

陈友谅毕竟财大气粗，损失一两艘战船对他来讲并没有实质性的伤害。在经历了初期的失败后，陈友谅及时调整了舰队，开始发挥自己船坚炮利的优势，对前来骚扰的徐达的军队进行了还击。这一回合的交锋中，徐达没有占到任何便宜，他的战舰被击中，以至于他不得不放弃自己的指挥舰，登上其他的船只。这样就造成了一个很严重的后果，那就是徐达所率领的水军找不到自己的主帅了，那这样缺乏指挥的徐达水军战斗力便锐减。陈友谅趁机连续击沉了他的几十条战船。

陈友谅和朱元璋又回到了僵持的状态。

鄱阳湖的火光

初次尝到甜头的陈友谅并没有罢休,他对朱元璋发动了一次意想不到的攻击。而在这一次进攻中,朱元璋差点丧失了自己的性命。这又是怎么一回事呢?发动这次进攻的虽然是陈友谅,但是真正指挥的是陈友谅手下的一员猛将,他的名字叫作张定边。

张定边是渔民出身,但作战十分剽悍,有勇有谋,深得陈友谅的信任。当陈友谅这一次发动对朱元璋的突袭的时候,张定边决心要立功了。他在双方僵持的时候,率领着他的旗舰和两艘副舰从陈友谅的水军中行驶了出来。此时,无论是张定边的主帅还是对面的朱元璋都一时不清楚这三艘船究竟想干什么。

就在众人还在纳闷的时刻,张定边率领着他的三条战船丝毫没有减速,直接奔向了朱元璋的旗舰。这不明摆着是自投罗网吗?但所有人都低估了张定边的勇气,他率领着这三艘船直奔朱元璋的指挥舰而去了。一直到了水军,朱元璋手下的将士才反应过来,原来张定边的目标是他们的主帅朱元璋。

一时间,刚刚缓过神来的将领们立刻指挥着自己的战舰前去阻止张定边的行动。很快,30多艘大大小小的战舰已经将张定边团团围住了。在前无去路,后有追兵的情况下,张定边貌似必死无疑了。

但张定边的下一个举动可以说是彻底震惊了所有人,在这种孤立无援的情况下,张定边爆发出了极强的战斗力,他手持宝剑站立在船头,亲自砍杀作战。而他所率领的士兵见状,无不尽力死战,最终他的舰船竟然杀出了重围,一路上击杀了前来保护朱元璋的将领。这包括了朱元璋手下的大将韩成、陈兆先、宋贵等人。突破了重围之后,朱元璋见势不妙,连忙命令战船躲避,但是没有想到的是,由于朱元璋的旗舰吃水较深,加上转向过大,这只船竟然搁浅了。朱元璋想要逃跑却无处可躲,在眼看张定边就要登上旗舰,抓住朱元璋的时刻,一个人的出现挽救了朱元璋。

这个人就是猛将常遇春。眼看亲自前去已经是来不及,众将领也都不知所措之际,常遇春手拿弓箭,一箭射中了张定边。与此同时,俞通海又驾舟速援。张定边被射中后,无力指挥战斗,就退出了朱元璋的水军。在返回陈友谅水军的途中,已经受伤的张定边依然无人可挡。从张定边的表现来看,这的确是一名非常勇猛的战将,他的表现吓出了朱元璋一身冷汗,但是他也深深记住了这个人。

这一天的战斗也就此结束了,以一种双方都没有想到的方式结束了。这一天的战斗结束后,陈友谅立即召集将领开会,总结这些天的战斗成果并制订下一步的作战计划。陈友谅认为,不能与朱元璋就这样小打小闹地耗下去,要发挥自己的长处,采用群体攻击的战术。但是,由于不同类型和大小的船只在行进间的速度是不同的,于是陈友谅想到了把战船用铁索连接起来的主意。

第二天,朱元璋依然先行出战。此时,陈友谅的铁索连环战舰开始发挥出极大的威力。一艘艘的战舰相互连接在一起,史载"望之如山,绵延数十里"。虽然朱元璋很不情愿与这样的对手打仗,但是面对这样事关生死存亡的大事，他只能不断派遣舰队对陈友谅的舰队进行轮番攻击。但是收效甚微，尤其是当陈友谅发现朱元璋水军右翼比较脆弱的时候，陈友谅开始集中全力攻击。朱元璋亲自督战，连续斩杀了10余名准备撤退的中下级军官，仍然阻挡不了败绩。

朱元璋意识到这种情况下，如果和陈友谅这样硬拼，自己是一定斗不过陈友谅的。此时，他的部下郭兴向朱元璋建议：双方水军实力的差别是显而易见的，并不是士兵们不够努力，而是陈友谅的舰船实在是过于庞大。要想打败他们，只能用火攻。

朱元璋对这个建议表示万分赞同，三国时期火烧赤壁的情景在他的脑海中又出现了。朱元璋是一个行事果断的人，他立即布置7条船装满了火药，外面用芦苇扎成士兵的形状，然后组织敢死之士操作。当这一切都准备妥当的时候，朱元璋才发现自己和周瑜一样，缺少了火攻的一个重要条件，那就是风。

等风来，成为了朱元璋这一天向上天祈祷最多的一句话。但这实在是一个小概率事件，那个时候也没有天气预报，朱元璋只能将所有的希望都寄托在那一缕清风之上。谁也不知道风到底什么时候来，而朱元璋所能够做的就是不断组织有限的力量拼死抵抗。

这可以说是朱元璋战斗生涯中最难挨的半天，因为他根本就不知道自己逆转的时刻会不会到来。此时的朱元璋只能不断地给自己打气，不断鼓励着那些前赴后继的将士们。

下午三点，朱元璋的等待终于获得了回报，东北风起来了。朱元璋没有丝毫的犹豫，下令点火。

随后，7条火船靠近了陈友谅的战舰，火借助风势将陈友谅的水军战船变成了一片火海。而朱元璋也趁机命令自己的军队发动总攻。一时间，整个湖面上都一片红色，这有大火燃烧的颜色，也有士兵鲜血的颜色。

　　陈友谅看到鄱阳湖上漫天红色的时候，他心里知道，自己已经完了。在和朱元璋的这场赌局中，他已经没有了继续玩下去的筹码。这一战，他失去了一半以上的舰队，也失去了自己的弟弟陈友仁、陈友贵等主要将领。

最后的挣扎

　　两天以后，陈友谅并不甘心，双方继续作战。陈友谅这一次的目的不是消灭朱元璋的军队，而是朱元璋本人。没有战术，只有目的，陈友谅集中所有的炮火猛攻朱元璋的坐船。朱元璋为了改变这种被动的局面，命令廖永忠、俞通海等分率6舟直入陈友谅军阵中。朱元璋军队士气大振，加上前几次战斗积累的信心，全军再次向陈友谅发动了猛攻，这场战斗从清晨一直战斗到晚上，最终大败陈友谅的军队。

　　经过这一战，陈友谅可以说是完败，被迫退守鄱阳湖西岸的渚溪。朱元璋早就已经控制住了长江水道。双方在此地相持了3日。就在这期间，陈友谅手下的左、右金吾将军带领着自己的军队投降了朱元璋。就这样过了3天，由于出口均给朱元璋封住了，陈友谅的大军无法得到粮草等军需补给。

　　接连遭遇失利，陈友谅手下的将领右金吾决定焚舟登陆，大军从鄱阳湖南岸登陆撤退。这一建议却遭到了左金吾的反对，他认为目前还未到焚舟的地步，不如重整军队与朱元璋展开死战，奋力一搏或能取胜。若是强行登陆撤退，万一朱元璋以步骑紧追不舍的话，大军将前无所依、后无所靠。

陈友谅听从了左金吾的建议，率军与朱元璋打了一仗，结果大败。回来后陈友谅便抱怨："当初若是听从右金吾的建议就好了。"左金吾听后心里便打起了鼓，害怕陈友谅怪罪自己，便率众降了朱元璋。而右金吾见左金吾投了朱元璋，料想陈友谅此仗必败，也率众降了朱元璋。

得知这些后，朱元璋认为此刻的陈友谅已成了强弩之末，于是和刘基商议，决定用计。于是写书一封：

我欲与公约纵以安天下。公失计，肆毒于我。我是以下池阳，克江州，奄有公龙兴十一郡。今犹不悔，复起兵端，一困于洪都，再败于康郎，杀其弟侄，残其兵将，损数万之命，无尺寸之功，此逆天理、背人心之所致也。公乘尾大不掉之身，顿兵敝甲，与吾相持，逞其狂暴之性，正当亲决一战，何至徐徐随后，若听我指挥者，无乃非有丈夫乎！公早决之！

陈友谅听到这个消息后，愤怒再次掩盖了他所有的理智，为了泄愤，他命令杀掉所有的俘虏，而对于以后抓到的朱元璋士兵，就地处决。而对面的朱元璋则做出了一个和他截然相反的决定，他放还了战俘并且悼念死者，医治伤者。

这两个统帅的两道不同命令彻底断送了陈友谅的军心。无论是将士还是士兵都对陈友谅极其不满，纷纷选择逃亡。陈友谅很快就发现，自己手下的士兵越来越少了。

陈友谅不是不知道逃跑，而是他已经无处可逃了。早在陈友谅大败之初，朱元璋命常遇春、廖永忠等移师湖口，列栅南北两岸，置火舟、火筏于中流，以阻陈军突围；又分兵夺取蕲州（今湖北蕲春西南）、兴国（今阳新）等地，控制长江上流。

随着士兵的减少，陈友谅已经在这里被困了数月，粮食成为了一个最大的问题，这一年的八月二十六日，陈友谅不得不做出最后的决定，那就是逃跑。虽然陈友谅来的时候就没有回去的打算，但是此时此刻的他不得不选择逃跑来退出这场争斗。陈友谅率领军队希望能够从容撤退，他选择的突破口是湖口。但是，此时的陈友谅和当初的陈友谅已经有天壤之别了。为了活命，陈友谅不得不拼死突围，最终勉强打开了一个突破口。

朱元璋绝对不愿就此放手，他再也不想遇见这样的对手了。对于陈友谅，置其于死地才是他想要的结果。虽然陈友谅初步逃出了包围圈，但是朱元璋已经率领着数十万大军追赶而来了。一阵乱战后，陈友谅继续溃逃，等他逃到泾江口时又遭到了朱元璋部下的伏击，陈友谅中箭身亡。陈友谅死后的第二天，他手下的平章、陈荣率领着剩余的5万多人向朱元璋投降。

陈友谅死后，他手下的猛将张定边尽到了自己最后的责任。他将陈友谅的儿子陈理和陈友谅的尸体抢了回来，并最终带回到了武昌。至此，总共历时36天的鄱阳湖水战结束了。朱元璋以少胜多，取得了全面的胜利。

这一战对朱元璋的意义是不言而喻的，他奠定了朱元璋问鼎天下的基础，鄱阳湖之战同样作为一场以少胜多的著名战役而载入了史册。陈友谅死了，但是朱元璋并没有放弃对两个人的关注，虽然从心里面朱元璋已经知道这两个人不会给他带来威胁了。

第一个人就是陈友谅的后代陈理，第二个人就是朱元璋一直念念不忘的张定边。鄱阳湖水战结束的第二年，朱元璋处理完身边的事情后，他亲自带兵前往陈理的所在地，也就是陈友谅的最后根据地武昌。此时的张定边见状，知道抵抗已经无用了，就带着陈理投降了朱元璋。朱元璋和陈友谅之间的战争至此得到真正意义上的结束。

　　鄱阳湖之战本身是导致明王朝建立的一系列发展中的关键性事件。陈友谅之死和他的绝大部分舰队被俘或被毁坏使得朱元璋取得了他在1362年的挫折中未曾得到的全面胜利。在此之前，陈友谅一直是在事实上或者潜力上占据优势。朱元璋不仅要面对陈友谅，还要小心对付下面的张士诚。陈友谅被消灭以后，朱元璋能够马上将目标对准张士诚了。整个长江中下游地区持久不决的势均力敌的局面被打破了。

第六章／南方群雄的种种

称王的插曲

在消灭张士诚之前，朱元璋做了一件事，那就是称王。元至正二十四年（1364）的正月，朱元璋在百官的一再请求之下，自立为吴王，并下设百官，建立中枢省，由李善长出任右丞相，徐达任左丞相，俞通海与常遇春为平章政事，张昶为左司都事，汪广洋为右司都事。另立长子为太子。并以"皇帝圣旨"的名义发布命令通告上下。

这其实是一个挺值得玩味的事情。尤其是史料中明确将朱元璋的这一行为叫作"自立"。这是为什么呢？原因其实也不难解释，此时的韩林儿还是名义上的皇帝。按理说朱元璋要想成为吴王要经过韩林儿的批准，批准后才是合法的，如果朱元璋抛开韩林儿自立，明显就是一种犯上的行为。但是此时的朱元璋已经管不了这么多了。

从 1364 年到 1365 年之间，朱元璋还是比较忙碌的。他此时最重要的目标就是主要致力于逐一消灭陈友谅以前在江西和湖广的残余势力。其实早在 1363 年 10 月，也就是鄱阳湖之战结束后的两个星期，朱元璋就把他的水军开向了上游，这一次的目的就是武昌。他围困了武昌长达两个月但是并没有多少成效。无奈之下，他返回了南京并将兵权交给了常遇春。而 1364 年 3 月，张定边投降。此后，湖南、湖北余下的州府也都望风而逃。朱元璋这时并未占领它们，他留下杨靖守武昌，自己率领余下部队驶向下游。5 月 15 日，徐达和常遇春重新围攻庐州；左君弼逃往安丰，和扩廓帖木儿合兵一处，但是庐州在左君弼部下的防守下顶到 8 月 15 日。庐州和武昌曾经是态度鲜明地抗拒明军的两个中心，拿下了它们就是进行下一阶段用军事实际上占领江西和湖广已经投降或正在动摇的重要城市的开端。

就在朱元璋一切顺利，准备和张士诚决战的时刻，一个极其意外的消息打破了他的部署。那就是曾经坚守洪都的朱文正，也就是他的亲侄子已经勾结了张士诚，准备出兵讨伐他。

这让朱元璋感到非常痛苦。作为一个起身于草莽的军事集团，朱元璋也不是没有经历过背叛，但是他都能够及时处理，将叛乱镇压。但是让朱元璋实在想不明白的是，作为自己最信任的亲侄子，朱文正有什么理由要背叛自己呢？

其实解释这个问题很简单，朱文正虽然是一个很好的守城之将，但是他并没有长远的眼光。他想要的只是更多的封赏和官位，但是朱元璋并没有给予他所想要的。在鄱阳湖之战以后，朱元璋要对有功之人进行大规模的封赏，这其中就少不了朱文正。朱文正守洪都可以说是立下了大功，所以朱元璋就先问朱文正有什么要求。此时的朱文正为了谦虚，就没有提要求，而是让朱元璋先行封赏其他人。

而朱元璋听闻此言后自然是高兴不已,因为他觉得自己的侄子是一个识大体、顾全大局的人才。于是就大肆封赏了其他人,最后仍旧让朱文正驻守江西洪都。原本只是想和朱元璋客气一下的朱文正此时蒙了,这压根儿不是他所想象中的套路。但是事已至此,他只能接受。

朱文正的不满开始逐渐显现了。按理说,守住洪都才拖住了陈友谅,不然根本就没有朱元璋后期的胜利。到了论功行赏的时候,却把自己放置在一边,这样头脑简单的朱文正死活也想不通。于是,驻守洪都的朱文正整日借酒浇愁,甚至外出强抢民女,最后到了卖官鬻爵的程度。但是这些行为并不能让他心理感到平衡,尤其是看到其他将领驻守富庶之地,而自己依然在洪都时,他的不满逐渐达到了一个顶点。他决心要联合张士诚共同对抗朱元璋。在此时的朱文正眼里,只要我自己的利益没有满足,哪怕朱元璋是我亲叔叔,我依然可以背叛。

就在朱文正紧锣密鼓筹划准备的时候,朱元璋得知了这一消息。朱元璋对朱文正丝毫没有犹豫,见面后就直接用鞭子抽打朱文正。按照朱元璋的性格,对于这样的背叛者,一向都是处死了事。但是经过了马皇后的劝阻,他没有选择杀掉朱文正,而是将其关押了起来。平心而论,后来的朱元璋对朱文正还是不错的,这事情过后的3年,也就是公元1370年,朱元璋封朱文正年仅8岁的儿子为王,藩地在桂林。

错失机会的张士诚

清理完门户以后，朱元璋可以腾出全部的精力来对付张士诚了。严格来讲，在元末南方群雄当中，张士诚不是红巾军的派系，红巾军的成员大多是那些受到元政府与地主阶级剥削的贫苦大众，他们有着鲜明的阶级仇恨观念，所要推翻的就是蒙汉的地主阶级统治，只不过朱元璋这一支军队，由于接受了那些地主阶级知识分子的思想，渐渐发生了新转变。

张士诚本人和他的军队组成成员，大多是那些私盐贩子的盐丁，或是中小地主，从成分上讲比红巾军的成员要高一个层次，属于社会的中产阶级。他们之所以反对元政府并起义，同样是受到了元政府那些官吏的压迫、剥削和欺侮，但是却不像红巾军在起义目的上的明确，就是为了推翻元政府。

另一方面，张士诚的军队成员，他们骨子里还有着贪图安定的享乐主义思想，当经过起义，各方势力分据一方之后，他们就认为事业成功了，告一段落了，然后就会满足于生活上的享受，于是思想和行为自然就开始腐化。

元军与小明王周旋的时候，无暇顾及他们，所以他们便自以为是，自立了名号，和元政府进行着斗争，而一旦元朝政府的军事实力强大地向他们逼近的时候，他们就变成软骨头了，成为了被招安的主要对象。可是他们的反复性却很强，一旦做了元朝官后，如果元朝政府的军事力量不够强大了，那么他们照样会跳起来再起义。

作为张士诚来说，其实他从一开始就与小明王和朱元璋处于了一种敌对的势力当中，尽管他们都举行了起义。而与元政府之间也处于一种摇摆不定的状态之中。比如当初被元丞相脱脱围攻时就一路退缩，而脱脱被元顺帝降罚免去职务撤了，他们又出来对元政府的势力进行打击。

从元至正十六年（1356）起，张士诚与朱元璋之间的战事就开始了。朱元璋在布防南京时，对张士诚一直采取着以守为攻的姿态，而一直将陈友谅作为了强劲的对手，这也使得张士诚就像是朱元璋身边的一个痒痒爬，看到朱元璋忙了顾不上自己了，就出来跟朱元璋捣几下乱。朱元璋要恼了，马上就又缩了回去。

朱元璋在西线攻打陈友谅的时候，曾经派使者修书给张士诚，以示通好，张士诚却不理会，却出兵攻打镇江。徐达一直镇守镇江，大败张士诚于龙潭，并趁机围攻常州。张士诚派出张士德前去救援，不想却被徐达擒获。这张士德有勇又有谋，曾辅助张士诚多年，被擒后坚决不投降朱元璋，还差人给张士诚带话，劝其归顺元政府，结果被朱元璋杀死。

元至正十七年（1357）的二月，朱元璋率领耿炳文攻下长兴，随后攻取了常州、泰兴，然后又派大将赵继祖与吴良取了江阴。长兴和江阴都属于军事要点，长兴位于太湖口上，从陆路可达广德诸郡，而江阴枕着长江，更是四通八达的一处要隘。朱元璋取下长兴后，派耿炳文来镇守，使得张士诚不敢走出广德；又派吴良镇守江阴，从而遏止了张士诚的水军不敢轻易溯江而上。

如此一来，张士诚无法向西面挺进半步。而在东面的嘉兴又有一股由杨完者率领的部队，苗人作战更是勇猛，杨完者曾数次击败张士诚的军队，使得张士诚在东西两面无法动得分毫，可谓腹背受敌。

数年以来，元政府的江浙右丞相达识帖木儿曾一直派使者找到张士诚，劝其归顺。无奈之下的张士诚只好听从了当初士德的劝告，做了元朝的官，但是他实际上却有着自己的小盘算，私自设了军府和枢密院，分辖着淮南与江浙两省，在六七年的时间里，曾举兵南下，占领了绍兴和杭州等地。算起来，张士诚的疆土已经有2000多里之大，对于朱元璋来说，可以说是他踏平南方路上的一大障碍。

张士诚之所以降元，从很大程度上讲是因为受到了朱元璋的威胁，但是元政府也不是平白无故就给他官做的。达识帖木儿之所以屡屡对其劝降，也是看中了张士诚口里的粮食。因为张士诚所占领的地区多是南方的鱼米之乡，这些地区十分富庶，粮草充沛。而达识帖木儿常年在外征战，北粮南运是一大困难。为了解决这一难题才找上了张士诚和方国珍。两人降元后，达识帖木儿责令张士诚负责出粮，方国珍出船。

然而方国珍和张士诚两人却是各自都心怀鬼胎。有好多次，张士诚将粮食交给方国珍了，不想方国珍却把粮食给私下吞没了，结果张士诚是赔了粮食却不见功劳，还受到了达识帖木儿的责怪。在元至正二十年（1360）到二十三年（1363）这3年的时间里，张士诚总共给了方国珍不下20万石的粮食，结果他却只给达识帖木儿运去了10多万石，却谎称是船只被朱元璋所劫。气得张士诚大怒，曾数次出兵攻打方国珍，结果被达识帖木儿从中劝服。

苗人杨完者也归顺了元政府，但是这个人所带的部队尽管个个都很勇猛，却毫无纪律性可言，其驻守在嘉兴一带，当地的老百姓虽然没经历过战争，却比那些经历过战争的地区还要差，其手下在城内随意烧杀抢掳，强抢民女，实和强盗差不多。并且，此人过分骄狂，根本不听从达识帖木儿的号令。

达识帖木儿便动了杀死杨完者的念头，于是找到张士诚，二人定计攻打杨完者，使得杨完者的很多手下被逼之下不得不投靠了朱元璋，无形之中让朱元璋壮大了实力，也为他日后平定南方打下了基础，因为这些苗人都深谙当地的地形和风土人情。

可是杨完者是除掉了，达识帖木儿却惨了，由于手下无了兵，也就没了实权，反过来倒受到了张士诚的制约，后来竟然被张士诚拘禁起来，伺机占领了苗军的防区。这迫使达识帖木儿自杀身亡，而张士诚却在元至正二十三年（1363）的九月，自立为吴王，从此与元政府彻底决裂了。

性格决定命运

事实上,朱元璋和张士诚之间也从来不是和平共处的。如果细算起来,张士诚与朱元璋成为邻居,是从元至正十六年(1356)开始,可是自从两人的边境接壤之后,便开始了大大小小不同的战争。可以说,张士诚和朱元璋注定成为了一对冤家,在10年间,双方的战事就不曾间断过。可是若论起战事来,竟是哪个也不曾从中讨到过什么便宜。

在元至正十八年(1358)的时候,徐达和邵荣就带兵攻克了宜兴,廖永安也曾带兵深入太湖,可惜后军不继,致使被吕珍所擒,因不肯降而被囚死。次年的正月,胡大海又起兵攻打张士诚境内的重镇诸暨。因诸暨是杭州的门户,诸暨如果一丢,杭州则危,所以张士诚倾力带重兵进军诸暨,本是想令吕珍决水堰灌诸暨城,不想反被胡大海夺堰后遭到了反灌,最后只得退去。

诸暨失守,张士诚哪肯罢休,到了元至正二十年(1360),第二次派大军进攻诸暨,未果。到了元至正二十二年(1362)三月,张士诚又借朱元璋举兵平叛金华和处州的苗军叛变的机会,再次命张士信率军10000余人第三次将诸暨城团团围住。诸暨守将谢再兴在苦战了一个月后,在城外设了伏兵,用计大败张士信。张士信急了,增兵再战,并向李文忠求援。李文忠不想战,就一面派了兵,一面扬言,讲朱元璋已派徐达和邵荣从严州举大军前来支援胡大海。张士信听后大骇,不得不退兵。次年九月,张士诚又命李伯昇率大军前往诸暨，奈何守将死守城池，久攻未果之下不得不再次退兵。到了元至正二十五年（1365）的二月，张士信再次统兵20万前来围攻诸暨，却被李文忠大败而归。

对诸暨的争夺，张士诚与朱元璋之间进行了5次攻防，张士诚一丝便宜也没占到，反而搞得兵力大为受损。朱元璋虽然最后守住了诸暨，但是在西线与陈友谅的战争中却损失了不少兵力，所以诸暨之战，事实上双方都没讨到什么便宜。可是经由了诸暨之战，却让朱元璋认识到了一个问题，就是用人的问题。因为在第三次诸暨会战中，发生了其手下将领谢再兴投降张士诚的事。

谢再兴本是淮西旧将，又是朱元璋的亲侄子朱文正的老丈人，在张士诚的手下吕珍筑堰时，谢再兴不时派人去偷决。可是他的两个部下却派人时不时带着违禁品到扬州去贩卖，朱元璋怕泄露了军机就将二人逮了杀掉，并将其头颅悬挂在谢再兴的大厅上示警，令谢再兴大怒。并且，朱元璋又做主将谢再兴的次女许配给了徐达。另外，朱元璋又派了参军李梦庚前去节制诸暨的兵马，将谢再兴降为了副将。一怒之下，谢再兴便投了吕珍。这令朱元璋十分恼火，因为谢再兴可以说是他的亲家，却发生了叛逃，这增加了朱元璋的猜疑心理。

接下来就是邵荣与赵继祖二人，竟然密谋杀害朱元璋，令朱元璋更为恼火。那是朱元璋与张士诚在另一个军事要点——长兴的争夺战中。当时，邵荣曾率兵支援过长兴，并大败张士诚手下李伯昇的10余万大军。

在与东吴张士诚的长期作战中，邵荣与赵继祖都是战功赫赫的功臣，在元至正二十二年（1362）的平叛处州苗军叛乱中，邵荣大胜。可就在他回到南京后，不想却与赵继祖密谋要杀死朱元璋，好在被朱元璋的心腹宋国兴事先得知告诉了朱元璋。朱元璋便令廖永忠设宴，伺机将二人绑了。朱元璋质问，因二人都是旧将，不想邵荣的理由却很简单，说自己连年在外争战，妻儿却被朱元璋置于后方不得团聚。结果两人都被处死。

这一公案，在明朝的史书中都被记作了是邵荣与赵继祖二人因叛变而被朱元璋处死的，其实却实非二人造反，而是对朱元璋以妻儿制约将领的制度的一种反抗。但不管如何，这两次的将领叛逃事件却给朱元璋敲响了一记警钟，因为他发现了军队内部出现的分裂苗头，这为他加强中央集权起到了一种正面的积极影响——攘外必先安内。

而在与东线张士诚的数十次交战中，尽管朱元璋是胜多输少，可是却让他时时感觉到了一种心力不足，因为他当时一心只放在了西线的陈友谅身上，而无法分身出来集中火力对付东面的张士诚，可惜张士诚又是个油泼不进的主，不但不肯求和，反倒趁自己不备之际经常举兵来犯。从某种程度上讲，这实际上也是朱元璋在与陈友谅的交战中为什么会集中所有火力而进攻的原因之一。因为朱元璋心里十分明白，不除掉陈友谅，他就无法抽身出来对付张士诚。而此时的陈友谅已经被除掉，朱元璋也终于可以将灭掉张士诚的行动提上日程。

平定江南

从 1365 年到 1367 年间，朱元璋以破竹之势很快征服了张士诚的领地。这些战役基本上都是从张士诚的外围开始打起，其中的高潮是最终胜利地包围了苏州。

1364 年以后的张士诚也意识到了一个严重问题，他如果不尽早和朱元璋展开决战，那么朱元璋则会依靠着强大的人口优势逐渐蚕食掉自己。虽然张士诚也有这样的心愿，但是他的军队实在是不怎么强大。1364 年 11 月张士信想夺取长兴，但在下个月他被汤和从常州发来的兵赶走，损失惨重。除了打败张士信以外，朱元璋还打败了李伯昇和吕珍。以至于到了后来，张士诚手下另外一个重要将领徐义干脆抗拒命令，不愿带兵出征了。

为了能够彻底消灭张士诚，朱元璋采取的是"翦除两翼，包围中心"的战略方针。1365 年 12 月，徐达的军队攻下了泰州（属江苏扬州府），然后直奔大运河，于 1366 年 4 月 24 日攻克高邮。徐达再迅速移师沿运河北上，突袭并摧毁了徐义的舰队。这使得淮安的吴军守将梅思祖投降，紧接着是濠州、宿州和徐州的诸守将纷纷起而效尤。

达到第一步的战略意图后，朱元璋继续坚持这一策略。下一步的目标就是攻打浙江北部的湖州和杭州。徐达和常遇春的 20 万主力军包围了湖州，李文忠的浙江军队封锁了杭州。当湖州在 1366 年 12 月 8 日投降的时候，杭州的吴军平章潘元明看清了形势,在一个星期后投降。这样,朱元璋的大军对平江,也就是苏州形成了西、北、南三面的包抄形势。

当时的平江有"天下第一坚城"之称。这丝毫也不奇怪,这些年张士诚看着陈友谅被打垮,而自己原先的底盘又一点点地被朱元璋蚕食,张士诚在平江城内就做了一件事,那就是努力修城墙。经过多年的经营,平江的城防可以说是代表了当时的最高水准。据说城墙都是用大块的条石混合着糯米制成的。此外,在平江城内,张士诚还准备了大量的粮食,足够支撑数年之久。

虽然张士诚并没有太大的野心,但是他并不是一个软弱的人。当年脱脱围攻小小的高邮,历时3个月而不能攻克,这足以证明了张士诚的意志力和守城的能力。此时的张士诚不是在高邮,他明白,如果平江失守以后,他将无处可去。

这是一场艰苦卓绝的保卫战。朱元璋大军之下,布置了11支军队,从不同的方向和角度进行攻打。为了防止张士诚逃跑,朱元璋还在平江城的外围构筑了另外一套防线,将整个平江城团团围住。

从元至正二十七年(1367)元月开始,朱元璋发动了全面进攻的命令。按理说,面对这样的情况,张士诚要是识时务的话,乖乖投降才是最明智的选择。但是张士诚并不这么想,他决心抵抗到底。

朱元璋的步兵、弓箭兵、炮兵协同作战,对着平江城日夜不停地进攻。步兵在下,炮兵和弓箭兵在后,平江的守军面临着巨大的压力。但是让朱元璋意想不到的是,这样的阵势摆了几天后,平江城依然毫发无损。朱元璋觉得自己的尊严受到了伤害,他下令建造了特别的土台。把割下来的人头、腐烂的尸体和其他的一些东西都统统抛入了城内,希望对城内的将士产生一些震慑。但这种方式同样让朱元璋失望了,平江城在最初的几个月里依然是一块几乎啃不下的骨头。

让所有人都没有想到的是，就在这样艰苦的环境下，张士诚和他的士兵们以惊人的毅力坚持了10个月之久。1367年10月，固若金汤的平江城终于被朱元璋攻破了。事实上，张士诚还是承担了他作为一个领袖的责任。哪怕是在城破之际，他还在城中坚持巷战。在最后，张士诚依然抱定了必死的决心，他杀死了自己的所有亲属后，准备上吊自杀。但是此时他的部下解救了他。张士诚也就成为了朱元璋的俘虏被押送前往应天。

在前往应天的路上，朱元璋派自己最倚重的臣子李善长去审问张士诚，但是毫无效果。无奈之下，朱元璋只能亲自出马了。起初，朱元璋还是用比较缓和的语气来劝降张士诚，希望他能够为自己效力。但是张士诚的答复始终只有一句话："你并不比我强，我之所以失败，只不过是上天照顾你，不照顾我而已。"此时的朱元璋没有了耐心，而是简单处理，直接杀掉了。

第七章／北定中原

不曾被遗忘的角落

灭了张士诚后，朱元璋总算是松了一口气，在总结此次取胜的关键时，朱元璋对部下表示，张士诚尽管不如陈友谅强大，但是江南乃富庶之地，若论军队的实力，自己其实都不如他们强大，之所以能够一一战败他们，靠的只有上下的齐心，陈友谅是因为骄横跋扈导致了失败，张士诚却是因为过于小气，骄横跋扈者爱惹事，但小气的人又胸无大志。比如他和陈友谅在鄱阳湖决战的时候，张士诚却不敢出兵，使得他才能从容地集中火力一举歼灭了陈友谅。若是换上先来打张士诚，陈友谅必定会借机以举国之兵来犯，那么自己就危险了。

朱元璋讲的是实话，但事实上他平了张士诚，其中张士诚的十八兄弟之一的李伯昇在其中起到了关键性的作用，因为李伯昇是朱元璋在破湖州时招降的，在后来的征战中，劝降的任务很多都是源于李伯昇，所以在平江人的眼中，一直以来都把那些出卖朋友的人称作"李司徒"，指的就是李伯昇，因为他曾在张士诚手下官至司徒，而当时劝张士诚投降的以及后来亲手把张士诚交到常遇春手里的都是这个李伯昇。

然而，尽管在平江作战中，李伯昇做了多次说客，张士诚却死活不降，所以朱元璋竟然用去了整整10个月才将平江城攻破了。因此，在朱元璋的心里，对平江百姓是充满了愤恨与不满的，他们竟然支持张士诚苦守了10个月的城。

朱元璋对平江百姓的不满，在破城后也充分体现了出来。他先是把张士诚原来的赋税图给毁了，重新定了税收的数目，并且还取了城中沈万三家的租簿定额，格外加了赋税。因为在朱元璋看来，如果没有平江城那些地主阶级的支持，平江早破了。

但是不管朱元璋心里如何想，张士诚终于灭了，这对他来说都是一件天大的好事。其手下将领自然就摆起了庆功宴。然而朱元璋心里却依然装着事情，所以在与将领碰面时就问他们是否庆贺了，众将自然点头。朱元璋却皱起了眉头，言说自己也想和他们一起庆功，可是中原尚未平定，委实无法吃个安稳宴。

顺势，朱元璋又唤来了那些东吴的降将们，并告诫他们，张士诚之所以败了，就是由于他贪图享受，天天只想着享乐，并希望他们能引以为戒，因为他们都来自于濠州、寿春、汝州和颖州或是定远等地，都是穷苦人出身，不能到了这富庶之地便忘了本，应当勤俭节约。也不要一朝做了官就去掳夺别人的子女和玉帛，这样才能保住官，保住自身的富贵。

事实上，朱元璋确实是心里还有个放不下的事情，所以他才没有摆庆功宴款待诸将，因为在一面安抚平江的同时，他同时也开始了对方国珍的进攻。因为方国珍既是张士诚的老相识，也是近邻，尽管二人是各怀了一份鬼胎，但如不顺手将其除了，仍然是一心头之患。

和其他人比起来，方国珍算得上是出道较早的前辈了，在浙东称雄了20年。但方国珍的出身可以说与张士诚极为相似，也是盐贩出身，和几个兄弟靠贩盐过日子，竟然成了当地的一大土豪。由于经常抢元政府运输的粮漕船，所以得罪了官府，便组织了"义兵"与朝廷作对。但他和张士诚一个禀性，经常被元政府招安，可方国珍是每降元一次官便会再升一次，手中控制的渔盐资源就更多一些。只是他同样胸无大志，只想着保住自己的这份基业。

方国珍这人十分狡猾，由于他自知比不上陈友谅和张士诚等人势力大，怕朱元璋来攻打自己，所以在朱元璋攻打婺州时就派人来说和，还在口头上答应可以让出三郡，却迟迟不肯让出，也不接受小明王的年号。朱元璋问其缘由，他竟然称，若是接受了年号，必然招来元军的剿杀。暗地里他却依然和张士诚担任着为元军送粮的差事。可以说，这个方国珍是脚踩两只船，两头都不得罪，但又两头都怕事。

对于方国珍，朱元璋自有打算。

元朝的犹豫

事实上，当身处长江流域的各政权之间相互鏖战的时候，中国的北方也并非一片太平。中国的北方同样经历了一场巨大的变革。通过前文我们可以知道，元宰相脱脱在罢官以后，察罕创办民兵，目的就是为了镇压红巾军的起义。

当红巾军在1357年进入河南并且占领了开封以后，察罕被迫离开了河南。当叛乱者紧接着侵入陕西时，察罕和李思齐接受了元政府的邀请，转到陕西作战。他们把叛军赶出了渭水流域，元朝廷便授予他们相当的高级爵位。他们于是利用朝廷的承认夺取对行政和驻陕西的正规军的控制。到了1358年末期，察罕击败了汾河流域的叛乱者，元政府同样给予了他相当高的待遇。

和脱脱以后的民兵元帅一样，察罕主要也是一个地方割据的武夫。虽然在表面上他总是一副效忠于元王朝的姿态，但是对于他来讲，元政府给他封官，给他在山西和河南地区正式的权力，只不过是为了承认一种既成事实而已。1359年，察罕卷土重来，他在这一年的夏天拿下了开封，给北方的红巾军给予了致命的一击。

事情发展到现在，元朝已经逐渐意识到自己已经丧失了对察罕的控制权了。元政府在几年前还能够通过一纸命令罢免了脱脱的官职，但是此时却拿察罕没有任何办法。当察罕转而对付山东的时候，这里的城市是红巾军在华北最后的据点。这是一场漫长的围攻站。一直到了1362年，察罕在包围益都城的时候，察罕被两个新近投降的部下杀害了。

　　察罕的死可以说在一定程度上缓解了元政府的担心。为了表彰察罕在剿灭红巾军的过程中所做出的努力，元朝廷现在命察罕的侄子扩廓帖木儿继承他的爵位和官职。但是，察罕在其他地区的心腹们（特别是李思齐）以及别处自治割据者们都拒绝承认扩廓帖木儿有指挥他们的权力。为了消耗扩廓帖木儿的实力，元政府命令他前往江南地区攻打朱元璋。聪明的扩廓帖木儿自然明白元政府的意图，所以在很长时间内，他拒不出兵。元政府见机就罢免了扩廓帖木儿的一切官职，免除他对一切城市的控制，并且命令北方其他的军人前去消灭他。但是元政府忽略了扩廓帖木儿同样是一个优秀的战略指挥家。他率军打赢了一系列的战斗，成为一支强大的割据势力。

　　当朱元璋全力扫平陈友谅和张士诚的战争中，为了麻痹元政府，朱元璋处处小心翼翼，并且在暗中表示不与元朝为敌。为了表示自己的忠心，他还经常给当时元朝大将察罕送厚礼。以至于在很长的时间里，元政府都认为朱元璋只不过是一个希望占据一片领土的大地主。事实上，朱元璋的这种隐忍的策略获得了极大的成功。

　　尤其是在朱元璋和陈友谅以及张士诚之间相互厮杀的时候，元政府甚至有些幸灾乐祸。对于元政府而言，他们最期望看到的后果就是这三个人都被消耗得差不多，待到谁都没有力气的时候，元军可以坐收渔利。但是他们没有想过一种最差的后果，那就是其中的一人从二人的尸体上站起来。而这个人，就是朱元璋。此时的元政府才发现，这个他们曾经以为贪财贪权的朱元璋比他们历经的任何一个对手都要可怕。

元政府慌了,朱元璋已经决定率领着自己精良的军队、善断的谋臣以及勇猛的武将而来了。元政府依然试图用财物和爵位对朱元璋进行招安,但是朱元璋拒绝了。

攻陷大都

元至正二十七年(1367)十月,也就是朱元璋刚刚消灭张士诚后,他便派遣了大将徐达和常遇春挥师北伐。朱元璋的这一决定并非是草率而为,事先他曾经和以刘基为首的谋士们商量了好久,还和将士们讨论了很久。当时,常遇春的建议是采用攻坚战术,可以抓住重点,就像当初平定陈友谅时一样,只要陈友谅这根最难啃的骨头拿下了,其他的像张士诚、方国珍等均不攻自破了。所以对付元政府也应当这样,可以集中火力去直攻大都,只要大都一破,整个元王朝基本上也就完了。

朱元璋的观点却与常遇春恰恰相反,他认为,进攻大都会存在很大的危险性,因为大都毕竟是元朝经营了上百年的首都,尽管此时的元政府已经到了强弩之末的地步,但是其坚固的防御工事却依然在。这是其一。其二,他们远在江南的南京,如果挥师直奔大都而去的话,一行军到大都,军队一定十分疲劳,到了大都后作战能力一定有所下降。况且属于孤军深入远地作战,一旦元政府调集所有残余力量来力保大都的话,自己的大军将会面临四面受敌的风险。其三，也是最为关键的一点，如果大都的元军死守，他们在久攻不下的情况下，大军必定会驻守在大都城外，而其后方远在南方，一旦元军将他们的粮道封锁了的话，那么大军将会寸步难行，更别说打仗了。当初与陈友谅在鄱阳湖一战就是个例子，如果不是朱元璋事先派人封了湖，陈友谅的粮草接应不上，那么最终鹿死谁手还很难说。

到了这一时刻，朱元璋的老练尽显无遗。他依然采取消灭张士诚的办法，可以集中兵力去攻打元政府那些分散的兵力，就像蚕食桑叶一样，一点点地向四周去吃，吃到最后，就只剩下大都这一片地方了，周围都成了自己的地盘，这时大都就成了一座孤立无援的城池，不攻而自破。这看来或许是耗时最长的一种方案，但也无疑是一种最稳妥和有效的办法。

此次的北伐对于朱元璋的意义是不言而喻的。就像所有大战前的准备工作一样，朱元璋下发了一道檄文。所谓檄文，可以将其看作是一种征讨的文书，虽然这封檄文有点长，但是在此处依然有必要全文引用。因为透过这篇檄文，可以发现众多的历史细节：

朱元璋奉天讨元北伐檄文

自古帝王临御天下，皆中国居内以制夷狄，夷狄居外以奉中国，未闻以夷狄居中国而制天下也。自宋祚倾移，元以北夷入主中国，四海以内，罔不臣服，此岂人力，实乃天授。彼时君明臣良，足以纲维天下，然达人志士，尚有冠履倒置之叹。自是以后，元之臣子，不遵祖训，废坏纲常，有如大德废长立幼，泰定以臣弑君，天历以弟鸩兄，至于弟收兄妻，子征父妾，上下相习，恬不为怪，其于父子君臣夫妇长幼之伦，渎乱甚矣。夫人君者斯民之宗主，朝廷者天下之根本，礼仪者御世之大防，其所为如彼，岂可为训于天下后世哉！

及其后嗣沉荒，失君臣之道，又加以宰相专权，宪台抱怨，有司毒虐，于是人心离叛，天下兵起，使我中国之民，死者肝脑涂地，生者骨肉不相保，虽因人事所致，实乃天厌其德而弃之之时也。古云："胡虏无百年之运，验之今日，信乎不谬。"

当此之时，天运循环，中原气盛，亿兆之中，当降生圣人，驱除胡虏，恢复中华，立纲陈纪，救济斯民。今一纪于兹，未闻有治世安民者，徒使尔等战战兢兢，处于朝秦暮楚之地，诚可矜闵。

方今河、洛、关、陕，虽有数雄：忘中国祖宗之姓，反就胡虏禽兽之名，以为美称，假元号以济私，恃有众以要君，凭陵跋扈，遥制朝权，此河洛之徒也；或众少力微，阻兵据险，贿诱名爵，志在养力，以俟衅隙，此关陕之人也。二者其始皆以捕妖人为名，乃得兵权。及妖人已灭，兵权已得，志骄气盈，无复尊主庇民之意，互相吞噬，反为生民之巨害，皆非华夏之主也。

予本淮右布衣，因天下大乱，为众所推，率师渡江，居金陵形式之地，得长江天堑之险，今十有三年。西抵巴蜀，东连沧海，南控闽越，湖、湘、汉、丐，两淮、徐、邳，皆入版图，奄及南方，尽为我有。民稍安，食稍足，兵稍精，控弦执矢，目视我中原之民，久无所主，深用疚心。予恭承天命，罔敢自安，方欲遣兵北逐胡虏，拯生民于涂炭，复汉官之威仪。虑民人未知，反为我仇，絜家北走，陷溺犹深，故先逾告：兵至，民人勿避。予号令严肃，无秋毫之犯，归我者永安于中华，背我者自窜于塞外。盖我中国之民，天必命我中国之人以安之，夷狄何得而治哉！予恐中土久污膻腥，生民扰扰，故率群雄奋力廓清，志在逐胡虏，除暴乱，使民皆得其所，雪中国之耻，尔民等其体之。

如蒙古、色目，虽非华夏族类，然同生天地之间，有能知礼义，愿为臣民者，与中夏之人抚养无异。故兹告谕，想宜知悉。

很明显，这篇檄文是出自朱元璋手下的儒生之手。在这篇檄文中，他把那些少数民族称作了"夷狄"，认为中国就应当由汉人来统治，当然，这种观点在现在看来是有些荒诞不经，但是在那样一个年代想要大规模出师，尤其是像朱元璋这样揭竿而起成就霸业的人来说，他当然要给自己的所作所为找到一个合理的理由了。所以不仅如此，他还宣称元朝的皇帝和自己都是受天命使然，是天命系于一身，才让自己来推翻元朝的统治。

这篇檄文在当时北方那些百姓与官吏及地方儒生心理上却产生巨大的影响作用，因为汉族毕竟是一个大的民族，作为中产阶级的地主阶级，那些地主阶层的儒生们又起着承上启下的作用，并且檄文里提出的"立纲陈纪，救济斯民"又切合了长期受到元政府无道统治和战乱不已的老百姓的期望和平统一的愿望，所以处于各个阶层的北方人民的理解和支持，为朱元璋最后统一中原铺平了道路。

因为檄文中大骂元政府，骂他们贪污腐败，欺侮百姓，人人可以诛之。还拿出了北方人民可见的元朝将领扩廓帖木儿和李思齐来说事，说他们各据一方，不知为百姓谋福，反而相互以占据地盘为目的相互争抢，使百姓受到流离之苦，而所有这些不平，如今就要由朱元璋这个一介布衣在天命的召唤之下来承担了。

最后，为了从心理上减轻那些蒙古和色目人的反抗和抵触，朱元璋还在檄文里表现出了自己汉人的大度，说只要他们懂得礼仪愿做大汉的臣民，那么他可以既往不咎，一视同仁。

这篇檄文最终所展出来的力量是巨大的。无论是普通百姓还是儒生地主，都对朱元璋表示出了极大的热情。但事实上的领土并不是靠一纸檄文就能拿下的，朱元璋要想真正占领这些地区，打仗是最直接的手段。

朱元璋手下的徐达和常遇春没有让朱元璋失望，已经历过多重考验的朱元璋军队很快就攻破了元军的防线，仅仅用了3个月的时间就占领了整个山东。占领山东以后，紧接着徐达大军又从山东转战河南，这一次，他们兵分两路：一路从郓城渡黄河奔陈桥而去；另一路直取许州（今河南许昌）和归德（今河南商丘），然后与邓愈的军队会师。两路大军可以说像是一把老虎钳子，一左一右将汴梁夹在其中，使得汴梁的守军不寒而栗，朱元璋的军队还没有发起进攻，汴梁的守将便率军而降。继而，大军于洛水大败元军，洛阳的守军也是闻风而降。至此，河南全境也悉数归于朱元璋统治之下。

在徐达和常遇春浴血奋战之时，一个新的王朝在应天诞生了。公元1368年正月，朱元璋在应天宣布继皇帝位，定年号为洪武，定国号为明。

内乱

　　花开两朵，徐达和常遇春连战连捷，另外一支部队也毫不示弱。冯胜领兵发潼关，张良弼和李思齐闻讯而逃，潼关也成为了朱元璋的囊中之物。

　　潼关属于军事要塞，直接关乎着大都的西大门，所以潼关一落入朱元璋之手，实际上就等于大都将其西大门给打开了，再加上山东和河南的失守，等于是朱元璋占据了东西南三面，以包抄之势，于元至正二十八年（1368）的五月，便直奔大都而去。

　　为了更好地掌握全局，朱元璋这一次从南京赶到了汴梁，亲自率领大军，并和各路将领一起商讨接下来的战略布局。

　　随着朱元璋大军的北伐，一路攻城夺寨，势如破竹，战报便频频传到了大都，元顺帝有些着慌了。然而此时，在元政府内部却正在如火如荼地上演着一场窝里反的内战，元顺帝正在着手处理着这场内战。而战争的主要目标就是扩廓帖木儿，他自从被解除统帅的兵权之后，便退兵到泽州（今山西晋城），不想其部下关保却借机投靠了元政府。

　　元顺帝见扩廓帖木儿势单力孤，便想借机将其除掉，于是便命李思齐出关与貊高的军队会合到一处，然后合围扩廓帖木儿，然后又下令关保去镇守太原。

扩廓帖木儿得知后大怒，径自出兵将太原给占了，并将那些太原的元朝官员尽数杀死。元顺帝则下令，除去扩廓帖木儿的所有官爵和兵权，并命令所有的元军都可以去讨伐扩廓帖木儿。如此一来，扩郭帖木儿便被元政府排斥在了其外，反而成了一股新反元势力。

一切都如朱元璋所料，元政府内部的混乱和权力争夺，给了他有利的时机，其北代大军可谓是一路畅通无阻，高歌猛进，很快便逼近了大都。

尽管局面对于朱元璋来讲可以说是一边倒，可是大军在汴梁出兵前，朱元璋仍然做了周密的部署。因为元大都毕竟是元朝的首都所在地，轻率不得。在任何一个稍微有点军事常识的将领看来，大都作为元的行政和军事中心，城防自然是十分坚固的。此外，大都城还有大量的军队和粮食，坚守一年并不是一件很困难的事情。更为严重的是，在距离元大都不远的太原，扩廓帖木儿统率的10万大军正虎视眈眈。

徐达和常遇春充分估计了可能将要面对的困难，也做好了多重的准备来应对各种困难。一切准备妥当之后，八月二日，两人率军正式包围了大都。但是让这二人感到吃惊的是，没有遇到顽强的抵抗，甚至可以说几乎没有抵抗，徐达和常遇春就轻松进入了元大都。这是怎么回事呢？原来，此时的元顺帝眼看着朱元璋的大军已经逼近大都了，他也知道自己再无兵可派，而扩廓帖木儿的军队被隔离在了太原，偌大的大都不过只是一座孤城而已，即使是自己带头领着大都的所有兵马奋力抵抗，也迟早会在朱元璋的大军围困之下不攻自破，届时自己难免被朱元璋捕获。思来想去之下，为了避免沦落到宋朝的徽、钦二帝的下场，元顺帝便亲率后宫嫔妃及太子，于元至正二十八年（1368）闰七月二十八日的夜晚三更，悄然离开了大都，逃去上都了。上都也就是今天的开平，内蒙古正蓝旗境内。逃离了大都的元顺帝在上都继续做自己的皇帝，在历史上被称为"北元"。但是元作为一个全国性政权的时代已经结束了。

第八章 ／ 收尾

朱元璋的打算

朱元璋虽然是农民，但是他在多年的军事历练中，也逐渐清醒地认识到蒙古骑兵的可怕。事实上，此时的蒙古骑兵并没有真的在草原上放牧，他们的眼光也正时刻盯着这个陌生的敌人。此时的扩廓帖木儿还有数十万的军队占据山西、甘肃。丞相纳哈出带领着20多万的军队驻守辽东。甚至在遥远的云南，还有数十万的元军。面对周围虎视眈眈的状况，朱元璋不可能睡得安稳。

朱元璋是不会允许这种情况发生的，徐达和常遇春在拿下大都以后，新的任务也就降临到了他们的身上。这一次的目标就是扩廓帖木儿。此时的元朝皇帝也认识到扩廓帖木儿的实力，于是也就顺势将全部的军事指挥权交给了他。于是，他也就成为了元军中最能打仗和最会打仗的人。

徐达和常遇春也不是泛泛之辈。他们在攻下大都以后，很快就兵分两路，常遇春南下保定，从北边进攻山西。而徐达的部队则进军漳德，从南路进攻。按照最初的设想，他们准备在太原合击扩廓帖木儿。徐达部的前锋是曾经号召朱元璋参加义军的汤和，由于没有多少表现的机会，这一次的汤和十分主动，他在没有得到徐达认可的情况下，自行带兵突击，攻克了泽州。

事实上，他们低估了扩廓帖木儿的军事能力。他利用汤和孤军深入的机会，连夜召集所有大军在山西的韩店偷袭了汤和率领的军队，汤和军队损失惨重，死伤数千人。元顺帝得知扩廓帖木儿的胜利以后，一时的胜利让他惊喜万分，他下令扩廓帖木儿集合元军的主力，北出居庸关，准备一举收复大都。

扩廓帖木儿在经过一番周密的计划和准备后，带领着元军的10万精锐向元大都的方向前行了。在扩廓帖木儿的心中，这可以说是一个稳赚不赔的打算。在自己进攻元大都的过程中，如果徐达不去救援，他就趁机攻下大都，迎接元顺帝回帝位。如果徐达前来攻打大都，自己就可以以逸待劳，设下圈套，趁机伏击徐达。

这个计划看起来是如此的美妙，扩廓帖木儿无论从哪个方面看，自己都将是这场战斗中的胜利者。但注定扩廓帖木儿遇到的是朱元璋手下极富战略智慧的将领徐达。徐达很快就洞悉了扩廓帖木儿的意图。在救不救大都都是错误的情况下，徐达选择了一条扩廓帖木儿自己都没有想到的方式来化解这个两难的结局。其实如果扩廓帖木儿能够熟读兵书的话，那他一定知道有一个故事叫作"围魏救赵"。

徐达认为大都此时有大军驻守，而且城防极其坚固，不足为虑，大都是可以坚守一段时间的。退一步讲，大都即便丢了又能如何呢？丢了还可以继续攻打。但是扩廓帖木儿就不同了，他是倾巢出动，太原城几乎成为了一座空城。而这座空城是他万万不敢丢掉的。拿定主意以后，徐达就率主力部队出兵直捣太原。

事实上，徐达比扩廓帖木儿想得更加长远，他的目标不仅仅是解大都之围，而是彻底消灭扩廓帖木儿这一巨大的威胁。事实也恰如徐达料想的那样，扩廓帖木儿在得知太原危急的消息后，立即率领着数十万的骑兵准备回救。徐达也曾想过扩廓帖木儿会回来救援，但是徐达没有想过会这么快速。更重要的是，此时的徐达的军队以骑兵为主，他的主力部队还在后面，他所带来的骑兵数量只有扩廓帖木儿的一半。

两支骑兵部队就在这样的场合相遇了。这次骑兵对骑兵的战斗既有很强的战略意义，也有很强的象征意义。因为这是历代中原政权的骑兵与那些纵横天下的蒙古骑兵第一次大规模地交锋。

在前文中我们已经说过，自战争中马的力量被发掘以后，骑兵都是一种极具威胁的兵种。其中的原理也非常简单，在马的帮助下，原本战斗力较弱的步兵成为了具有高度突击性和机动性的新兵种。但一个非常不幸的事实就是在中国的历史上，除了少数几个王朝之外，其余的军事力量都是以步兵为主的。

但是骑兵又不是不可战胜的。战胜的方式其实并不难，只是大部分中原王朝无法进行具体的实施而已。那究竟应该用什么方式呢？那就是骑兵对骑兵，然后再利用战术优势战胜对手。说这一点难以实现，其实也不难理解，还是在前文中我们反复强调的问题，中原没有足够的马匹，但是在北方作战的徐达无疑是一个非常优秀的学习者，他组建了一支属于自己的骑兵，虽然数量不多，但是训练有素。

明洪武元年，也就是公元1368年的十二月一日，徐达所率领的骑兵和回城救援的扩廓帖木儿的骑兵相遇在太原城外。非常奇怪的是，这两支军队并没有见面就厮杀，而是处于相互试探的阶段。

双方僵持了几天之后，常遇春对徐达说出了自己的作战方案。他对徐达说："我军此时步兵还没有到来，如果只是依靠骑兵与敌人进行对攻战的话，只能增加自己的伤亡。鉴于这种情况，不如选择在深夜偷袭。"

这个意见无疑是最好的解决办法。事不宜迟，常遇春于是就带着骑兵趁着扩廓帖木儿不备之时偷袭了大营。扩廓帖木儿见情况不妙，连忙逃出大营。主帅的逃离让这10万大军成为了常遇春的盘中餐。在这一仗中，4万人被歼灭，其余的人全部逃散，而扩廓帖木儿一口气跑到了大同，此时他的身边只剩下18名侍卫了。

这一仗，可以说是中原骑兵对蒙古骑兵的一次完胜。

攻克了山西以后，徐达并没有放松对扩廓帖木儿的追击，他带领着军队继续进攻陕西。此时镇守陕西的是李思齐和张良弼等人。想要攻下陕西并不是一件简单的事情，这并不是因为陕西守军有多么勇猛，就是一个单纯的地理问题。历史上的秦国之所以能够抗拒六国，其中有一个非常重要的原因就是秦国占据了函谷关。这是山东六国自始至终无法跨越过去的鸿沟。

镇守陕西的李思齐对于抵抗徐达并没有多大的信心。他组织抵抗义军的目的只不过是怕这些义军对自己在陕西的统治地位形成威胁。所以在面对徐达进攻的时候，他只能不断退缩。最后一直撤退到了临洮，然后选择了投降。另外一个驻守陕西的大将张良弼先投降后又反叛，而这一次，徐达没有给他任何机会，很快就讨平了这场变乱。

至此，中国北方的大部分，包括了最重要的陕西和山西都成为了朱元璋的势力范围，而他也有了足够的资本与元军进行决战。

在徐达全力攻打扩廓帖木儿的同时，朱元璋手下的另外一员大将李文忠也没有闲着。他也率领着一队骑兵没有闲下来。李文忠很快就攻下了应昌。此时停留在应昌城内的蒙古王公贵族就一下子成为了李文忠的俘虏。唯一跑掉的就是元顺帝的儿子，也就是后来的北元昭宗。

三军北伐

痛定思痛后的扩廓帖木儿开始明白,他所要面临的敌人不是软弱的南宋政权。在这段时间里,扩廓帖木儿没有贸然出击,而是采用了养精蓄锐的方式。但他又不是单纯地隐忍不发,而是开始了打游击的战术。当朱元璋的军队倾巢出动的时候,蒙古军队就全面撤退。刚开始的时候,朱元璋还挺高兴,认为自己军力强盛。但是打着打着朱元璋就发现不对劲了,每次出兵所能得到的战果还不够自己的消耗,虽然打了胜仗,可是消耗是十分惊人的。

在不堪其扰的情况下,朱元璋终于痛下决心,要将残余的元势力赶走,赶得越远越好。为此,朱元璋亲自拟定了一个堪称完美的作战计划。此时的朱元璋已经有了足够的资本了,他召集了15万的大军,任命徐达为征虏大将军,李文忠为左副将军,冯胜为右副将军。这3个人各自率领5万人马,分三路出征了。

朱元璋整体的作战思路是这样的:徐达为主力,出雁门关进攻和林,目的是引诱元军的主力出战,达到歼灭元军的目的。而右路的李文忠出居庸关经过应昌的时候发动出其不意的攻击,目的是切断元军的后路,并与徐达配合合力攻击元军。为了保险起见,冯胜所率领的军队没有安排具体的作战任务,属于随时待命,起到疑兵之用并顺便清剿战利品的性质。

朱元璋的这一部署可以说没有漏洞，主攻、辅助攻击甚至佯攻都有，在合适的时机，三路大军集体合击，扩廓帖木儿哪怕有再强的战略，估计也无法逃脱朱元璋的掌心。在大军出征之前，朱元璋让三路统帅挑选自己的先锋，徐达选择的是蓝玉，冯胜挑选的是傅友德。

公元1372年，也就是洪武五年，徐达率领着大军进入山西境内，而蓝玉率领骑兵为先锋，出了雁门关。在出关不久，蓝玉就遇到了一股扩廓帖木儿的骑兵，急于立功的蓝玉奋勇当先，一举击败这股骑兵。

初战获捷，徐达和蓝玉都满意，蓝玉继续率军西行。一个月后，蓝玉在土剌河（今天内蒙古乌兰巴托西）再次遇到了扩廓帖木儿，他又一次打败了他。扩廓帖木儿继续向西北方向退却。

取得两连胜的徐达更加没有把扩廓帖木儿放在心上。在他看来，击败扩廓帖木儿只是时间早晚的问题。但是扩廓帖木儿并非等闲之辈，他是有着自己的打算的。其实早在一个月前，他就得到了朱元璋派大军来袭的消息。仔细对比完自己的实力后，扩廓帖木儿清楚地认识到一个现实：自己的军事才能不如徐达，军队的战斗力与朱元璋的骑兵也没有过大的差距。如果与其面对面正面作战，自己可以说胜算极小。要想打败徐达，只能采用伏击的战术。

为了达到这一目的，扩廓帖木儿在岭北，也就是内蒙古北部设下了一个巨大的圈套。所以在交战的初期，他就不断出兵与蓝玉军队进行接触，故意战败，造成一种逃跑的假象。事实上，无论是徐达还是蓝玉都是非常冷静的统帅和将领，但是前期的顺利已经让他们冲昏了头脑。

在徐达和蓝玉正在追踪扩廓帖木儿的时候,他出现在了岭北。徐达立即率领军队进行追击,当他进入岭北的山区以后,北元的另外一名将领贺宗哲突然出现。徐达完全没有预料到此地还有伏兵,徐达大败,死伤数万人。而此时的扩廓帖木儿见目的达到,准备与贺宗哲一举歼灭徐达的大军。

此时的徐达深陷重围,遭遇到了极大的困难。但是久经战阵的徐达没有慌张,而是在极为不利的情况之下撤出了大部分的军队,这其中蓝玉表现得十分英勇,数次抵挡了元军的进攻,完成了掩护的任务。

虽然整体上说徐达能安全撤回已经是个军事奇迹了,但是朱元璋制定的总体军事战略已经是不完整的了。就在中路的徐达大意而遭受失败的同时,出征的另外一路李文忠也遭遇到了不测。

这一年的六月二十九日,李文忠率领军队到达口温(今内蒙古查干诺尔南)与元军遭遇,元军就此撤退。李文忠同样立功心切,他将辎重以及步兵留在了后方,自己亲自率领大军开始对元军进行追击。在前文我们就提到过,李文忠善于闪击战,行军速度极快。这一次,他将自己的速度发挥到了极致,他认准了元军兵力弱小,于是快速出击,试图歼灭元军。

这就像两个短跑选手在比赛一样,宽广的草原是他们的赛场。元军的溃散让李文忠喜不自禁,于是加快追击的速度。当李文忠追击到阿鲁浑河(今内蒙古乌兰巴托西北)的时候,李文忠发现氛围好像有些不对。那些被追击的元军没有向前逃窜,眼神中充满了复仇的渴望。李文忠似乎意识到自己已经上当了。

事实上,李文忠也陷入到了不折不扣的阴谋之中。

李文忠面对的敌人是元将蛮子哈剌章,这同样是一个非常有才华的将领。他对待李文忠的策略和扩廓帖木儿极为类似,那就是吸引李文忠主力进攻,诱敌深入然后伺机决战。当时的实际情况是,李文忠已经率军连续追击了数日,士兵的体能严重不足,而北元的军队只是利用小股力量作为诱饵,真正的大部队就在这个地方等候李文忠很久了。

事到如今,李文忠也没有其他的选择,只能开打了。战事的开始是沿着元军的思路进行的,但是真正引来了李文忠后,元军才发现事实已经不像最初自己预料中的那样了。李文忠虽然进入了圈套,但是他的作战能力并没有丧失,他就在这种情况下依然组织了顽强的反抗。在没有足够粮食的情况下,他下令宰杀一些牲口,临时筑起了一道防御工事。李文忠在工事中抵抗了3天,杀掉了不少元军,但是自己也损失惨重。元军见一时不能完全消灭李文忠,又惧怕后续援军的到来,蒙古军就此撤退了。

李文忠部的战果可以说是和徐达相类似,中计然后能安全返回,这已经很难得了。总体来说并没有达到预期的结果。

除了徐达和李文忠,还有一路军队就是冯胜。按照朱元璋最初的战略意图,冯胜的任务是最简单的,但是就是这个无心的安排,却创造了这次北伐中的一个奇迹。冯胜进军的方向是兰州,到达兰州后,冯胜给了傅友德5000骑兵。其实他最开始的目的就是让这5000人做前沿哨兵,但他万没有想到,傅友德用这5000人创造了以少胜多的奇迹。

傅友德先是率领着5000骑兵攻打西凉,取得了西路军的第一次胜利。取胜之后,傅友德并不恋战,接着向西,进攻永昌,杀敌数千。

此时西路军的统帅冯胜认清楚了傅友德的实力,于是他放心大胆地将西路军的主力全部交给傅友德。而傅友德自然是来者不拒，因为这将是他能够表演的舞台。手握重兵的傅友德带兵在扫林山（今甘肃酒泉以北）活捉了元朝的平章，这是地位仅次于宰相的高级官员。除此之外，傅友德还杀死了元军500多人。

经过这三次的胜利，位于甘肃的元军对傅友德这个名字已经产生了恐惧。就这样，傅友德仿佛一头进入羊群的恶狼，见到元军就是一顿猛打。最后一直打到了瓜州（今甘肃安西），打的结果就是缴获的战利品实在是太多了。而此时的元军见到西路军就撤退。十月二十四日，傅友德班师回朝。从五月到十月的这几个月中，傅友德率领数万人从甘肃打到蒙古，所向披靡，成就了历史上的一段传奇。

三路大军先后班师回朝。在这次北伐中，朱元璋并没有达到自己预期的目的。与此同时，北元也认识到了这一对手的可怕，北元和朱元璋就此进入了相持的状态中。而这种状态也在很长的一段时间内没有被打破。

灭夏国

就在朱元璋的目光还停留在北元的残余势力的时候，南方的一隅也是他不可忽视的部分。这部分势力就是四川的方玉珍。按照时间的先后，其实朱元璋平定方玉珍早在北伐之前，但是这应该算作独立的部分，故而在这里单独讲解。

夏国之主叫明玉珍，本是湖北随州人，家里世代务农，有着上百亩的田地，可以说是个中小地主。明玉珍长得个子高，又性情刚直，所以在家里时，四邻之间只要有个什么事都喜欢来找他排解，在地方上威信很高。

当年徐寿辉起兵的时候，明玉珍便开始在家乡招集了一批当地的乡豪，还修筑了防御工事，目的只是保证自身的安全，和那些因红巾军起义而组织的"义兵"性质上差不多。果然，徐寿辉起义后，瞄上了明玉珍手下的这些乡勇，便着人前来说降。

明玉珍并不想加入红巾军，可是权衡之下，考虑到自身组织的这些乡勇远远不敌徐寿辉的红巾军，为求自保不得不降了徐寿辉。由于明玉珍作战勇猛，竟然在徐寿辉手下积功做到了大元帅，于是奉命领兵前去四川攻取城池。这样一来，便占领了四川。后来徐寿辉在与陈友谅的一次交战中死了，其手下兵马便尽数归了明玉珍。

由于明玉珍不服陈友谅，便从此与陈友谅断绝了往来，任由陈友谅称帝称王，自己也拥兵于四川自立为陇蜀王。到了元至正二十二年（1362），明玉珍也建都于重庆，面北称帝，建国为夏，年号天统。从此，成为了独立于其他割据势力的一方霸主。

四川偏远，地势又险要，明玉珍又派人镇守住了几处入川的要塞，所以与陈友谅等人相比，明玉珍在川中过得还算安宁，实际上并未卷入中原的战乱之中。又由于明玉珍此人出身于地主阶级，为保一方平安，礼贤下士，节俭治国，并减轻赋税，所以过得十分逍遥。只可惜在川中过了仅仅 5 年，到元至正二十六年（1366）的夏天，因病而死。临终前叮嘱其子明昇及群臣一定要固守川蜀，勿进取中原。

明玉珍死时，才 36 岁，他的儿子明昇也不过才仅 10 岁，就登了基继了父位。所以，对于远在四川的夏国，朱元璋当时根本就没放在心上，一个 10 岁的小皇帝能有什么作为？但是在中原平定后真的去进攻了，朱元璋却并未大意，毕竟四川比不得中原或是南方各省，有着险要的地形，这是一大天然屏障。

在选将时，朱元璋命汤和为征西大将军，又命廖永忠和周德兴为副将，率领着舟师先克瞿塘打重庆。这是水路。陆路上，朱元璋又命傅友德为征虏前将军，顾时做副将，举兵由秦陇一线入川进攻成都。

夏国见朱元璋大军压境，却并未着慌，因为瞿塘可以说是一个天然的屏障，夏军以铁索桥横断了关口，又凿了两岸的石壁引一绳索架起了一座"飞桥"，而要想从关口上通过，就必须走这座"飞桥"，可以说"一夫当关，万夫莫开"。并且，在两岸处，夏军可谓是层层设防，不要说船只，就是一只鸟如果不得到夏军的默许，也很难通过。

果然，夏国凭借着瞿塘的天险阻住了汤和大军，在 3 个月的时间里竟然都未能踏入瞿塘半步。然而正是夏国过于自信于东线瞿塘的天险了，于是便忽略了北边的防务，在东线汤和被困的时候，傅友德借机南下，接连攻克了不少城池。廖永忠得到傅友德连连取胜的消息后心生一计，领兵从间道上绕到了夏兵的后面，趁机于汤和前面一起展开攻势，烧了铁索，断了飞桥。在汤和与廖永忠水陆并进的攻势之下，夏军再难抵挡。这时，小皇帝明昇才慌了神，派人来请降。

　　接着，傅友德借机进攻成都，成都听闻重庆已经失守，并未阻挡，直接投降了。重庆和成都两个主要城池已经拿下了，其他郡县也很快被平定。

　　算下来，从明洪武四年（1371）正月出兵，到十月平定整个川蜀地区，朱元璋的西征大军其实加上路途消耗的时间，总共只用了几个月的时间便灭了小小的夏国。

第三篇／百废待兴的王朝

第九章／最后的隐患

君临天下

在结束了南征北战,以及西征,终于算是彻底消灭了元政府和割据各地的武装力量,此时的朱元璋才算是真正统一了中华大地,大明的国号才算是真正被叫了起来,人们纪事也开始统一使用起了洪武年。

然而,在此之前,其实朱元璋就已经谋划好了一切,只不过到他平定了全国之后人们才开始统一使用大明国号和洪武年号而已。

登基大典在 1368 年的 1 月 23 日举行。首先朱元璋在郊区的祭坛上分别向天地献祭。登基的文告上达给神明,然后宣布新王朝的国号为"大明"。而此时的李善长则率领百官敬献贺辞。接着就是皇帝亲自前往太庙献上表文和玉玺,追尊他的前四代祖先。

象征皇帝权力合法性在登基的文告中表露得十分清楚。这份登基的文告在随后也被发往全国各地甚至国外。诏书的全文如下：

朕惟中国之君，自宋运既终，天命真人于沙漠，入中国为天下主，传及子孙，百有余年，今运亦终。海内土疆，豪杰分争。朕本淮右（即安徽）庶民，荷上天眷顾，祖宗之灵，遂乘逐鹿之秋，致英贤于左右。凡两淮、两浙、江东、江西、湖、湘、汉、沔、闽、广、山东及西南诸郡蛮夷，各处寇攘，屡命大将军与诸将校奋扬威武，四方戡定，民安田里。

今文武大臣百司众庶合辞劝进，尊朕为皇帝，以主黔黎。

勉徇众请，于吴二年正月四日告祭天地于钟山之阳，即皇帝位于南郊。定有天下之号曰大明，建元洪武。恭诣太庙，追尊四代考妣为皇帝皇后。立大社大稷于京师。册封马氏为皇后，立世子标为皇太子。

布告天下，咸使闻知。

在这篇文告中，朱元璋即位的合法性得到了彰显，而即位的礼仪之所以要办得如此隆重，有很大一部分原因就是要抵消那些依然忠于元政权人的疑虑。

对宗教的镇压

虽然已经称帝了,朱元璋所面临的问题依然还有很多。而这些都需要他一一去解决。首先就是宗教的问题。在朱元璋宣布做皇帝的当年,就下了一道诏书,明令禁止社会上的一切秘密宗教活动,尤其是白莲教和弥勒教,并将这条禁令严肃地写进了大明的法律《大明律》和《礼律》当中,还明确规定"为首者绞,为从者各杖一百,流三千里"。

尽管朱元璋在确立大明王朝的当年便下了如此禁令,严禁社会上散播传教,但是这种宗教活动却从他坐上皇帝宝座的那一天起,就不曾停止过,远的不说,就是小明王的余党,依然十分活跃,他们聚集在西北,其中王金刚等4人自称是四大天王,其党羽田九成更是嚣张,自称是后明皇帝,仍然采用小明王的龙凤年号,根本就不承认朱元璋的大明王朝。另有何妙顺也是自称天王,高福兴称自己是弥勒佛转世。他们暗地里屯积武装力量,不时和朱元璋的王朝对抗,杀死不少官军。

直到明洪武三十年(1397)的九月,这些小明王的余党才被朱元璋镇压了下去。但是从其组织来看,竟然高达4000多人之众,足见其影响之大。

不只是小明王的那些余党,其他地区反抗明统治的斗争一直时断时续。比如明洪武三年(1370)的九月,青州人孙古朴等人就自称黄巾贼,集结了一批人突袭了营州,并杀死了地方官牟鲁。明洪武六年(1373)的正月,蕲州有王玉二聚众烧香起事。同年四月，罗田县的王佛儿也自称自己是弥勒佛转世，到处传写佛号……一直到洪武十八年（1385）才为汤和的部队设计捕获，从者竟然高达4万多人。洪武十二年（1379）的四月，成都眉县的彭普贵同样以"妖言"惑众，揭竿而起。同年的闰五月，陈友谅的旧部下王玉儿也借机起事。洪武十九年（1386）五月，福建将乐县阳门庵的彭玉琳自号弥勒佛祖，组织白莲教会，自称为晋王，还私设了官属，建元天定。

明洪武二十一年（1388）更是不平静的一年。五月，袁州府萍乡县也有人自称是弥勒佛迷惑众人。同年七月，宁都卫抓住了大笑山的周三官等30余人押往了京师。

总之，自朱元璋登基之后，尽管他用铁手腕对宗教活动给予了严厉的打击，但是事实上各种各样的宗教活动从来就没有停止过，甚至是在以往白莲教和弥勒教等教长期活动的湖北、江西、浙江、福建、山东、陕西和湖广等省份，那些教徒们还举行了起义，公然对抗朱元璋政府的统治。

事实上这种起义不只在朱元璋时代时有发生，即使到了永乐年间，仍然层出不穷。其实不是朱元璋无能，而是封建地主阶级的存在，就注定了对百姓们的压迫，哪怕朱元璋的手段再狠毒，其实也是无济于事的。因为这种事不仅仅是出现在了朱元璋统治之下的大明王朝，也是历代王朝不断更替出现的主要原因。只不过，每一个新建立的王朝，在初期阶段，由于当政者的天平向贫民阶级倾斜得略多些，这种起义就会相对少一些而已。就像大明王朝在朱元璋建立的时候，事实这种利用宗教迷惑大众而起义的情况相对于历朝历代来说已经很少了。

灭梁王

尽管朱元璋在公元 1368 年的时候就在南京城内称帝了，但实际上当时他尚未能统一南北，即使是后来攻克了元大都、上都，及至灭了夏国，未来的路对朱元璋来说依然任重而道远。

先不说其他的势力，仅仅是元政府的余孽，朱元璋就未曾完全消灭。扩廓帖木儿跑去了大漠，后来又死了，可以暂时忽略不计，但云南的梁王和东北的纳哈出，就是两股不容忽视的力量。

相比较而言，雄踞云南的梁王相对势力弱一些。这种弱不是指兵力的多少，而是从梁所盘踞的地区而言，因为云南就地理位置来看，自朱元璋灭了夏国后，可以说就被完全孤立了起来，与蒙古本部又相距甚远，即使是蒙古那里想出兵接应他，也是远水解不了近渴。而不像东北，与其他国家接壤，四通而八达。所以在权衡之后，朱元璋决定先攻下云南再说。

在用兵上，朱元璋一直不喜欢使用武力，只要是能劝降的他都会选择劝降，因此在发兵之前，朱元璋就采取了这种方法。而这时，正是他灭了夏国后。当时朱元璋曾先后派出了吴云等人前去招降。不想梁王毕竟是元顺帝的亲族，并不吃这一套。但你不降也便罢了，梁王竟然在一怒之下将劝降的使者给杀了。软的不行，朱元璋只能动用武力了。

明洪武十四年（1381），朱元璋派出了傅友德、蓝玉和沐英 3 位大将，兵分两路对云南展开了攻势。其中一路是从东北方向展开进攻，又兵分两路：一路从四川南下乌撒（今云南镇雄和贵州威宁一带），乌撒地区属于云南、贵州和四川3省接壤的地带，是一个重要的军事要点，它和梁王所在的昆明一地遥相呼应，又是彝族聚居之地，形势比较错综复杂；另一路从湖广出发，往西进军普定（今贵州安顺），然后直取昆明。

再一路大军是从东南部出发，然后再折向北与第一路军会师后直取乌撒。

在攻打昆明之前，朱元璋并未小看梁王，因为尽管梁王雄踞云南属于孤军，但是梁王却是一方诸侯，与其他割据势力不同。尽管当时元顺帝已经为朱元璋彻底打败，但是梁王久居昆明，元政府那一套政治体系却在昆明依然存在着。比如，在政治上梁王虽然听命于元政府，但是在昆明所辖的地区来看，都是由路、府、州、县所组成，其中心自然是梁王所在地昆明。可以说，云南虽然势力弱，可是麻雀虽小，却是五脏俱全。

然而，朱元璋也有着自身的优势，那就是在他攻克夏国之后，整个四川就纳入了他的版图，梁王统治下的贵州宣慰和普定府在当时也是闻风而降，归降了朱元璋，可以说已经蚕食了一些梁王的地盘。再有，朱元璋平定湖广地区时，所接壤的贵州轴州（今贵州思县）等地区也投降了他。实际上也就相当于，在未进攻梁王之前，朱元璋已经在梁王的地盘上撕开了一个大口子，为他日后平定云南时打下了一个良好的基础。

果不其然，朱元璋的兵马，总共算下来，一共是三路大军，在对梁王的作战却十分顺利，如果从朱元璋的大军发兵之日算起，他们一共用了不到4个月的时间便将云南梁王给打败了。

行动比较快的是东路大军，在东北军的一支顺利攻克乌撒之后，两路大军会师一起，直接向昆明进军。梁王尽管骨头硬，但是打起仗来却远远比不上扩廓帖木儿，朱元璋的大军一战便打败了梁王的军队。城破时，梁王也是引颈自刎而亡。

另一路大军则很快收复了乌撒周边的东川（今云南会泽）、芒部（今云南镇雄）和乌蒙（今云南昭通）等地，各彝族部落也顺降朱元璋。

梁王被灭后，其所辖的云南与贵州等地，朱元璋重新做了规整，于明洪武十五年（1382）的二月，朱元璋设置了贵州都指挥司与云南都指挥司，并建立了相应的军事指挥机构。如此一来，云贵川等地则尽归朱元璋所掌控。朱元璋又命人在云南和贵州开山修路，设了诸多驿站，并把云贵川三省连接起来，派兵把住了几个重要的关口，责令当地的土司为大军提供粮草。

安顿好一切后，朱元璋的大军又出兵将大理地区收复了，由于这一地区少数民族居多，情况较为复杂，所以朱元璋便在整个云南境内设置了52个府、63个州和54个县。治理上仍由当地的官员来处理政务。但是，正是因为云南距南京太过遥远了，为了确保这一地区的安全，朱元璋还特意派了自己的义子沐英率兵前去镇守。不想，沐英这一去竟然世世代代在云南镇守了将近300年的时间，竟然和明朝由始而至终。

那么，安置好了云南和贵州之后，接下来，朱元璋的目标自然就对准了远在东北的纳哈出。

收服纳哈出

提起纳哈出，朱元璋曾和此人有过一点交往。

纳哈出也算是元政府的老将了，当初被元顺帝安排在太平府做将军，朱元璋当时借巢湖之舟渡江攻克太平时，曾经将纳哈出给俘虏了。当时朱元璋一门心思放在如何夺取南京而图谋大事上，所以对于这个纳哈出并未放在心上，心一软便将其放还了。

回到元顺帝身边后，纳哈出并没有做出过什么大的事情，可是在元顺帝弃大都而去之后，纳哈出竟然率领一批兵马跑到了金山（今辽宁平原东北及辽河北岸等地区）一带，以金山为屏障，养精而蓄锐，只等着有个合适的机会，能够与元顺帝的大军及扩廓帖木儿的军队会师一起，南下去攻打南昌的朱元璋，以报当年被俘之辱。只可惜后来元顺帝却没能缓过劲儿来，而扩廓帖木儿也逃到了大漠里，就只剩下自己这一支部队孤零零地插在了金山脚下。

在东北地区，其实不止驻守着纳哈出这一支部队，纳哈出不过是一个"外来户"，只是他抢占了金山这块宝地驻扎了下来。除此之外，在元政府入主中原后，在辽阳、开元和沈阳等地，元政府均派有驻军进行镇守。这些驻军和纳哈出都属于元朝的军队，但是这守将却是各怀了一份心思。

早在明洪武四年（1371）的时候，镇守在辽阳的元朝将领刘益见朱元璋攻克了大都，认为元朝大势已去，便主动前来降了朱元璋。朱元璋当时大悦，责令刘益回去成立了辽东指挥使司，接着成立了辽东都指挥使司，并命刘益总辖辽东兵马，带兵平定了周边的开元和沈阳等地。随后，朱元璋又调集河北、山西和陕西等地的兵马大举进攻沙漠，在一举击败扩廓帖木儿之后，大军又团团攻打应昌（今内蒙古经棚县的西面，捕鱼儿海旁）。应昌城破后，扩廓帖木儿率领残部逃往了漠北。

直到明洪武八年（1375）扩廓帖木儿死后，元西路和中路的后力渐弱，无法再来骚扰朱元璋的边境了。朱元璋此时便借机开始经营起曾被扩廓帖木儿所占领过的宁夏和甘肃等地区，许以那些地区的部落首领以王号或土司的名义，命其阻止元军的入侵。

与此同时，朱元璋还在长城以北的内蒙古与河北地区的许多军事要塞处派驻了重兵把守各个据点，并逐步以阶梯的方式向北推进，用以迫使元国不得不退到更北的蒙古大沙漠之中。直到将西北布置停当了，朱元璋才回过身去整治东北地区。也就是说，在此之前，朱元璋根本就没有把这个纳哈出放在了眼里，以至于在辽阳守将刘益来降后，只是令其收拾了一下北元和沈阳的元兵，而并没有去理会藏在金山脚下的纳哈出。

一直到了明洪武二十年（1387），朱元璋才派出了大将傅友德、冯胜和蓝玉等人，他们带领大军直奔纳哈出而去。这支大军从长城的松亭关出兵，在宽河（今河北宽城）、大宁（今河北平泉）、富峪（今河北平泉之北）和会州（今河北平泉）等4城内储粮，以供应前线，并屯兵切断了纳哈出与元朝中路军之间的联络。大军的主力部队则由东向北去推进和包抄金山。

纳哈出的大军都藏在金山附近，可以接应的原本有东北的沈阳、辽阳等地驻军，可是自刘益投降朱元璋后，这几路人马均由刘益出面将他们尽数归于了朱元璋帐下的辽阳都指挥司所统领，早已经听朱元璋的指挥了。如今唯一能够求助纳哈出的也就只有元朝的中路军，可是这唯一的一路救兵也被朱元璋从中截断了。

如此一来，纳哈出就成了孤军奋战，想当初在平乡之时，当时元朝的实力尚在，纳哈出都未能打赢朱元璋，那时的朱元璋只是刚刚起兵占据着和州，如今大都都已被他占领，实力更是不可小觑。纳哈出经过一阵思量之后，觉得自己较之扩廓帖木儿相差很多，但扩廓帖木儿尚不能打败朱元璋呢，更何况是自己这支军队？顽抗下去只有死路一条。心意一转，纳哈出便举兵降了朱元璋。

事实上纳哈出也算是识时务之人，因为当初朱元璋都没有杀他，此时更不会。果真，尽管纳哈出是蒙古札剌亦儿部人，属于纯正的元朝大将，但是朱元璋正像当初他在北伐檄文中所讲的一样，对于主动来降的纳哈出不仅做到了既往不咎，反而封其为海西侯。只可惜这个纳哈出却只有受罪的分儿，而无享福的命，在得到朱元璋的封赏后的第二年便因病去世了。

安抚女真族

辽东地区平定后，朱元璋便在大宁建立了北平行都指挥司，向东与辽阳都指挥司呼应，向西与大同都指挥司互援。如此，大宁、辽阳与大同等三地就成了朱元璋北境边防的一大防线。再向西呢，又可以和开平卫（元上都，今内蒙古多伦县）、兴和千户所（今内蒙古张北县）以及东胜城（今内蒙古托克托县与茂明安旗等地）构筑成一条长城以外的北部防线，将蒙古的扩廓帖木儿的军队牢牢地挡在了关外。而事实上，后来扩廓帖木儿的儿子古思帖木儿死后，其部属也便分散了。加上蒙古内部又接连发生了叛乱和政变，自身尚且难保，根本就无暇顾及南边的朱元璋了。

至此，元军算是彻底被朱元璋"赶尽杀绝"了。但是，元军死的死降的降，要么被赶出了边境，可是东北却依然不能就此松下心来，虽说有着刘益所在的辽阳指挥司。因为东北的少数民族也不少，尤其是女真族。如果不能有效地治理好，同样会出很大的乱子。

在对待女真族时，朱元璋采取了政治与军事上的双管齐下。比如在军事上，他册封了韩王，令其驻守开原，又册封了宁王来驻守大宁。这样一来，就等于是扼住了辽河的两头。同时，朱元璋还册封了辽王，令其镇守广宁（今辽宁北镇）。这三大军事中心的成立，有效地阻止了元军对女真部落的进攻，既保障了女真部落的自身安全，又巩固了大明东北边境的安全，可谓是两全其美。

在政治上，朱元璋采取了羁縻政策。对东北地区的各个女真部落，朱元璋派出了特使，用金帛去一一招抚，并许以自治的特权，于是便成立了一个个的羁縻式的卫、所。这些卫、所的首领均由之前的部落首领来担当，朱元璋还给了他一定的官职，并且可以世袭，并满足他们在经济及物质上的各种需求。

由于东北的女真部落都比较零散，使得这些卫、所的设置也显得更为分散了，但这样也有一个好处，因为他们的分散，所以相对的力量是很薄弱的，并且由于这些卫、所虽然从编制上都成为了明朝统治下的卫、所，其酋长也有了各自的官职，但实际上他们仍然像以前一样地生活，并且各个卫、所之间都是各自为政的，不存在谁管谁，也就很难联合到一起形成一股强大的力量，直到后来努尔哈赤统一了各个女真部落，才真正威胁到了大明的政权。

朱元璋的这种羁縻政策对维系女真部落起到了很好的作用，以至于到了明成祖时期，羁縻政策得到了更为广泛的推行，从整个黑龙江直至库页岛及以北等地区，明政府又增设了184个卫、所，还设立了奴儿干都指挥司，由政府派驻将军前去镇守。可见，羁縻政策对于大明王朝在东北部族管理中所起到的作用。

朱元璋的优点

通过事实我们可以发现，朱元璋所进行的这一系列举动都经历了一个相当漫长的过程。其实对于这并不难以理解，从动乱能够回归到一个相对稳定的状态，这需要足够长的时间。综观朱元璋的这些举动，包括他之所以能够赢得天下，事实上，单论狡猾，朱元璋在元末各路起义军中也不过是中等稍微偏上的水平。那些游民出身的义军领袖，每个人都不是那么简单。单是从战略战术上讲，朱元璋虽然胜人一筹，但也不算顶尖。而朱元璋之所以能在群雄中脱颖而出，决定性的因素在于他身上具有其他人没有的品质。

第一点就是重视军纪，他善于打造"仁义之师"的军队形象。

起义军可以在一定程度上说推动了历史的进程，但是有一个不得不正视的问题就是这些起义军的素质实在是不敢恭维。这些人一般都出身于无产主义者，之所以能够成为乱世英雄，是因为他们有着常人所不具备的勇敢和残酷。然而这些人也有着一个致命的缺点，那就是文化素质低下，目光短浅。从历史事实上来看，这些所谓的绿林英雄在起兵之初并没有完整的计划。

但是朱元璋却有着强烈的自律性。他之所以要参加起义，并不是出于一时的冲动，而是在被逼无奈后做出的慎重选择。朱元璋所要图谋的，是帝国大业，所以必须要团结一切可以团结的力量。他深知战争的规律，所以自从他独自带兵开始，朱元璋就十分注意自己的军纪。他曾经对自己手下的大将说过这样一段话："我每次听说你们攻下一城之后不乱杀人，我就喜不自胜。鸟儿不会飞到雄鹰盘踞的树林，百兽也不会进入罗网密布的地方。百姓们会逃离野蛮的军队而归顺到不乱杀人的武装之下。"

元至正十五年（1355），朱元璋攻下了和州。当时这在朱元璋看来无疑是一个巨大的成果。在破城之后，他手下的军士照例强抢了不少女人。此时的朱元璋并没有放任这一行为，而是召集军队的大小头目，郑重宣布："我规定，以后只许抢没有结过婚的少女，那些结了婚的，一律都要放回去！"然后，朱元璋召集了全城的男人到州衙门前，把那些抢来的已婚妇人列队相送，让夫妻相认。全城百姓见状后奔走相告，感激涕零。

朱元璋在消灭张士诚的时候，围攻多时，后来张士诚兵尽粮绝，走投无路后举火焚毁自己的王府。只是因为他烧掉的仅是自己的王府，并没有烧掉全城的房屋，苏州城内的老百姓就对张士诚感激不尽。后来的很长一段时间里，苏州人都尊敬地称呼张士诚为"张王"。每逢张士诚的生日之时，苏州人就会烧九四香（张士诚原名张九四）来纪念他。

为了彰显自己的仁德，朱元璋也有自己独特的办法，在攻下一些城池以后，朱元璋首先要做的事情就是释放罪犯，减轻刑罚，宣布小罪可以免于刑罚。类似于这样的事情还有很多，包括在与陈友谅的决战中，他对战俘的种种举动对瓦解陈友谅的军心其实起到了非常重要的作用。

知识的力量

朱元璋与普通武夫有所区别的还有非常重要的一点，那就是他对于书籍的兴趣以及对知识分子的态度。起义的草莽英雄中，最容易犯的错误就是他们对待士人的态度。正常情况之下，起义者对知识分子普遍是持一种厌恶态度的。这基于两方面的原因：一方面，这些人本身文化程度就不高，在读书人面前很难摆脱一种天然的自卑感；另外一方面，他们的粗犷、豪迈的气质又与普通士人格格不入，对文人的酸腐柔弱往往不屑一顾。这两方面的原因夹杂在了一起导致绝大部分的义军首领对读书人基本上没有好感，在抓到读书人之后往往是杀掉完事。但是朱元璋并不与他们一样。许多生在乱世中断绝了生计的读书人，在听闻朱元璋"不嗜杀人"的消息后，会对朱元璋产生一种天然的好感。尤其是在得知朱元璋喜欢亲近读书人后，便有了许多人前来投奔他。

这是一个非常重要的文化信号。朱元璋喜好读书，重用文人，说到底是为了能够夺得江山。但他并不是只做做样子而已。清朝初年的谈迁在《国榷》中就曾说："吴王（指朱元璋）微时，目不知书，起兵后，日亲诸儒，浏览神解，手撰简峭，文士顾不及也。"由此可见，朱元璋在知识的学习上还是下过一番功夫的。

对知识或者说知识分子的接纳和吸收使得朱元璋在元末的群雄之中有了

最为雄厚的智力资源。事实上，读书人尤其是儒家士子对朱元璋的影响是非常长远的。

朱元璋认为，如果你不好好将有学问的儒士们养起来，那么就没有人会给他出主意。相反，这些儒士们一旦被那些和你处于敌对势力的人养了起来，那他们就会给对方出主意，这些都是对自己不利的。

对待儒生的态度实际上也是朱元璋的另一种间接管理百姓的方法，所以每到一处他都会招纳一些当地的儒士。在与这些儒士们的频繁接触过程中，他的思想也开始受到了这些儒士的影响。尤其是在他听从了朱升的建议，在做好"高筑墙"和"广积粮"之后，其目光瞄准了土地肥沃、盛产粮食和丝绸的浙东和西谷仓，并举兵夺取了皖南诸县后，在路经徽州时，听说当地的唐仲实是个很有学问的儒士后，便找到他问以汉高祖、唐太宗、宋太祖等人何以成就大业的事情时，唐仲实的回答令朱元璋深为触动，更坚定了他广交儒士的信心。

唐仲实认为，这些人之所以统一了天下，一个根本的原因就是从不乱杀人，而朱元璋自起兵攻城夺寨以来，尽管一直严明军纪，对民心做到了安抚，但是百姓们的负担实际上还很重。

朱元璋承认这一点，也表示，目前他的蓄积少，但耗费多，才不得已而向百姓们伸了手。他却从此下定了决心，日后一定尽量还民以休息。在随后他率领10万大军攻下婺州城之后，当地儒士率城中百姓列队相迎时，他想起唐仲实的话，再次严明了纪律，并对他们讲起了仁义。朱元璋认为，攻城夺寨需要武力，但平定天下却要靠仁心。你对百姓仁，百姓才能拥护你。

事实上正如朱元璋所言，他在婺州的大施仁道，善待百姓，使得一路上很多的郡县都闻风而归附其下了。因为朱元璋的部队每占领一座城池，从不烧杀抢掳，对百姓秋毫无犯，自然赢得了百姓的喜欢。

在倡导儒学的同时，朱元璋的思想也受到儒学思想的影响，并使得他将很多的儒家思想都运用到日后的政治管理当中。

随着浙东地区的一一平定，很多理学儒士也纷纷显露出来，只是有些名望较高的人士却十分清高，不肯出来，比如章溢、叶琛和刘基等人，这些人名望高，又出身于豪族，他们一直从思想上对红巾军充满了反对意见的，因为彭莹玉所传播的思想，明显是针对官府和那些地主阶级的，而这几个人也正是地主阶级的代表，所以尽管朱元璋曾三番五次差人去请，他们都不肯出来。其中刘基为最，他组织了一个实力很雄厚的"民兵"组织，主张用武力去平定方国珍。由于其在元朝至顺年间曾中过进士，虽然元政府并不用他，但他却从心里对元政府死心塌地，常以屈原、贾谊自比，不仅在诗中经常对红巾军大骂，还写过许多关于朱元璋的起义，并直呼朱元璋为盗贼。比如他在《次韵和孟伯真感言》中所言：

五载江淮百战场，乾坤举目总堪伤，已闻盗贼多如蚁，无奈官军暴似狼。

（选自《明史卷》第二百八十九《孙炎传》）

可以说，刘基的思想、情感和立场是十分坚定的，然而朱元璋也固执地认为，要想确保浙东地区的安宁，就必须将这些人收为己用，于是派处州总制孙炎再去邀请。刘基仍然不出来。孙炎便写了数千言的长信相劝，并在信中讲明了利害关系。宋濂和陶安等人也纷纷写信相邀力劝。三人实在推不了，只好勉强来到了南京。

朱元璋大喜，特意在南京修了一座礼贤馆，给这些贤士们居住。

刘基、章溢、叶琛等三人是一个典型的中产阶级代表，他们之所以拥护朝廷，是希望朝廷能够保护中小地主这一阶级的利益，所以他们才做了元朝的官，只是元政府没有重用他们，回乡后，为了抵抗红巾军，他们拿出自己的钱组织建立了"民兵"、"义兵"，一方面保护自身的家产，另一方面也配合着元朝政府对红巾军的打击。

朱元璋便对他们再一次重申了自己的观点，他并不是来夺他们的产的，也不会记旧账，只要他们肯出来，不但可以一起做官共同治理天下，还可以保一家的平安。在明白了这一点之后，刘基等人终于放下了以往对朱元璋的敌视和抵触，出来做了官。

刘基、章溢、叶琛等人的出山，可以说是一个风向标，很多和他们处于同一阶级的人物，如王天赐、许元等人也在朱元璋的手下李文忠等人的举荐之下来到了礼贤馆。

这些儒士的纷纷加入，其实是代表了整个中小地主阶级对朱元璋的信任。那些当地的中小地主阶级从朱元璋那里得到了他们想要的东西，同样，朱元璋也因为这些当地儒士的亲力加盟，减少了那些元军力量的抵触，并且还通过这些当地儒士的治理，维护了地方安宁。

与儒道学者的合作，可以说对朱元璋的政权起到了巩固作用，但与此同时，朱元璋的思想也受到了儒家思想的影响。而事实上，其实早在冯氏兄弟、李善长和陶安等人加入时，朱元璋的思想就已经开始发生变化了，他早已不再是佃户出身的人，而从一个被压迫的贫民阶级向地主阶级进行转变。事实上不仅仅是朱元璋本人，他的那些部队的将士也在发生着潜移默化的转变。

这些思想影响着朱元璋，但与此同时，儒学思想也成为了朱元璋借以巩固其政权的一种力量。只不过朱元璋的这种转变在初期表现得并不明显。比如，在小明王的力量还十分强大的时候，朱元璋行事时均冠以"皇帝圣旨"，但当小明王的势力转弱甚至消失的时候，朱元璋的态度便发生了巨大的变化，不再以大宋臣子自称，而是公然称小明王的红巾军为"妖贼"了，思想作风也开始和"大宋"更加对立，而是大谈孔孟之道。

第十章／民以食为天

吃饱饭不是一件容易的事

当帝国建立时，朱元璋其实是面临着更加严重的问题。如果说建国之时想到的就是如何消灭对手的话，那建国后所要面对的就是如何让这片饱受劫难的土地重现焕发出生机。这是比战争更加严峻的考验。朱元璋首先要解决的问题就是如何让老百姓吃饱。作为农民出身的他对饥饿的印象无疑是深刻的。所以他能想到的第一件事情就是如何让普通百姓有饭吃。

早在公元 1367 年 12 月，朱元璋就对身边的谋臣刘基和章溢说过："朕起淮右，以有天下。战阵之际，横罹锋镝者多，常恻然于怀。夫丧乱之民思治安，犹饥渴之望饮食。若更驱以法令，譬以药疗疾，而加之以鸠，民何赖焉！"

公元 1387 年，朱元璋率领群臣在南郊祭祀天地。这一天天气很好，风和日丽。服侍的群臣说:"这是陛下诚意敬天的福分啊!"此时的朱元璋就非常冷静,他说:"所谓的敬天,不只是严肃恭敬合乎礼节,还应当有实际内容。上天把抚养百姓的重任交给了君王,做国君的想要侍奉好上天,必须要做到的就是安抚好百姓。安抚百姓才是侍奉好上天的实际内容。就像国家任命一些官员担任各级的官员来处理民政一样,如果不能够造福于百姓,也就等于背弃了君主的嘱托,还能有什么样的不敬比这更大的呢?"

侍臣们听到了以后,连声点头称是。朱元璋又说:"做国君的人,把天作为父亲,把地作为母亲,把百姓作为儿子,这些都是分内所应当尽职的事。祭祀天地,并不是为自己祈求幸福,实在是为了天下的百姓!"

到了1389年11月,朱元璋向翰林学士刘三吾问治理百姓的道理。刘三吾给他讲了这样的一段话:"南北风俗不同,有可以德化,有可以威制。"

朱元璋听闻此言后又对此做了进一步的解释:"地有南北,民无二心。德以化君子,威以制小人,不因乎地也。"

为了能够尽快恢复生产,朱元璋始终强调休养生息的重要性。对于这一点,表现得最明显,也有具体史料可以证实的就是朱元璋曾颁布的一道诏书,诏书的名字叫作《农桑学校诏》,诏书的全文如下:

农桑,衣食之本;学校,道理之原。朕尝设置有司,颁降条章,使敦笃教化,务欲使民丰衣足食。理道畅焉。何有司不遵朕命,往往给由赴京者,皆无桑株数目,学校缘由,甚与朕意相违。特勒中书令:有司今后敢有无农桑学校者,论拟违制杖降罚,历三年后,注以吏事出身。民有不奉天时而负地利者,如律究焉。呜呼!彝伦不整,实君师之过,坐享民供，亦岂职分之当为？斯言既出，臣民听行，永怀多福。故兹诏谕，想宜知悉。

这一诏书主观上是为了维护帝国统治，但最终也给普通民众带来了实惠，促进了经济的发展。

发展到极致的屯田

为了能够发展经济，朱元璋还采取了另外一种非常重要的方式，那就是屯田。说起屯田，大部分人并不会觉得陌生，因为屯田并非朱元璋的首创。屯田在我国出现的时间很早，在很多人的印象里，屯田好像是曹操发明的。事实上，早在秦汉时期，就已经有了屯田措施的出现。

秦汉时期，因为每次战争持续的时间并不是很长，所以也就没有过多考虑粮食的问题。但是当秦始皇与匈奴交战的时候，后勤的补给就成为一个非常严重的问题。史载"始皇帝使蒙恬将十万之众，北击胡，悉收河南地。因河为塞，筑四十四县城，临河，徒适戍以充之"。

事实上到了汉代，这一政策是被延续下来的。汉文帝和汉宣帝为了能够防御匈奴的入侵，也都曾经在边疆大力发展屯田。到了朱元璋时期，由于战争的破坏，屯田也就成为了一种不得不采取的措施。总体来说，朱元璋所进行的屯田行为还是很有成效的。具体的办法包括民屯、军屯和商屯。

首先要说的就是民屯。民屯也可以看作是移民垦荒。迁出去的民户主要是那些"地狭民多，小民无田以耕"的地区。具体来说，就包括了苏州、松江、嘉兴和山西南部的一些州县。当然，这也包括一部分被贬谪的官员以及一些罪犯。

朱元璋大规模进行民屯的时间很早。在明洪武三年，也就是公元1370年，天下尚未完全平定的时候，朱元璋就组织了一次大规模的民屯行为。史载迁了4000多户无地民户迁往临濠开屯。临濠就是朱元璋的家乡凤阳。经过连年的战争，这里几乎已经没有了人烟。为此，朱元璋不止一次向这里移民。先后7次移民，到此时，估算总人数应该是超过了20万人。民屯的话，一般都是由政府提供路费，发放一定数量的耕牛、农具、种子并免除3年的赋役。为了以示区别，这些外来的移民往往与当地的原生居民分别管理，自成聚落，一般情况下会称为某某屯，与当地的乡、村等称谓区别开来。这一称呼也延续到了后来，在清朝晚期的时候，很多人前往东北开荒，他们的聚居地同样被称为屯，很多称谓一直流传到现在。

除了民屯，朱元璋还有另外一支屯田的力量，那就是军屯。

事实上，屯田作为战争补给而出现的一种形态，军人一直都是屯田的主力。军人屯田，宜耕宜战，在生产力较为落后的情况下，这其实是一种较为先进的生产方式，也是历来乱世之中解决粮食问题的传统办法。

早在占据南京的时候，朱元璋就已经开始大力发展军屯了。比较有名的是吴良以及吴祯兄弟在江阴屯田，康茂才在龙关屯田，都取得了一些成功的经验。这些经验也就直接影响到了后来全国屯田制度的建立。甚至可以说，正是因为朱元璋是农民出身，他对屯田有着异乎寻常的热情。朱元璋所建立的屯田制度非常有意思，他将军士编制、军事布防和开荒屯垦有机结合在了一起，制度非常的健全。这样做既完善了布防，又能够恢复生产。

有一点必须指出的是，虽然朱元璋通过大规模的移民可以说在一定程度上达到了预期的效果，但是后人在探究关于明朝初年移民的记载和传说的时候，却一律充满了悲壮和辛酸的感觉。在民间传说中，当时为了防止那些强制性的移民半路逃离，每登记一人，就在脚小趾上划一小口，所以山西移民皆为小趾重甲；在押解上路行走的时候，人的双手都是由长绳捆绑的，连小便都要报告长官，有军人解开手后才能行事，所以在北方各地，都把上厕所叫作解手。

这些情况说明了一个问题，明初大量移民都是强制性的，属于行政行为。要让普通中国人克服安土重迁的思维模式，实际上并不是一件容易的事。以山西为例，无论是迁往安徽还是山东，都是数千里之外，况且所到之地又是人烟稀少。可以说"既无庐室可居，又无亲戚可依"，其中的艰难困苦是可想而知的。此外，山西历来比较富裕，所以百姓往往并不愿意搬家。朱元璋为了达到让这些人搬迁的目的，时常采取的手段就是使用暴力甚至欺骗的手段。一本名为《滑氏溯源》的史料中就有这样的记载："人们传说山西迁民，唯不迁洪洞，所以人们都纷纷聚集到了洪洞，不料上面骤然行文，独迁洪洞……"

按照当时的要求，当迁移的命令下来以后，各地的官员就纷纷下乡，把各地百姓整编后统一到某处进行集合，然后由官兵押解奔赴天南海北。洪洞大槐树、苏州阊门、南昌筷子巷和朱市巷都是这些移民们出发前集合的地点，也是移民们听候官员发落的所在。随着时间的推移，这些地方也就被人们说成了自己的故乡。

此外，和军屯制度相适应的还有卫所制度和军户制度。

军屯制的卫所制度据说是刘基设计的。按照规定，每5600人是一个卫，指挥官的名称叫作指挥使。每一个卫管辖5个千户所，每一个千户所有1200人，指挥官称为千户。每一个千户所辖10个百户所，每百户所有112人，长官称为百户。按照军队驻守地的不同，朱元璋将军队大致分为两种：一部分守御操练，属于战斗部队；另外一部分下屯耕种，属于生产部队。这两者的比例也与军队驻守的区域有关，一般来说，边疆地区是三守七屯，内地则为二守八屯。按照规定，军队单立户籍，称为军户。所谓的军户就是一个家庭或者一个家族世袭服兵役。在人口大量减少的初期，国家给每一个军户拨划一份荒地，一般情况下是50亩。除此之外，官府还给以耕牛、农具和种子并且免纳租税或者收取很少的租税。

事实证明，这种军屯的确达到了预期的目的。朱元璋曾经对大臣说过这样的话："我养兵百万，要令不费百姓一粒米。"这话虽然有夸大的成分，但是也能够很明显地看出朱元璋所采取的军屯制度在恢复生产和保障军队粮食供给方面所起到的巨大作用。

除了人们熟知的民屯和军屯外，朱元璋还开创了另外一种屯田类型，那就是商屯。屯田的主要目的是为了粮食，而朱元璋允许商屯其实是一种合理的交换。在前文中我们提到，盐是国家专卖产品，可以说是国家财政收入来源的大宗。为了鼓励农业的开发，朱元璋实行的是一种所谓的开中盐法，这一方法可以理解为一种新的食盐专卖制度。具体来说，就是盐商需要缴纳一部分的粮食，政府给予一定的盐引，用盐来换取粮食。盐引也就是去国家盐场支取食盐的凭证。商人在获得盐引、支取食盐后按照指定的路线和地区进行发售。这个办法就是利用利益的刺激来解决粮食紧张、运输困难的北方边境的军队给养问题。

商人们为了缴纳粮食的方便，就在北方出资招募一些人大规模垦荒。这一措施取得了不错的效果。后来的一位大臣向朱元璋奏疏说道："是故富商大贾，悉于三边自出财力，自招游民，自垦边地，自艺菽粟，自筑敦台，自立保伍，岁时屡半。菽粟屡盈。"从这份奏疏中我们可以看到，商屯的效果还是非常明显的。

经过一系列的努力，因战争而荒废的大量土地得以开垦。根据《明实录》不完全统计，到了明洪武十三年，也就是公元1380年的时候，一共开垦荒地总数为1.8亿多亩，增加了大量的耕地。

倒霉的地主

作为一个贫农家庭出身的穷小子，朱元璋的血液里天然流淌着对地主阶级的仇恨。朱元璋永远不会忘记自己的一家在一户户地主的压榨之下不断逃亡的惨痛经历，也永远忘不了他和哥哥在父亲死后去地主刘德家跪求施舍一块葬身之地，却被刘德赶出家门的屈辱。

在朱元璋的印象之中，世间所有的地主都是脑满肠肥、心狠手辣的。等朱元璋坐上龙椅之后，他对地主阶级的仇恨可以说是有增无减。这不仅仅是因为儿时的记忆，而是他认为地主已经对他的统治构成了严重威胁。这一是因为富家大户如果势力过大的话就很容易破坏社会秩序，二是因为豪强大户对土地兼并有一种天然的欲望，这都将有可能诱发王朝的崩溃。

所以，被起义的农民军推上龙椅的朱元璋所做的事情就是在自己的帝国范围内严厉打击地主阶级。元末农民战争时期，军队所到之处，地主们为了保住性命，纷纷选择逃亡。当新朝建立以后，这些地主从各处的藏身地回到自己的家乡。但是他们悲哀地发现了一个事实：以前属于他们的大部分的土地已经被穷人们耕种了，这些穷人还不是自己的老乡，而是来自各个不同的地方。地主们出示地契，要求陌生的农民把土地归还他们的时候，农民们却无动于衷了。地主们从此也就知道了，天下已经不是他们想象中的那个天下了。其实早在洪武元年，也就是公元 1368 年的时候，朱元璋下发了一道诏书："各处地主，过去因为兵荒马乱抛下的田土，已经被别人耕种了的，这块地的产权归现在的耕种者所有。"这就导致了一些战前逃走的豪门大户，千里奔波回来的时候，却发现自己已经从缙绅之家沦为了自己开荒的农民。

对于那些历尽战火，能够残存下来的地主，朱元璋也丝毫没有客气。朱元璋对于这些人丝毫没有手软。对于这些人，他同样下了一道诏旨，这是在洪武五年的时候，诏旨上说："战争时期，不少人抛下产业，逃到他方。现在天下太平，又都回来了。这些回来的人家，如果原有土地多，而现在人口少，不许他们占有原来那么多的地，有几口人，给几分地，原来土地少而现在人口多的，可以自己开垦无主之地。总之要平均，占地太多，要治罪！"

这在后人看来几乎是一种土改政策。

但是这些措施也有着相当的局限性，那就是所适用的范围只是那些逃亡归来的地主。在当时王朝还存在着这样的一群地主，他们没有选择逃亡，自己庞大的产业经过战争的洗礼后依然保留至今。这些人依然占有大量的田产，最重要的是，这些人经过在地方上的累世经营，在当地已经深深扎下根基，成为朱元璋建立理想社会的主要障碍。

无论在任何时候，朱元璋想要凭空掠夺这些人的财产显然是不现实的，因为这样的行为不符合"天道人心"，也就是说缺乏理论和道德资源的支持。但是这一问题并不能难倒朱元璋，他对此采取了两种措施。

首先就是"徙富室以实京师"。这并不是朱元璋的首创，但是朱元璋将这种方式发挥到了极致。迁徙富户的行为，最早是集中于江浙一带，后来波及了全国。而这一政策的实施一直延续到朱元璋去世。朱元璋深谙富民豪强的发展历程，一旦他们失去了土地和自己所经营的部族关系，就会变得无能为力了。这些富人们所能带走的，充其量只是金银细软。而作为不动产的土地，或者收归国有，或者另换他主。为了防止这些富户逃回，朱元璋制定了禁止逃亡的严厉法令。朱元璋在后来对大臣们说："过去汉高祖刘邦迁徙天下的富豪之家到关中，我初不以为然。现在想来，京师是天下根本之地，把他们迁到这里，实在是事有当然，不得不尔。"在朱元璋的理想之中，这些富户是可以做官和治民的。但是这必须要有一个前提，那就是他们首先必须要遵循朝廷的法度。不能恃强凌弱，要孝顺父母，做朝廷的良民。但事实往往是相反的，这些人欺瞒土地，横行乡里，成为地方上不安分因素。

朱元璋所采取的第二个手段就是制造冤案，通过一系列的措施来没收地主们的财产。对此，后世的人们常常会提到一个传说，就是当时江南首富沈万三为了讨好朱元璋，出巨资修建了应天城墙的1/3。但没有想到朱元璋见沈万三如此富有，深恐其"富可敌国"，欲杀之，经过马皇后劝谏，才找了一个借口将其流放到云南。最终一代首富沈万三客死在云南边陲，他的财产都被朱元璋没收充公了。这个传说虽然被后来的历史学家证明是杜撰，但是却很好地表现出了朱元璋的仇富心理。

事实上，朱元璋在处理豪强的事情上，没有丝毫的同情心，他自己所擅长的斗争手段也可以说被运用到了极致。为了达到目的，朱元璋并不惧怕后人的咒骂。洪武年间，朱元璋为了惩罚贪官和消灭政治上的对手，制造了大量的案件。而在这些案件中，朱元璋都有意无意将矛头指向富户豪强。全国各地特别是江南地区的地主豪强凡是被牵连的，大多被杀头抄家了。《明史》上说，郭桓案，"核查赃款所寄放人家，遍及天下，民众中中等以上富裕的人家大抵皆破"。

可以想象当年的东南富民家破人亡的悲惨状况。作为一个皇帝，利用如此手段来残酷打压地主豪强，这在历史上也是极为空前和罕见的。不少明朝人说，在朱元璋的强力打压下，地方上的富贾大户已经被清洗一空了。明人吴宽说江南"一时富室或徙或死，声销景灭，荡然无存"。明人贝琼也说，当时江南大户"既盈而复，或死或徙，无一存者"。当然，这在后世的研究中证明是被夸大的。事实上，朱元璋的清洗并没有那么彻底，也有极少数的地主大族依靠着散尽家财、外出逃亡等手段存活了下来，但是这类人毕竟是极少数的。

无法逃脱的人口普查

　　人口统计登记事到如今也仍然是一个庞大的系统工程，需要精密计算、科学组织，动员庞大的人力、物力。由此可以想象，在当时的通信、交通、统计技术都不发达的情况之下，想要进行一项严密的人口登记是一件多么困难的事情。但是朱元璋自然有自己的办法。洪武三年（1370），朱元璋给户部下达了一道圣旨：

　　说与户部官知道，如今天下太平了也，只是户口不明白哩。教中书省置天下户口的勘合文簿户帖，你每户部家出榜去，教那有司官将他所管的应有百姓，都教入官附名字，写着他家人口多少，写得真，着与那百姓一个户帖，上用半印勘合，都取勘来了。我这大军如今不出征了，都教去各州县里下着，绕地里去点户比勘合，比着的便是好百姓，比不着的，便拿来做军。比到其间，有司官吏隐瞒了的，将那有司官吏处斩。百姓每自躲避了的，依律要了罪过，拿来做军。钦此。

　　这篇白话圣旨就是朱元璋颁行的户帖制度。而这道略带杀气的诏旨也宣布了中国的户籍制度进入了一个新阶段。帝国的军队手持武器，深入各地的乡村田野，挨家挨户进行人口登记造册。为了保证这种户籍册的准确性，朱元璋命令所有的户口本都必须经过家长本人亲自填写或者口报，决不允许他人代办的情况存在。如果有作弊的行为被查出，经手人员"一体处死，隐瞒人户,家长处死,人口迁往化外"。

这样大规模的人口登记行为,大约每十年都要进行一次。朱元璋规定,户口本上要详细写明家庭人口的姓名、职业、年龄以及田产等基本信息。后人从史料中找到了这样的一则内容:

林荣一,嘉兴府嘉兴县零宿乡二十三都宿字圩民户。计家五口。

男丁二口:成丁一口,林荣一,年三十九岁。不成丁一口,男阿寿,年五岁。

妇女三口:妻章一娘,年四十岁;女阿换,年十二岁;次女阿周,年八岁。

产业:屋一间一披,田自己民田,地六库存三分五毫。

洪武四年×月×日

在这样详细的普查基础上,明洪武十四年,朱元璋进行了更大规模的人口普查,并且正式建立黄册制度。

黄册,又被称为赋役黄册。因为这种户口册除了登记人家偶、土地和财产之外,还同徭役制度结合在了一起。此时的徭役制度叫作里甲制。明初期,百姓疲敝,朱元璋对于徭役的问题还是非常慎重的。朱元璋最早制定的劳役办法叫作均工夫。也就是按照田地的多少来服役。一般情况下,田一顷,出丁夫一人。不足一顷的,以别户田补凑。对于田多丁少的,可以以佃户充当,但是田主必须出资助一石米的费用。值得注意的是,均工夫制度主要实行的地点是南直隶和江西两省。除了均工夫之外,还有譬如驿站、递运所等役,只是这些劳役有一个共同的特点,那就是它并不是按照人丁进行摊派,而是按照田亩税收来确定。田多税多,税多役重。一般来说,无地或者少地的贫家小户,是不用承担这种力役的。从整体上来说,这种规定是有利于少地或者无地农民的。

这种人口登记还带来了一个副产品，那就是户籍分配制度。按照不同的职业规划，当时的人大致被分为三种：民户、军户和匠户。一般来说，民户包括了儒户、医户等，而军户则包括了校尉、力士、弓兵等，而匠户则包括了工匠户、厨役户、裁缝户等。所有的户籍都是世代永充，不准变更的。

为了做到让这些不同户籍的人各安其职，各供其役，政府给各供役人户提供了起码的生活保证。比如农民尽可能使他得到一块土地，匠户则免除其他的徭役，在定期服役的期间供给柴米蔬菜等。

通过这些极为严格的划分，朱元璋最开始的目的是为了用人方便。在打仗的时候就召集军户，想要修理工程就召集匠户，看上去并没有多大问题，在最开始的一段时间里也维持了一定程度的社会稳定。但是时间不久，这一措施的缺陷就显露出来了。

拿军户来说，自己是军户，儿子也一定只能是军户。但万一没有儿子的话，只能从亲戚里看看有没有男丁。如果连亲戚中也没有，那只能自己想办法，实在没有办法只能逃亡。

第十一章　腐败的怪圈

空前绝后的反腐令

在中国历代的帝王中，朱元璋可以说是对贪污腐败最深恶痛绝的一个。这种痛恨，既源于感性，也源于理性。首先，朱元璋本人在底层生活的经历告诉他，自己的父母就是因为赈灾的粮食被官员贪污，最终导致了父母被饿死。而当自己成为一名帝王之后，理智告诉他，那些贪污的硕鼠很可能会破坏自己辛辛苦苦建立起来的家业。朱元璋的理想是创造一个纯净守规矩的王朝，百姓安居乐业，官员清廉能干。

洪武初年，朱元璋曾经对自己的大臣们说过这样一番非常动感情的话语："从前我当老百姓，见到贪官污吏对民间疾苦丝毫不理，心里恨透他们，今后要立法严禁，遇到有贪官敢于危害百姓的，决不宽恕。"

为了达到这一愿景，朱元璋颁布了有史以来最为严厉的反贪污法令：贪污60两以上银子的人,立即杀掉。事实上,60两银子即便是在大明开国之初也不算是一笔巨大的数目,但是朱元璋之所以这样做就是显示自己肃贪的决心。历史上,人们谈到朱元璋反贪的举措时,总要说一项政策,那就是剥皮实草。具体来说,就是朱元璋杀掉贪污的官员后,还要将贪官的皮剥下来,然后在皮内塞满稻草,做成稻草人,并放置在衙门里,供人参观,震慑贪官。

值得注意的是,朱元璋的这种行为不是简单地说说,他确实这样做了。而较早成为反贪例子的就是朱元璋的老部下朱亮祖。朱亮祖原本也是元末起义的元帅,后被朱元璋俘获后投降朱元璋。在攻灭陈友谅和张士诚的战役中立有战功。洪武元年,他跟随廖永忠平定两广,被封为永嘉侯。

但是他在驻守广东的时候,接受当地人的贿赂,帮助当地的地主恶霸行不法之事,这些事情被当地的知县道同弹劾。而朱亮祖为了自保,反过来弹劾了道同。由于朱亮祖所使用的是军马,快于道同的驿马。朱元璋在看到朱亮祖的奏折后一时头脑发热,命人杀掉了道同。

但是没过多久,道同的奏折也被送到了朱元璋面前,朱元璋经过调查得知了真相。明洪武十三年(1380)九月初三朱亮祖被召入京,与其长子朱暹共同被鞭死。朱元璋对这件事的处理让许多官员胆战心惊,而朱亮祖也是第一个被当庭打死的大臣。

事实上,朱元璋对于贪官污吏所采取的措施就是宁肯错杀一千,也不放过一个。他亲自规定,凡有贪污案件,都要层层进行追查,直到全部弄清楚案情,将贪污分子一网打尽。在历史上可以看到这样的记载:

比如六部之中有人贪污受贿,则必深究赃款自何而来。如果是布政司行贿于六部,则拘布政司来,审问这些赃款从何得来,如果他说是从知府那里得来,则拘知府至,问赃何来,必指于州。州亦拘至,必指于县。县亦拘至,

必指于民。至此之际，害民之奸，岂可隐乎？

这样做对制止贪官污吏是有一定成效的，但是也容易产生很多问题。其中最明显的就是容易产生一定的弊端，往往牵连大量的无辜者。而这种事情在明帝国的初期也一再发生，其中最典型的代表就是明初四大案件。

空印案和郭桓案

首先就是空印案，对于这件案子发生的时间史料上有多种说法，现在我们大多采用明洪武九年也就是1376年的说法。这件案子虽然在当时引起了巨大的轰动，但是在现在看来，这是一个不折不扣的冤案。

事情的起因是这样的，按照明政府的规定，每年地方都需派人到户部报告财政收支账目，所有账目必须和户部审核后完全相符方能结算。稍有差错，即被驳回重造账册，并须加盖原衙门官印。于是，各地进京申报报表的财务人员为了少跑冤枉路，在进京的时候，一般都携带了盖好本地公章的空白报表，以便与中央机关核对数字后，或者在遭受刁难的时候就地重新填写。当时的官员之所以要这样做，也是有不得已的原因。在通信和交通都极为不便的情形下，辽阔的疆域中最远的省份来回一趟京城要数月之久。

事实上，这种做法并不是明朝官员的首创，这原本就是元朝时既有的习惯性做法。官员们之所以要这样做，还有一个很重要的原因就是钱粮在运输过程中会有损耗，所以从运送一直到户部接收时的数字一定不会相符，在路上到底损耗了多少，官员们无法事先预知，只有到了户部将要申报之时才能知道其中的差额，所以派京官员都习惯用空印文书在京城才填写实际的数目。

这样一来，带着空印文册进京成了当时一条不成文的规定，整个朝廷上下都知道这其中的原委，除了朱元璋。

明洪武九年（1376），一次偶然的机会让朱元璋发现了这个所谓的秘密。他不敢相信，就在自己的眼皮底下，手下的官员们竟然做出这样的事情来。朱元璋立即雷霆大怒，派遣官员对此事进行了详尽的调查。

按照常理，这种问题的出现是不难解释的。即便不用下去调查，调查员也知道这其中问题的所在。但是一个极为奇怪的现象出现了，那就是事情的缘由大家都知道，但是没有人将这一问题点破。造成这种现象的原因只有一个，那就是官员们对朱元璋发自内心的恐惧感。

而此时，一个敢于直言的人给了朱元璋正确的解释。这个人的名字叫作郑士利，他并不是主管钱粮的官员，但内心的责任促使他给朱元璋写了一封长信，信的内容如下：

陛下欲深罪空印者，恐奸吏得挟空印纸，为文移以虐民耳。夫文移必完印乃可。今考较书策，乃合两缝印，非一印一纸比。纵得之，亦不能行，况不可得乎？钱谷之数，府必合省，省必合部，数难悬决，至部乃定。省府去部远者六七千里，近亦三四千里，册成而后用印，往返非期年不可。以故先印而后书。此权宜之务，所从来久，何足深罪？且国家立法，必先明示天下而后罪犯法者，以其故犯也。自立国至今，未尝有空印之律。有司相承，不知其罪。今一旦诛之，何以使受诛者无词？朝廷求贤士，置庶位，得之甚难。位至郡守，皆数十年所成就。通达廉明之士，非如草菅然，可刈而复生也。陛下奈何以不足罪之罪，而坏足用之材乎？臣窃为陛下惜之。

在这封信里，他直言了空印产生的原因，并且从一定程度上为朱元璋做了辩护。但是朱元璋在看完信后给他的奖赏是把他发配到边疆进行劳动改造。事实上，朱元璋并不是一个糊涂的人，也不是不愿意承认错误。无数的事实已经可以证明这一点了，如果不是这样，朱元璋也就不能称之为朱元璋，那坐在龙椅上的也就不是他了。既然真相一戳就破，那朱元璋为什么还要准备严厉惩罚这些官员呢？

这其中真正的原因就是朱元璋本人打心底对官员们的不信任感。从小到大的生活经验告诉朱元璋，这些人都是靠不住的。最为重要的是，这些人私下里擅自盖印是对自己权威的蔑视。这是朱元璋绝对不能接受的。

在朱元璋给这起案件定性以后，那么接下来的程序就是处罚了。但朱元璋很快就发现了另外一个问题，空印现象所涉及的地区基本上是全国所有的府县，总不能把所有的府县官员都杀掉完事吧。

很多官员都天真地认为，法不责众，朱元璋不可能把所有涉案的官员都杀掉。但是朱元璋真的就这么做了。虽然当时的行政单位有140多个府，1000多个县，但是朱元璋处罚的措施异常严厉：主印官员全部杀掉，没有商量的余地，而副手则杖打一百后充军。除此之外，连各省按察使司的言官也获罪，理由是对这一现象缺乏监管。

这样一刀切地处罚无疑是异常严厉的。值得说明的一点是，对于这件案子最后涉及的人是有争议的。有的史料记载最终死者上万人，这其实是禁不起推敲的。一个人人所知的常识就是朱元璋所杀掉的只是那些掌印的官员。再者，朱元璋即便痛恨这种欺上瞒下的行为，但他也不会因为此事而杀光所有涉事官员。

这次所谓的空印案涉及的人员实在是太多了，导致很多素有清廉名声的好官员也被杀掉了。这些人中最有名的当属方克勤,他是后来千古忠臣方孝孺的父亲。他本人为官清廉,生活节俭,但是非常不巧的是,他是主印官,最终掉了脑袋。

而下面的一件案子是明初四大案中的郭桓案。与空印案有所不同,郭桓案中确实存在着一定贪污现象。

事情的经过是这样的,在明洪武十八年,也就是公元1385年三月,有人开始告发当时的户部侍郎郭桓合谋贪污。

这件贪污案在朱元璋自己编的《大诰》里有这样的定性,基本上包括以下几点:

第一,应天、镇江等5个州府是朱元璋早期的根据地。在朱元璋称帝以后,他决定免除这些地方所有民田的夏税秋粮,官田则减半征收。但是到了征税的时候,这些地方的夏税秋粮没有上交入仓,全部被郭桓等人勾结贪污和瓜分了。

第二,户部本该收浙西地区的秋粮450万石,郭桓却只收了60万石粮食和80万锭银钞。这些银钞可以抵200万石粮食。剩下的190多万石粮食,就被郭桓伙同当地的官员私分了。

第三,以郭桓为首的贪官污吏在征收皇粮国税时,巧立名目,扰民害民,收取的费用五花八门,多如牛毛,比如,车脚钱、水脚钱、口食钱、库子(即仓库保管员)钱、蒲篓钱、竹篓钱。

最后清算总账的时候,郭桓已经和他的同党一共贪污了2400多万石的粮食。面对这样的贪污数目,郭桓的性命自然是保不住了。但朱元璋并没有就此罢休,他下令彻查,一定要找出同伙。这样一查不要紧,在严查之下,朱元璋悲哀地发现,几乎所有的六部官员都是郭桓的同犯,这其中就包括了明王朝的高级官员，像礼部尚书、刑部尚书、兵部侍郎等高官，而涉及的下层官员就更加不计其数。

朱元璋的愤怒是可想而知的。根据《明史·刑法志》中的记载，在郭桓案中，六部各个副部长往下，到地方各级官吏，牵涉此案而死者，达数万人之多。除此之外，郭桓案中还有一个特点，那就是这些贪污的官员的赃物遍及天下，百姓中产之家大抵破产。

事实上，郭桓贪污不假，但是绝非是一桩惊天大案，因为无论是从涉案的金额还是人数来讲都是不符合常理的。朱元璋这样做或许是出于两个目的，第一就是通过郭桓案来震慑和打击贪官污吏，第二就是借此铲除地方上的豪强。

到了后来，可能是涉及的人员实在太多了，朱元璋为了平息民愤，杀到了负责此案的右审刑吴庸。吴庸死得极惨，是磔刑——所谓"磔"，就是把肉一片片地割下来。吴庸先生的名字取得不好，他其实很有用，连死都极为有用，朱元璋可以用它来平息众怒。

杀掉吴庸后，朱元璋随即下旨大赦天下，宣布郭桓案就此结束，以后不予追究。

历史性难题

对于屡禁不止的贪污现象，朱元璋自己对此深恶痛绝但只能以杀戮震慑。从明洪武十八年（1385）开始，在他的诏书里，他指控的对象从个别贪污官员变成了官员全体："朕自开国以来，凡官多用老成。既用之后，不期皆系老奸巨猾，造罪无厌。"他的秘书代他做的《大诰后序》中说："日者中外臣庶，罔体圣心，大肆贪墨……"明洪武十九年（1386），他又说："我设各级官员，本来为治理人民。然而，过去所任命的官员，都是不才无籍之徒，一到任后，就和当地吏员、衙役、地方上的黑恶势力相勾结，害我良民。"那这其中的原因又是什么呢？

这其中有两个原因，一个是根本原因，另外一个是现实原因。

首先来说根本原因，造成官员腐败的根本原因不是他的惩罚贪官的措施不严厉，而是中国特有的贪渎文化实在是根深蒂固。在传统的中国社会里，对于权力的推崇可以说是达到了登峰造极的程度。权力政治笼罩了整个社会生活的方方面面，一方面权力所能获得的资源过大，而另外一方面又缺乏对权力的制约，腐败的机会可以说遍地都是。在这种情形之下，想要官员廉洁，无异于痴人说梦。从中央集权制建立以来，官员的工资收入早已经不是主体的收入，而由官员位置所引发的一系列特权则是众人奋不顾身的根本原因。事实上，数千年以来，古代官员的贪污以及灰色收入一直是官员们的主要收入来源。

除此之外，朱元璋的另外一个措施又不得不促使官员们进行贪污腐败，这就是朱元璋制定的低薪制。史料称明代"官俸最薄"，这是有着事实根据的。明代官员的俸禄有过几次更改，到了明洪武二十五年（1392）最终定制为：正一品官月俸米八十七石，正四品二十四石，正七品七石五斗。这种收入折合成银两的话，一个县令的月收入也不过5两，也就相当于现在的人民币1000多元。

县令的这些收入不仅要养活自己和家人，还包括一批人。这些人包括了长随、小吏、师爷等。除此之外，官员们还要迎来送往，逢年过节还要到处走动，按照基本的俸禄制度，这万万是不能完全生活的。在这种情形下，官员们贪污已经不是一个道德问题，而是生活问题了。

面对这种情况，朱元璋从来没有想过要大幅度提高官员的工资，而是选择了一个最不靠谱的解决方案，那就是道德的力量。在朱元璋眼中，他理直气壮地认为官员们都是孔孟思想武装起来的人，所应该做的事情就是不计报酬，敬业奉献。长期的军人生涯让朱元璋对暴力有种天然的信任。他坚信通过武力可以塑造出一个完美的世界。但是现实只能让他不断失望。究其原因，朱元璋依然将其归结于人心不古。他时常感叹"过去元朝统治华夏，九十三年之治，使华风沦没，彝道倾颓。读书人只知道背书，对于思想净化，毫不用力。所以做事之时，私心战胜公心，以致往往犯下大罪。"这些人受"前代"恶劣风气的"污染"，"贪心勃然而起，迷失真性"，所以"明知故犯"，大面积地贪污腐化，"终化不省"。

为了改变这一现状，朱元璋一方面大力惩治贪官，另一方面则积极奖励甚至破格提拔那些清官。试图通过这种方式达到教化天下的目的。

公元 1385 年，一名叫作陶垕仲的福建按察使，治赃有功，兴办学校，抚恤百姓。朱元璋闻听后给了他优厚的俸禄待遇，但是他却自俸俭薄，把节余下来的资财全部施舍给穷苦百姓。当时布政使薛大方贪暴肆虐，陶垕仲挺身弹劾，却被薛大方反咬一口，以诬陷罪名将陶垕仲逮捕到京。朱元璋得知此事后亲自过问，在查明真相后处死了薛大方，并对陶垕仲诏令褒奖。

除此之外，朱元璋对于那些能够善始善终的官员，大多会赏赐府邸，给予特殊的优待。这些人寿终正寝的时候，也会亲自撰写祭文，以示重视。在史料中经常可以看到这样的记载，例如朱元璋曾经作《祭营田使马世熊文》：

呜呼! 长者之归也，尽天之道乎? 所以天之道，祸乱不作于善，灾害不萌于良，使得善始善终，天之道也。尔世熊昔役公门，未尝轻惑于人。及帅义旅，度量宏深，士卒感恩。时当高年，前月尔孙来奏，云老疾少侵。足月归奏，乃知卜音。呜呼伤哉! 呜呼快哉! 且伤，伤善人去世，君子谁同? 快，快子善始善终，而尽天理也。朕务甚失，遣使问疾，时已过矣。

特遣人祭于灵所。世熊有知，尚飨。

即便有这样的奖惩制度，但朱元璋心目中的清廉现象依然没有出现，这促使朱元璋动用了另外一种手段，那就是决定在全国范围内兴起一场思想学习运动，希望用血淋淋的现实来警示广大的官员和百姓。这就是朱元璋后来发动的全民学《大诰》的运动。

《大诰》

《大诰》是一本什么样的书呢？事实上，所谓的《大诰》，是朱元璋采集10000多个罪犯的案例，将其犯罪过程、处罚方式汇编成册，让人广泛学习。这些案件大多属于大案、要案，除了这些案例之外，朱元璋还在其中夹杂了大量的说教。众所周知，这是朱元璋亲笔所做，所以就很容易出现语句不通的情况，而为了达到恐吓百姓的目的，所以朱元璋所选取的案例大多是极度血腥和残忍的。

比如在《大诰三编·逭送潘富第十八》中就记载了这样一个案例：

皂隶潘富犯法外逃，沿途有二百余家知情，有的人家并曾提供食宿。追者回奏，将豪民赵真、胜奴并二百余家尽行抄没，持杖者尽皆诛戮。沿途节次递送者一百七户尽行枭令，抄没其家。呜呼：见恶不拿，意在同恶相济，以致事发，身亡家破，又何恨欤？所在良民，推此以戒狂心，听朕言以擒奸恶，不但去除民害，身家无患矣。

在这个案例中，朱元璋用一种非常得意的语气讲述他如何因为一个逃走的囚犯而杀了170户人家的故事。在这样的故事里，我们所能看到的就是一种赤裸裸的威胁。

除了这些案例之外，在《大诰》里面还夹杂着大量教条式的语言。比如《续编·申明五常第一》里说：

今再《诰》一出，臣民之家，务要父子有亲；率土之民，要知君臣之义，务要夫妇有别，邻里亲戚，必然长幼有序，朋友有信。……倘有不如朕言者，父子不亲，罔知君臣之义，夫妇无别，卑凌尊，朋友失信，乡里高年并年壮豪杰者，会议而戒训之。凡此三而至五，加至七次，不循教者，高年英豪壮者拿赴有司，如律治之。有司不受状者，具有律条。慎之哉，而民从之。

稍微有些法律常识的人都可以看出其中的端倪，那就是朱元璋本人在这本法律普及读物内掺杂了太多的道德因素在其中。这就很容易造成执法的混乱。但就是这样的一本著作，成为朱元璋教化民众的最主要工具。为了广泛推行这一读本，朱元璋实际上也是做了很多努力的。

《大诰》颁行时，他宣告："朕出是诰，昭示祸福，一切官民诸色人等，户户有此一本，若犯笞杖徒流罪名，每减一等，无者每加一等，所在臣民，熟观为戒。"颁行《大诰续编》时又进一步说："斯上下之本，臣民之至宝，发布天下，务必家家有之，敢有不敬而不收者，非吾治化之民，迁居化令归，的不虚示。"颁发《大诰三编》时又重申："此诰前后三编，凡朕臣民，务要家藏人育，以为鉴戒，倘有不遵，迁于化外，的不虚示。"朱元璋又要求军官们全家老小都要背熟《大诰武臣》："不听不信，家里有小孩儿每不记，犯法到官，从头儿计较将来，将家下儿男都问过：你记得这文书里几件？若还说不省得，那其间长幼都得治以罪。"

除此之外，为了扩大《大诰》的影响，朱元璋甚至将这本书列为全国各级学校的必修课程，甚至一些科举考试也要从中出题。奉其旨意，行文国子监正官，严督诸生熟读讲解，以资录用，有不遵者则以违制论处。当时天下讲读《大诰》的师生来京朝见者多达19万余人，均赐钞遣还。将如此众多的师生由全国各地召来京师讲读《大诰》，举行学习报告会，这在中国封建社会史上堪称空前盛举。熟背《大诰》，不仅可以获奖，而且还可以因此被录用为官，平步青云。

通过这种强制性的力量，最终使得《大诰》成为了整个明代印刷量最大的书籍。在《大诰》中，出现了中国古代史中从未有过的号召力。这是在《大诰三编·民拿害民该吏三十四》中所言：

> 我设各级官员的本意，是为了治理人民。然而，过去我所任命的所有官员，几乎都是不才无籍之徒。一到任后，他们就和当地吏员、衙役、地方上的黑恶势力相勾结，千方百计，害我良民。现在，我要靠你们这些高年有德的地方上的老人以及乡村里见义勇为的豪杰们，来帮助我治理地方。如果要靠当官的来给百姓做主，自我登基如今十九年，我还没见到一个人！

这是历史上从未发生过的事情，那就是皇帝号召底层的民众起来监督官员。朱元璋对这种行为是多次进行鼓励的。

明洪武十八年（1385），他在《大诰初编》中这样号召百姓们：

> 从省级官员到府州县级官员，如果在国家规定之外，巧立名目，搜括百姓财钱的，准许境内德高望重的老人，串联附近的乡亲，联名到京城来上告，有凭有据，惩办罪犯，更换好官，抚育人民。同时，从省级到县级的官员，如果清廉能干，政绩卓著者，准许境内百姓来京汇报，我给他们奖励。

到了明洪武十九年（1386），朱元璋的政策变得更加严厉，他做出了一个令所有人都非常吃惊的举动，那就是他下令在整个明王朝之内，任何一个人都可以冲进官府，捉拿他不满意的官吏：

> 如果以后有吏员们打官司时枉断曲直，被冤枉的人可以纠集四邻，直接到刑房里，把这个吏员拿住，送到京城来！如果有强买百姓东西不给钱的，

收税有的家多收有的家少收不公平的，捉拿逃军时受贿放纵犯罪却捉拿了同名百姓的，等等犯罪情况出现，都许百姓们直接把这些吏员们拿获！

这种举措在当时看来是激进的，甚至可以说朱元璋对官员的不信任感达到了一个顶点。对于这样一场全国性的反贪运动，朱元璋对此事是抱有相当的期望的。在一则命令中，朱元璋向众臣们谈到了他对于这场运动的一些设想：

如果天下百姓都听我的，认认真真照这个命令办，那么，不出一年，天下的贪官污吏都变成好官了。为什么？因为良民时刻监督，坏人不敢胡作非为，所以各级官员不得不做好官，做好人。

事实上，朱元璋的想法是美好的，依靠社会底层的监督来对官员进行约束也是正确的思路，但是朱元璋又一次失望了。这种失望来源于出现了一种朱元璋根本没有料想到的局面。他并不清楚，自己当初在反对元朝统治的时候就已经是十分难得的了。那让现在的百姓如何敢反对自己的官员呢？历史一再向我们证明，他自然有他的办法。明洪武十九年（1386），他严厉惩罚了镇江市的一些市民，原因在今天看起来有点匪夷所思，那就是镇江市的市民没有听他的话，积极捉拿贪官，而是任由贪官胡作非为，直到这个贪官被皇帝亲自发现。皇帝发布诏书，对镇江市的市民进行了极为严厉的惩罚。

这是朱元璋所能想到的最简洁也是最有利的动员方式。除了惩罚，朱元璋还对那些鼓起勇气、敢于捉拿官员的"吃螃蟹者"大加奖励。例如，常熟县的百姓陈寿六串通自己的亲戚和外甥，把常熟县里的恶劣官吏顾英捉住，送到北京，朱元璋极为高兴，他说：

前者《大诰》一出，民有从吾命者。常熟县陈寿六为县吏顾英所害，非止害己，害民甚众。其陈寿六串弟与甥三人擒其吏，执《大诰》赴京面奏。

朕嘉其能，赏钞二十锭，三人衣各二件。更敕都察院榜谕市村，其陈寿六与免杂泛差役三年，敢有罗织生事扰害者，族诛。若陈寿六因而倚恃，凌辱乡里者，罪亦不放。设有捏词诬陷陈寿六者，亦族诛。陈寿六倘有过失，不许擅勾，以状来闻，然后京师差人宣至，朕亲问其由。其陈寿六其不伟欤？

当这种动员方式起来的时候，朱元璋所发起的捉拿贪官的运动在全国轰轰烈烈展开了。一些官员在被抓后苦苦哀求普通民众放其一条生路。从明洪武十八年（1385）一直到洪武二十八年（1395），朱元璋与百姓之间严密配合，严厉打击官员的贪污腐化。那个时候，杀人对于朱元璋来说是一件再正常不过的事情。甚至在那个时候，朱元璋不得不实行"戴死罪、徙流放办事"的办法，意思是叫被判刑后的犯罪官吏，戴着镣铐继续办公。

朱元璋的出发点也非常的好，但是这一运动的负面作用很快就反映了出来。朱元璋的诏令发出去没多久，一些地方的官员为了自己的政治利益，威胁利诱百姓们保举自己，打击对手。更有一些地方群众为了抗税不缴而把正常工作的税收官员捉拿到京城。到了最后，这类事情远比真正捉到的贪官要多，弄得朱元璋只能不断发火。

无处不在的锦衣卫

朱元璋设置了一个特别的机构。这个机构是历史上大大有名的"锦衣卫"。

明初时候的军队建制是比较简单的，其中的基层单位就是人们常说的"卫"和"所"。京城的禁卫军所辖卫、所为48处。到明洪武十五年（1382），朱元璋决定改革禁卫军，建立了12个亲军卫，其中最重要的就是"锦衣卫"。

锦衣卫最开始并不是人们想象中的特务机构，它最初的功能只是皇家的仪仗队。锦衣卫的首领称为指挥使（或指挥同知、指挥佥事），一般由皇帝的亲信武将担任，很少由太监担任。按照朱元璋最初设定的目标，锦衣卫的职能可以分为截然不同的两部分。

首先的一个职能就是"掌直驾侍卫"。这一职能基本上和传统的禁卫军没有多大的区别。其中最主要的职责就是负责在殿中侍立，传递皇帝的命令，兼做保卫工作。这些人的挑选一般是非常严格的。正常的话，这些人牛高马大，虎背熊腰，而且中气十足，声音洪亮，从外表上看颇有威严，对普通官员可以起到一定的震慑作用。

锦衣卫的另外一项职责就是"巡查缉捕"。这项职责是锦衣卫区别于其他禁卫军之处，也是它被后世牢牢记住的原因。

负责巡查缉捕的锦衣卫机构是南北镇抚司，其中北镇抚司传理皇帝钦定的案件，拥有自己的监狱（诏狱），可以自行逮捕、刑讯、处决，不必经过一般司法机构。锦衣卫官校一般从民间选拔孔武有力、无不良记录的良民入充，之后凭能力和资历逐级升迁。同时，锦衣卫的官职也允许世袭。

按照《明史·刑法志》的记载，朱元璋设置的锦衣卫大致相当于汉武帝时期的诏狱。那究竟什么是诏狱呢？简单来说就是指九卿、郡守一级的二千石高官有罪，需皇帝下诏书始能系狱的案子。在了解了诏狱的性质，明太祖朱元璋何以要设置锦衣卫也就容易明白了。《明史·职官五》说："锦衣卫掌侍卫、缉捕、刑狱之事，恒以勋戚都督领之……盗贼奸宄，街涂沟洫，密缉而时省之。"

事实证明，朱元璋所任用的这些人办事的效率极高，尤其是在胡惟庸案和蓝玉案中，锦衣卫昼伏夜出，四处打探，最终很好地执行了朱元璋的意图。这两件案子让朱元璋对锦衣卫刮目相看，同时也让众多的朝臣心惊胆寒。

毫无疑问，这是一群极为可怕的人，因为他们重权在握，除了皇帝之外不受任何人的管辖，是朱元璋监视百官的重要统治工具。

史书记载，浙江绍兴70多岁的老儒生钱宰被征召到京城编书。由于年老力衰，精神难免会感到疲倦。一次退朝后，钱宰在家放松心情，信口吟诗一首："四鼓冬冬起着衣，午门朝见尚嫌迟。何时得遂田园乐，睡到人间饭熟时。"诗成之后，钱宰也就宽衣歇息了。第二天上朝时，朱元璋便对他说："爱卿昨晚作了一首好诗啊！不过，朕并没有嫌你上朝'迟'，是不是用'忧'字更好一些呢？"钱宰一听，大惊失色，赶紧叩头。

宋濂是出名的老实人，但是朱元璋对这位陪伴了自己多年的老儒生依然不放心。一次上朝，朱元璋不问朝政大事，竟问他的家事："昨晚家宴来了哪些客人？宴席上了什么菜肴？"宋濂虽然感觉皇上问得奇怪，但是还是老老实实回答了。朱元璋听后十分满意，然后对宋濂说："爱卿句句都是真话啊！"随后，朱元璋拿出一张图来，图上竟准确地画着赴宴者的座次顺序。宋濂大惊失色，幸亏在宴会上没有乱说话，不然后果早就不堪设想。

类似于这样的例子还有很多。朱元璋重用过锦衣卫，但是他无疑也是最清楚这些人的弊端的。作为最高统治者，他知道如果一直这样放任下去，国家法律的约束性和权威性将荡然无存。于是，明洪武二十六年（1393），他下旨"诏内外狱无得上锦衣卫，大小咸经法司"。为了显示自己的废除锦衣卫的决心，朱元璋还当众焚毁了锦衣卫的刑具，以示自己永不重开锦衣卫。

但是，弊政一旦开了头就很难收尾了。而锦衣卫特有的性质也让朱元璋以后的帝王们就觉察到另外一种力量的存在。而这一性质的机构将会在明王朝历史的发展中扮演着极为重要的角色。当然，这都是后话了。

第十二章 / 龙椅上的农民

心中的乌托邦

朱元璋对于富人和官僚是苛刻的,但是对于农民却是异常关心。坐在龙椅上的朱元璋清楚地看到,实现农民的理想就是皇族利益的根本。

在朱元璋的理想信念中,他一生中最为重要的事情就是让普通百姓吃得上饭,并且没有足够的渠道自我组织起来,这样就对帝国构不成丝毫威胁。只要让社会中的绝大多数的人都成为自耕农,在强大的皇权面前,这些人都是原子化的个人,没有了任何的抵抗能力。

经过对大地主的剥削和大规模移民,广阔的帝国终于趋向于朱元璋心目中的理想状态,而这种努力可以说跨越了多年。明洪武三十年(1397)的户部统计数据表明:整个明王朝土地占有超过七顷的地主大户,仅有一万两千两百四十一户,而当时整个王朝的总户数为九百四十九万又七百一十三户。

这是一个悬殊的比例，也就是说当时王朝90%以上的人口都是小农。

著名历史学者黄仁宇曾经说过："显而易见，朱元璋建立的明朝带有很大的乌托邦色彩。整个王朝看起来更像一座大村庄，而不是一个国家。中央集权能够达如此程度乃因全部组织与结构都已经简化，一个地跨数百万英亩土地的国家已经被整肃成为一个严密而又均匀的体制。"

朱元璋已经彻底打乱了当时的社会基础，在这个基础之上，朱元璋开始按照自己的理想来建构他理想中的社会。而在这个社会中，人人有饭吃并有衣服穿是最基本的要求。为了解决这个问题，朱元璋以极大的精力来解决这一问题。

首先就是穿衣服的问题。历来中国人的穿衣问题就是自己解决的，但是在商品经济时代，穿衣的问题可以通过大规模的商品交换来实现。而到了朱元璋这里，穿衣已经成为了一种硬性的规定了。朱元璋登基的那一年，也就是洪武元年，他就发布了硬性命令，要求整个王朝统一如下执行："凡农民家有田五亩至十亩者，栽桑、麻、木棉各半亩。如果有田十亩以上，则种植面积加倍。各级官员要亲自督查，如果不种桑树，就罚他交绢一匹，不种麻和木棉的，罚他麻布、棉布各一匹。"

朱元璋所进行的经济措施还有一个非常重要的特性就是具有高度的计划性。这属于典型的农民思维，也符合朱元璋凡事都要在自己掌控之下的个性。由于朱元璋是一个生性就比较苛刻的人，具体来说，朱元璋对经济指令的规定是异常详细和统一的。举个简单的例子，在明洪武二十七年（1394），朱元璋下达了一道命令，他规定每一百户农民要共同种植二亩秧，并且详细给出了种植的方式：每一百户共出人力，挑运柴草烧地，耕过再烧，耕烧三遍下种。等到秧苗长到二尺高的时候，然后分栽，每五尺宽为一垄。每一百户第一年种二百株，第二年种四百株，第三年种六百株。

这是一个详细但是刻板的命令，想要将此命令在全国范围内统一执行，这无疑是一件极为困难的事情。但是生性强势的朱元璋从来就没有怀疑过行政的力量，在暴力的后盾之下，朱元璋的命令还是得到了贯彻执行。这样一刀切的后果就是那些不愿执行或者不能执行的人往往遭到了家破灭门的惩罚。

利用强制的行政手段来处理经济问题，起初也确实达到了朱元璋预期的目的。短短的几年时间里，明王朝的麻、桑、木棉的产量就得到了大幅度的提高，有效地解决了普通百姓的穿衣问题。此外，朱元璋还规定了很低的农业税率，百姓的负担也得到很大程度的减轻，基本上也解决了百姓的吃饭问题。

但是这种依靠强制的行政命令而造成的一些不良后果也是显而易见的。中国是一个地大物博的国度，在这种复杂的地理条件下，很多命令其实是违背自然生长规律的。比如在中国的一些地方由于气候等原因并不适宜种植桑麻，但是朱元璋的一道诏旨下来，种植桑麻的行动就变成了一种强制行为。如果抗旨，那后果只能是自己承担了。事实上，这种硬性的划分也给普通农民造成了一定的困扰。比如在中国广大的南方地区并不适宜种植桑棉，但是按照规定还是要上缴布匹和棉布。再比如在河南的中部，从来没有种植桑树的习惯，但是因为朱元璋的一纸诏令，每年却还要缴纳绢布税。这种现象并非杜撰，而是在《永春县志》中也有着明确的记载："国初最重农桑之政，令天下府州县提调官用心劝谕农民趁时种植，计地栽桑，计桑科绢，府州县俱有定额。然地各有宜，两浙宜桑，山东河南等处宜木棉，如永春则宜麻苎，当随地而取之。今有地不种桑，递年输绢，取办于通县丁粮。"

在完成这一切以后，朱元璋达到了初步的目的，也就是说让普通百姓的吃穿达到了一个最低的限度。但是在底层生活过的朱元璋也明白这种生活在表面上看来是祥和美满的，但实际上却异常脆弱。稍微遇到不测，这种微妙的平衡就会被打破。

为了规避这种不确定性，朱元璋试图动用权力的手段让弱势的农民组织起来，形成一个守望相助的大家庭。

朱元璋理想社会中另外一个重要标志就是对于社会中弱势群体的关注。出身卑微的朱元璋对于灾荒的救济可以说是中国古代国君中最为慷慨的。他规定："凡地方发生水旱灾害，地方官不报告的，许老百姓来申诉，我将对官员处以极刑。"因为瞒报灾情及赈灾不力，他杀了不少官员。他平时对下属极不放心，要求事事向他请示而后行，唯规定救济灾民可以先行动后汇报。洪武二十六年（1393）四月，他命户部通令举国郡县："自今凡遇岁饥，则先发仓廪以贷民，然后奏闻，著为令。"各地发生水旱灾害，查勘属实，全部蠲免税粮。没有灾情的年头，也会挑一些贫穷地区，减免农业税。对于这样的行为，百姓自然是十分欢喜的，但是他下面的官员是否能够顺利执行，这就是另外一个问题了。

除此之外，在极为脆弱的个体时代，朱元璋还动用行政的力量建立起了一系列的保障制度。其中一个最典型的措施就是他发布命令，下令各地设立"惠民药局"。这个药局的唯一作用就是给那些有病但是无钱治疗的人治病。而又因为自己做过流浪者，朱元璋对于无家可归者的疾苦也是深有体会的。为此，他下令设立"养济院"，那些因为生活贫困的人可以来此赡养。如此这番的福利设施可以说在一定程度上帮助人民解决了个人力量薄弱，无法抵御灾荒和意外的风险，使得社会中较为脆弱的生命群体有了一定程度的保障。但这些原本旨在为民谋求福利的机构在朱元璋逝世后立即失去了原有的作用。

规则制定者

在登上皇位不久,朱元璋就从王朝各地调集一批专家学者到应天,开始了一项极为庞大的工程。这项工程的目的说起来有些奇怪,那就是为天下每一个阶层制定一项生活准则。这套准则所包含的内容极其庞杂,可以说是一整套的规章制度。这套制度在现代人看起来有些可笑,但是在当时却是一种以行政命令发布的行为标准。

首先就是对穿衣戴帽的种种规范。这种规范已经不能用细致,而是用苛刻来形容了。朱元璋对上至天子和亲王,下到普通商人百姓的穿衣都有着明确的规定,这些规定包括了衣服的颜色、花纹到衣袖的长度、开衩的高度。这不是后人的臆想,而是有着明确的史料记载的。他规定,除了皇族以外,官员百姓的衣服上不能绣飞鱼、大鹏、狮子等相关图案,也不许用四宝相花等诸多花样,不许使用黑、紫、绿等一些特定的颜色。

明洪武三年(1370),他规定老百姓不许戴"四带巾",要用"四方平定巾"。到了明洪武十四年(1381)又规定,农民只能使用绸、纱、绢、布四种衣料,而商贾则只能穿绢、布两种料子的衣服。农民家里有一人做生意的,则全家不许穿绸穿纱。明洪武二十二年(1389)进一步规定农民可以戴斗笠、蒲笠出入市井,非农民则绝对不可。明洪武二十五年(1392),因民间有人违禁,做靴子时绣上了花纹,皇帝专门下令,严禁普通老百姓穿靴子。唯北地苦寒，许用牛皮缝靴。

除此之外，朱元璋对各种人的生活细节也规定得极为仔细。这包括什么样的人能够居住多大的房子，什么样品级的人喝酒时运用什么材质做的酒壶，甚至对妇女的发型也做出了规定。

现代人看这些规定，大多数的人会觉得可笑。但是这在朱元璋看来却是一件非常严肃的事情。之所以产生这样的认识，是和朱元璋的心理认知密切相关的。朱元璋认为元朝最终灭亡的一个非常重要的原因是："元氏昏乱，纪纲不立，……由是法度不行，人心涣散，遂至天下骚乱。"他说"胡元以宽而失"，"九十三年之治，华风沦没，彝道倾颓"。

基于这样的认识，朱元璋才会在百姓穿衣住房等问题上不断计较，希望能够建立起一个秩序井然的社会形态。朱元璋曾经说："过去，伟大的帝王治理天下，必然首先定下礼仪制度，用来辨贵贱、明国威，让人们知道大小上下。元末以来，风俗相承，流于奢侈，富有的老百姓的衣食住行居然与公卿无异，这还了得！贵贱没有区别，此元之所以失败也！"

这样看就对朱元璋的做法产生一定的理解了。在专制的统治之下，一个非常重要的统治手段就是将一切问题固化，把全国人民都纳入一种从属关系之中，让上至王公、下至百姓的每个人都能够找到自己的从属关系，维持一种专制的秩序。

在这种秩序中，政治权力的功能得到了最大程度的实现。哪怕是经济权力也必须要完全服从于政治权力之下。即便商人富可敌国，在没有政治地位和级别的情况下，所居和所穿比不过一个农民。这种畸形的社会状况看似不合理，但是在朱元璋这里就是天打不动的信条，是任何人都无法逾越的铁律。

化民成俗

作为一个精明的统治者,朱元璋清楚地知道想要驯化人的精神远比控制人的身体重要。早在开国之前,朱元璋就曾经对臣下阐述过"正人心"的重要性:"天下大乱之后,法度纵驰,当然要重新修订,使纲纪正而条目举。然而比这更重要的是明礼义、正人心、厚风俗,这才是治理天下的根本。"

在这种理解之下,朱元璋在立国之初就把"化民成俗"放到了一个极为重要的位置。为此,朱元璋调动了大量自己所能调动的资源,试图让他眼下的社会保持一种绝对稳定的状态。信息和交通都比较落后的现实状况,让朱元璋的农民智慧产生了作用。

某种程度上来讲,朱元璋可以说是现代乡村精神文明建设的鼻祖。早在明洪武五年,也就是公元 1372 年,朱元璋下达了一道命令。他下令整个明帝国各乡各里都要在村头街尾建造两个特殊亭子,一个叫作"申明亭",主要是召集全村的百姓认真学习皇帝谕旨的地方。另外一个叫作"旌善亭",这个亭子的作用是表扬各村的先进个人和好人好事的,目的是宣传那些高尚行为,批评一些错误的观念,提高人们辨别是非的能力。值得注意的是,这两座亭子并不是一个摆设,为了发挥其重要作用,朱元璋又下达了一条规定,每个里要推选出一位"耆民"。这个角色通常由一位年长有德的人担任。这个人的主要任务就是在每个月的初一、十五，都要把全村百姓召集起来到申明亭里参加学习，主要是宣读和讲解《大诰》、《大明律令》以及《教民榜文》。讲述的内容就是把皇帝的圣旨和身边发生的事例结合起来，然后进行深入的宣传，使得全里的人家对上感恩戴德，不敢触犯任何法律。

让很多人想不到的是，除了固定的教化手段，朱元璋还发明了一种类似于今天流动宣传车的手段。明洪武三十年（1397），朱元璋要求每村每里都应该选派一名声音洪亮的老人，手里摇动一个装有木舌的铜铃，清晨时开始在乡村的街道上行走，大声朗诵着朱元璋苦心想出来的六句话："孝顺父母，尊敬长上，和睦乡里，教训子孙，各安生理，毋作非为。"

通过这些明显或者不明显的教化与前朝相比更多了一些实用性和制度性。那这些措施是否达到了预期的效果呢？根据官员们的汇报说，经过这样的宣传教育以后，一些不文明的现象减少了，乡村的环境面貌和精神面貌都有了显著的变化。但这些汇报中到底掺杂有多少的水分，这已经无从考证了。

对外贸易中的疑云

朱元璋对国内贸易采取的是一种有限制的保护,而对外贸易则可以说是一种不折不扣的封闭政策。按照规定,凡是要求与明通商的,首先必须是政治上的藩属国。他们载货来到大明,不是为了互通有无,交换产品,而是作为向明王朝朝贡的形式出现。

作为天朝上国,大明王朝以赏赐的名义收下这些货物,而这种赏赐的代价往往是高出原货物实际价格的好几倍。此外,这些货物中的绝大部分都是不进入市场的,而是只供给皇家进行消费。其中只有一小部分的"私货",是由贡船与中国商人进行交易。

明朝初年,朱元璋延续的是宋元制度,在沿海口岸设立市舶提举司作为主管对外贸易的机构,"置提举官以领之,所以通夷情,抑奸商,俾法禁有所施,因以消其衅隙也"。第一个市舶司设立于朱元璋称帝之前的吴元年(1367),地点在长江口的太仓黄渡镇。明洪武三年(1370),以黄波市舶司过于接近南京将其停罢,另于浙江宁波、福建泉州及广东广州三处传统口岸设置市舶司机构,宁波通日本,泉州通琉球,广州通占城、暹罗及后来的西洋诸国。

事实上,这种朝贡贸易的政治色彩远大于经济色彩。从综合国力上来讲,明初朱元璋时期北驱蒙元,一统全国,政治、军事强大,经济逐渐恢复并得到初步发展，正处于国势蒸蒸日上的阶段，因此愿意招徕海外各国遣使通好，以壮大国势声威。而这种四方来朝一向被统治者视为自己的荣耀。由于只重政治而轻视经济，明初政府从朝贡贸易中所能获得的利益是极为有限的。长此以往就产生了一个巨大的问题，贡使前来，不仅口岸及进京沿途的地方官府都要负责接待、护送，到京师后的接待及赏赐礼物也花费巨大。

　　面对这种情况，朱元璋采取了一刀切的办法，那就是多次发布命令，严禁交通外国。到了最后，朱元璋甚至禁止沿海的百姓使用国外的产品。

　　事实上，朱元璋之所以还全面实行保守的对外政策，还有一个非常重要的因素就是倭寇。倭寇之患从元末明初就开始了，洪武初先开市舶接着又实行海禁，即因倭寇不断骚扰沿海而起。明成祖即位后重置市舶司，允许日本入贡，唯限定10年一次，且船不得超过2艘，人数不得超过200（后改为船不超过3艘，人不超过300）。通商虽然恢复，倭寇骚扰仍未止息，不过当时明王朝军备整饬，海防严密，又值日本北朝足利氏称霸，愿与明王朝维持较为正常的贸易关系，故在明初倭寇尚未成为大的祸患。即便是这样，为防止意外的发生，朱元璋还是下令对海外贸易全面禁止。

　　朱元璋的这一政策可以说影响深远，它不仅给整个明代经济的发展带来了消极的影响，而且关闭了通往外界的大门。此时正值世界历史发展变革的时期，而朱元璋的这一政策让这个帝国丧失了与世界同步的机会。

何处定都

朱元璋深谋远虑,在群雄之中能够脱颖而出。但是有一件事情却一直困扰着他,甚至直到朱元璋死亡的时候他依然没有能够完全解决这个问题。这就是整个大明王朝将要定都何处。

朱元璋首先想到的就是应天,也就是南京。按理说,应天是朱元璋借以发展势力的地方,又有吴王时代留下来的宫殿为基础,首选应天是再自然不过的事情了,何况朱元璋身边那些文武大臣多数是淮西子弟,出于对故乡的眷恋,也希望能把都城定在靠近家乡的应天。

事实上,选择应天也有着相当大的优势,一方面是因为地形因素,它背靠钟山,面临长江,龙盘虎踞,地势非常险要。除此之外,应天所在的江南地区又是当时全国的经济中心,不仅盛产粮食,而且还是当时一个重要的商业中心。所谓"天下财富出于东南,而金陵为其会",经济条件十分优越。

但是有利就有弊,应天作为都城也有着很明显的弊端。首先就是从军事角度来考虑的话,其所处的地理位置并不是很理想,因为它并非全国的中心,与关外的距离是比较远的。当时元人虽然已经退到了关外,但是威胁依然无时不在。在那个缺乏即时通信设备的情况下,除了亲征外,想要在京城里指挥如此规模的作战无疑是十分困难的。

其次,虽然应天有着不错的地理位置,但是在历史上建都在此的王朝寿命都很短。历史上的东吴、东晋和南朝的宋、齐、梁、陈六朝等都是很明显的例子。朱元璋对此是非常忌讳的。

明洪武元年三月，徐达带领着北伐的军队攻取了山东和河南，这个时候又有人开始向朱元璋建议，说中原的汴梁适合定都。到了四月份，朱元璋来到了汴梁。朱元璋此行的目的除了进一步部署下一次的军事行动外，还有一个非常重要的任务就是考察汴梁是否适合做都城。这次考察的结果朱元璋很满意。开封地处中原，有四方朝贡，道路也通畅，但唯一不足的是这个地方无险可守，是个"四面受敌之地"。于是决定在此地建都，并把应天也定为都城，实行古已有之的两京制度。在洪武元年（1368）八月初一，下诏改应天为南京，开封为北京。但是计划赶不上变化，北征的军队很快就攻下了元大都，整个国内的形势又发生了变化。八月下旬，朱元璋再次来到开封进行考察并且部署以后的军事行动。第二年的八月明军已平定了陕西，将北方地区纳入了明朝的版图。形势发生了如此重大的变化，仍以开封为都城是否还合适？朱元璋决定开个定都会议。

此时，鉴于北方元朝的残余势力还没有完全被消灭，大臣中的绝大部分仍然主张在中原建都，并提出定都长安、洛阳、开封和北平等几种方案，大家认为长安是险固金城，洛阳是天府之国，开封也是宋朝旧京，而北平元朝宫室完备，可省却很多民力。

朱元璋对大臣们的方案进行了盘点。他认为大家虽然说得都很有道理，但显然已不适合当时的形势了。长安、洛阳、开封是周、秦、魏、唐、宋诸朝的故都，如果要在这几个地方建都，供给力役就要依赖江南，势必加重江南人民的负担，明朝刚建立，民力还没有复苏，在这些地方建都，势必要加重百姓的负担。一番言语过后，朱元璋说出了自己的想法，那就是在自己的老家凤阳建都，意思是说在南京和凤阳分别建立都城，理由是为了弥补南京地理上的不足。朱元璋认为，南京有"长江天堂，龙踞"之称，可以为都城，但远离中原难以控制北方局势，而凤阳距中原要近得多，因此可以立为中都。除此之外，朱元璋相信自己能够从一个农民变成一个天子，其中很大程度上就是祖宗的恩泽。他认为如果将都城建在自己的家乡，自己的后代同样会得到祖先的佑护。

朱元璋提出的新方案得到了以李善长为主的淮西集团人的支持。但是刘基坚决反对这样做。但是朱元璋此时已经听不得别人的意见了，营建中都的工作在李善长的总指挥下全面展开了。虽然大臣们多次劝谏，但是朱元璋毫不动摇。朱元璋的农民性格在此时表现得非常明显，那就是在生活细节上可以一再节省，但是在盖房子的时候往往却倾其所有，没有丝毫的吝啬。同样，为了营建凤阳，一贯坚持轻徭薄赋的朱元璋也劳民伤财甚至到了不惜人力物力、的程度。他先后征用了几十万军人和工匠，用钱唯恐不多，用料唯恐不精，所有的目的只是为了力求坚固。为了达到这一效果，石缝中都灌上了铁汁。

但是由于工期太紧，劳役太重，工匠们最终还是无法忍受，他们在皇宫建筑里埋下木头做的小人，用"厌镇法"进行无声的反抗。一怒之下，朱元璋杀掉了数万工匠。但是工匠们的反抗还是让他感觉到触目惊心。他意识到元朝统治刚被推翻不久，老百姓的贫困状况还没有得到改善，统一战争又还在进行之中，在这个时候大规模营建中都，并要建得雄壮华丽，实在是重大失误。

除此之外，朱元璋在营建中都的过程中看到那些功勋们日益膨胀的政治势力。朱元璋不得不考虑，一旦在凤阳建都，那些勋臣利用家乡盘根错节的宗族、乡里关系扩展势力的话，将直接威胁到他的皇权，到时局面就将难以控制了。于是，朱元璋不得不放弃了营造凤阳的计划。明洪武十一年（1378）正月，朱元璋下诏改南京为京师。终于，犹豫了10年之久的立都问题至此算是初步解决了。

事实上，都城的问题一直是朱元璋的一个心结。在太子朱标死后，年近70岁的朱元璋备受打击，再也没有精力和心情来考虑迁都的事情。朱元璋亲自撰写的一篇《祀灶文》中，表达了万般无奈的心情："朕经营天下数十年，事事按古就绪。惟宫城前昂后洼，形势不称。本欲迁都，今朕年老，精力已倦，又天下初定，不欲劳民。且兴废有数，只得听天。惟愿鉴朕此心，福其子孙。"

朱元璋一向作风强硬，一生中似乎没有自己办不成的事情。但是到了晚年，在都城的选择上依然无能为力，不得不让人感慨万千。

第四篇 / 权杖上的刺

第十三章　白刃不相饶，文人若寒蝉

学校教育

在历代的帝王之中，朱元璋可以说是对教育最为慷慨的。早在明洪武二年（1369），天下还没有完全安定的时候，朱元璋就开始下令在全国范围内兴建学校："令郡县皆立学校，延师儒授生徒，讲论圣道，使人日渐月化，以复先王之旧。"

朱元璋所建立起来的教育体系是十分完备的，从州府一直到县甚至到乡村都有学校的存在。可以说是覆盖了当时社会的方方面面。正如《明史》中所记载的那样："无地而不设之学，无人而不纳之教。庠声序音，重规叠矩，无间于下邑荒徼，山陬海涯。此明代学校之盛，唐宋以来所不及也。"

办学是一件很消耗财政的事情，但是在教育问题上，朱元璋从来没有含糊。建立校舍和聘请老师都是已经投入了巨额的财政资金。以明国子监为例，南京国子监规模宏大，校址东至小教场，西至英灵坊，南至珍珠桥，北至城坡土山。地势高爽平远，环境优雅。左有龙舟山，右有鸡鸣山，北有玄武湖，南有珍珠桥，风景秀丽宜人。监内建筑众多：正堂一，支堂六，每堂十五间，是师生讲习的地方。馔堂二所，是师生会馔的地方。书楼十四间，是藏书的地方。先哲堂十五间……号舍约两千余间，供监生们居住。此外，还有射圃、仓库、厨房、酱醋房、水磨房、晒麦场、菜圃、养病房、井、亭、墙垣等众多建筑。

而除此之外，朱元璋对于学生也是十分优待的。按照规定，府、州、县各级学生，都可以享受到国家给予的教育补贴。而京师的太学学生所能享受的待遇也就更加的优厚。一旦考上太学，国家不仅包食宿，还会发放衣物。对于已经结婚的太学生，甚至可以携带着家眷入学。逢年过节的时候，朱元璋还下令给入学的学生发放补助。

这些措施看起来是非常地诱人，但是往往越是诱人的东西也就有着更大的危险性。朱元璋亲自将学生们的待遇定得如此之高，那只是因为在后面还有一整套的规矩。

首先来看学生们所学习的内容，在朱元璋眼里，各级学校的功课都只能由皇帝直接指定，学习的住院教科书包括以下几本：《御制大诰》、《大明律令》以及传统的四书五经。从史料的记载来看，学生们的任务在享受较高待遇的同时也着严格的课业任务。就拿待遇最好的太学生来说，朱元璋规定：太学学生每日写字一幅，每三天背下《大诰》一百字，本经一百字，四书一百字。每个月作文六篇。

除了作业负担之外，朱元璋还有一些极为细致的规定，比如上课要穿校服，不准迟到早退，不准饮酒等诸多的规定。另外，结社和对人对事的批评更是严加禁止的。这些规定学生一旦违反，轻则杖责，重则充军。

这些严厉的措施对学生的发展无疑是产生了一些负面的影响。由于校规过于严格，洪武年间，监生赵麟抗议学校压迫学生，贴出了一张匿名的墙报，以此来表达自己的不满情绪。这件事被报给朱元璋的时候，朱元璋认定这是一起极为恶劣的政治事件。朱元璋龙颜大怒，下令进行彻查。最终赵麟被查出并且杀掉了，为了警示后人，朱元璋命人在国子监竖立一条长竿，把他的脑袋悬在长竿上示众。这件事对朱元璋的触动是相当大的。这件事情过后，朱元璋有一次到太学进行视察，依然提起这件事。他依然余怒未消，召集老师和学生训话的时候依然说出这样的话：

恁学生们听着：先前那宋讷做祭酒呵，学规好生严肃！秀才每循规蹈矩，都肯向学，所以教出来的个个中用，朝廷好生得人。后来，他善终了，以礼送他回乡安葬，沿路上著有司官祭他。

近年著那老秀才每做祭酒呵，他每都怀着异心，不肯教诲，把宋讷的学规都改坏了，所以生徒全不务学，用着他呵，好生坏事！

如今著那年纪小的秀才官人每来署学事，他定的学规，恁每当依着行，敢有抗拒不服、撒泼皮、违犯学规的，若祭酒来奏着呵，都不饶！全家发向武烟瘴地面去，或充军，或冲吏，或做首领官。

今后学规严谨，若有无籍之徒敢有似前贴没头帖子、诽谤师长的，许诸人出首，或绑缚来，赏大银两个。若先前贴了票子，有知道的，或出首，或绑缚来呵，也一般赏他大银两个。将那犯人凌迟了，枭令在监前，全家抄没，人口迁烟瘴地面。

通过这样的描述，我们可以清楚地知道，在貌似甜蜜动人的待遇下面，往往隐藏着一张密不透风的大网，而这张网所网罗住的就是天下士子的反叛之心。

科举制

科举并不是朱元璋的首创，但是到了朱元璋这里依然成为了一种使用到极致的工具。自隋唐科举取士成为社会阶层流通的主要通道以后，科举制就成为了广大读书人孜孜以求的奋斗目标。

朱元璋自然知道"使天下英雄尽入我彀"的重要意义。所以早在开国前夕，也就是公元1367年他就开设了科举，设文、武二科。按照当时的规定，规定凡应文举的人，通过考察言行，以品评他们的道德；通过考试经术，以了解他们的学问；通过考核书算，以了解他们的实际能力；通过考核经史时务策，以了解他们的从政能力。凡应武举的，先试之以谋略，次试之以武艺，但求实效，不尚虚文。

明洪武三年（1370），朱元璋正式开始推行科举制度。为此，朱元璋还特意下了一道诏旨：

汉、唐及宋，取士各有定制，然但贵文学而不求德艺之全。前元待士甚优，而权豪势要每纳奔竞之人，贪缘阿附，辄窃仕禄。其怀才抱道者，耻与并进，甘隐山林而不出，风俗之弊，一至于此。自今八月始，特设科举，各取经明行修、博今通古、名实相称者。

朕将亲策于廷，第其高下而任之以官。使中外文臣皆由科举而进，非科举者毋得与官。

这次的科举一共中举者有120多人。朱元璋在奉天殿亲自策问，廷试举人，最后擢吴伯宗为状元，授礼部员外郎，其余进士则分授以不同的官职。当时因为百废待兴，各地官员都非常地缺乏，朱元璋于是下令各行省连续3年进行乡试，并规定乡试取中的举人都免去会试，直接奔赴京师，由吏部分别授以官职。但是选取的这些人多为少年后进，缺乏一定的社会阅历和处理政事的经验，于是罢停了科举考试。

科举制度停罢以后，选拔各级官僚又以荐举人才为主。明太祖朱元璋敕谕吏部察举各色人才，以礼遣送京师，除授官职。但无奈举荐的人才过多，质量难以得到保证，所以朱元璋在明洪武十五年（1382）下诏恢复科举，洪武十七年（1384）礼部颁布科举成式，规定了三年一大比、考试内容及程序等事宜，这标志着科举制度的正式确立。此后，历代相沿不变，直至明亡。

明代科举考试可以分为4个阶段，分别是郡试、乡试、会试和殿试。所谓的郡试，又被称为小考，是由府、州、县选取优秀的生员，确定他们参加乡试的资格，可以说是乡试的预考。

乡试并不是指乡里的考试，而是省一级的统一考试。乡试并不是每年都举行，而是三年才有一次。正常情况之下，乡试在秋八月于各直省的省会举行，共分三场进行。首场于八月初九日举行，次场在八月十二日举行，第三场在八月十五日举行。能够在这一级别的考试中过关的人叫作举人。这已经是一种很难得的荣誉了，因为这就意味着学子可以有资格做官了。这其中的淘汰率是很高的。明洪武三年（1370）应天府乡试，共有132人参加考试，所选者过半焉，录取率超过了50%。此时，明朝新立不久，朝廷亟须庞大的官僚队伍，而愿意应试、任官的读书人较少，因此造成了录取率很高的暂时现象。此后，随着明朝的稳定，应试的人越来越多，录取率则越来越低了。明洪武二十六年（1393）应天府乡试，考生共800人，取中举人88名，录取率为11%。另外一点，每个省举人的录取名额是由中央统一分配的。

在乡试中获得第一名的人叫作解元，也就是"连中三元"中的第一元。

乡试结束后，读书人的目标又向前进了一步，那就是会试。会试的举行在乡试结束后，一般是次年二月各省举人齐集京师，参加由礼部主持的考试。因为考试举行的时间是在春季，地点是在礼部，所以明代的会试又被称为春闱或者礼闱。

能够参加会试的人基本上都可以说是各省选拔出来的精英，按照规定，举人进京参加会试的时候，各地方官提供食宿费及交通工具。各行省还需将举人乡试时的答卷上缴，以备查找。起初之时，朱元璋认为参加会试的举人都是各地优秀人物，不能用搜身这种对付盗贼的方法来防范举人。但无奈做官的诱惑实在是太大了，这一设想很快就变成了一种对考生的绝对煎熬。

会试考试的地点叫作贡院。事实上，能够到贡院答题是一种荣幸，但也是一种不幸。这些学子答题的房间是单间，叫作号房，长5尺，宽4尺，高8尺，明一尺折合成现在的度量大概为30厘米多一点点。简单地估算之后大家就可以知道，这几乎就是一个牢笼。考生不仅要在这里答题，还要在里面休息。但这就是前往下一个制高点的必经之路。

能够通过这场考试的人被称为贡士或者会士，考中的第一名叫作会元。这也是"三元"中的第二元。与举人的录取有明确的数量不同，贡士的录取数量并不是固定的。大体随每科应试人才的多寡，临期奏请皇帝决定。这就造成了明初每科录取人数存在着很大的差别。人数少的时候只有几十人，多的时候高达几百人。

会试发榜后，皇帝赐宴于礼部，宴请考中的会元、贡士，以及参与考试的主考官、同考官和其他官员。这一宴会，被当时人起了一个很文雅的名字，叫作"恩荣宴"。它的目的，一是表示对会元、贡士的恩宠与荣耀，一是对考官的答谢。

在完成这些步骤后，历经磨难的学子们即将面对的就是这条道路上最后一道关卡，那就是金字塔顶的殿试。殿试是一次较为简单的考试，考试时间为一天，考试内容仅皇帝或大臣代皇帝制定的经史时务策一道，分量不大。殿试的阅卷工作由读卷官负责，皇帝一般不参与阅卷事宜，但也有个别皇帝亲自阅卷。值得质疑的是，殿试并不是一个淘汰型的考试，阅卷的重点只在确定名次，尤其是确定一甲三名和二甲、三甲第一名上。因此，阅卷的速度很快，从阅卷到发榜仅用两三天的时间即可完成。

殿试的录取发榜时，有一个隆重的发榜仪式，当时称为胪传。榜上有名的人，即被录取，称为进士。其中，一甲共3名，习惯上称为状元、榜眼、探花，赐进士及第；二甲若干名，赐进士出身；三甲若干名，赐同进士出身。

能够在这一考试中生存下来的绝对算是高手中的高手，这些人也都一定有做官的资格。通常第一甲状元授翰林院修撰，榜眼、探花授翰林院编修，都是正六品官。二甲则授以正七品之职，三甲授正八品之职。二甲、三甲进士考选为庶吉士的授翰林院官，其他或授六科给事中、监察御史、各部主事、中书舍人、行人司行人等京官及府推官、知州、知县等地方官。

内容与意外

依照朱元璋的性格，他不仅对考试的程序是严格加以控制，对考试内容自然也不会放手不管。考试的内容就是我们听得很多，但未必了解的八股取士。

首先来说八股文的起源，在《明史·选举志》中有这样的记载：科目者，沿唐宋之旧，而稍变其试士之法；专取四子书及《易》、《书》、《春秋》、《礼记》五经命题试士。盖太祖与刘基所定。其文略仿宋经义，然代古人语气为之，体用排偶，谓之八股文。

从这里我们可以看出，八股文的滥觞是朱元璋以及刘基。

当时的学子们的考试科目分为三场，第一场考经义，也就是四书五经，第二场考实用文体的写作，其中包括了论一道，判五道，诏、诰、表、内科一道；到了第三场就是时务策论，也就是具体分析某一件事情。在这三场考试中，最重要的就是第一场经义，这是决定一个考生能否脱颖而出的关键。

虽然在现代人看来，这些考生所面临的考试范围也就是从四书五经上来，范围不大，背诵起来也相当容易。另外文章的字数也有一定的规定，正常来说是不会超过500字的。从表面上看，当年的考试似乎要容易一些，然而事实远非如此。

首先就是考生们答题的样式就已经被固定下来了。经义都分为破题、承题、起讲、起股、虚股、中股、后股、束股八大部分，故有八股之称。尤其是其中的起股、中股、后股、束股这四个部分是不能随意书写的，必须要用排比对偶句。这样一来对人的要求立马就会变得很高。一些考生由于学识有限，为了达到对偶的效果，只能通过胡编乱造来拼凑字数。

事实上，按照这种方式来选取人才，痛苦的不仅是学生，更包括了出题的考官。因为一个事实，那就是四书五经的字数就固定那么多，各级考试都要从中出题，而出过的题目往往是不能再用的。在这种情况下，就出现了很多语句不通、张冠李戴的考试题目。

除了考试形式的死板之外，朱元璋还对考试内容进行了另外一种形式的加固，那就是规定所有的文章都不能有自己的想法，必须仿照古人立言，也就是按照圣人的思想去写文章。而这个圣人就是朱熹。

在这种固定的思维、固定的程式之下，朱元璋治下的学子们开始在考场上完成他们的文章。与我们时常批判的不同，在如此困难的环境和条件下，一些考生依然写出了立意深刻、文辞优美的文章，这不得不让人敬佩不已。但这些文章或者说人才毕竟是少数，绝大多数的考生并没有超人的感悟，怎么办？那就只能依靠着另一个群体，那就是书商。当时八股文的范本主要有四种：一是程墨，即程文和墨卷，前者是乡试时主考官所作的范文，后者为士子所做的较好的答卷；二是房稿，是会试时考中的进士之作；三是行卷，是举人所作；四是社稿，是在学诸生岁、科两考时所作。而自从八股文范本盛行后，凡是勤于诵习的士子，即使不读本经、四书，参加科举考试往往也能中举人、中进士，取得满意的效果。因此，社会上普遍认为读八股范文是获取功名的最佳途径。

后人说八股文流毒甚广，不是没有道理的。这种极端扼杀学子创造性的教育形式不仅无法选拔出国家真正需要的人才，而且使得整个明代学术界都显得十分衰微。

在明代的整个科举考试中，朱元璋还有另外一项发明创造，那就是所谓的"南北榜"。这件事情的起因是这样的：

明洪武三十年，也就是公元1397年的会试的时候，主考官刘三吾、白信蹈都是南方人，所取中的52名贡士，都是南方人，北方举人全部落第。这其实也不难理解，当时情况之下，南方的经济文化确实是比北方发达，但是北方人一人也没有被录取，这也是非常少见的。落第的北方士子心有不甘，于是北方举人因此联名上疏，告考官刘三吾、白信蹈偏私南方人。

朱元璋在得知此事后异常重视，他命令侍读张信等12人复查了试卷，但北方人还是没有合格的。而在此时，有人向朱元璋告发，复查官张信等人与刘三吾暗中勾结，将北方举人的劣等试卷呈送皇帝，肆行欺诳。这一状告，使朱元璋十分震怒，下令将刘三吾革职充军，张信、白信蹈等人处死。

随后，朱元璋亲自审阅会试答卷，选取任伯安为第一。六月廷试，以韩克忠为状元。而所取中的61人，全是北方人。这一事件，当时称为"南北榜之争"，它是南北卷制度的滥觞。

很显然，这又是一桩明显的冤案。当时的北方经过长期的战争破坏，生产水平、教育和文化发展程度其实都是远远落后于南方的。再者，根据考试的流程，所有的考卷都是密封的，而且考官也并不知道考生是南方人还是北方人。刘三吾等人只是凭考卷文字水平去决定，尽管所取的都是南方人，但并不存在南北之见。以朱元璋的精明，他不可能不知道其中的缘由，但是他依然坚持这样做，其实是有着双层打算的。

首先，这是朱元璋打击和限制江南地主一贯政策的体现。虽然朱元璋发迹于南方，但是在很长一段时间里，张士诚和陈友谅的根基是异常牢固的，一些文人始终对他们心存好感。为了维护整个帝国的稳定，朱元璋不得不采用这种方式来挫败江南士子的傲气。

再者，这也是朱元璋笼络北方士人的一种策略。在元朝时会试选取100名，蒙古人、色目人、汉人、南人各占25名，北方人入仕的机会较多。而刘三吾所取之士皆为南方人，势必引起北方人的普遍不满，对于明朝在北方的统治的稳固也很不利。朱元璋对此事是有着深刻认识的，他考虑到北方士人怀念故元之制，而颇欲以科举的名义笼络他们，因而对刘三吾等人作了很严厉的惩治。

这一事件促成一个明朝分南北取士的先例，以后逐渐成为一种定制。这一政策在一定程度上普及了文化教育，提高了落后地区考生的学习积极性，对平衡地方的政治关系乃至维护国家的统一都产生了积极影响。

旧朝新臣

在新旧王朝交替的时候,处理旧臣往往是最能考验和体现一个君主素质的时候了。事实上,一个新王朝的建立,首先需要的就是一批能够迅速投入到国家行政运转的官吏。这就产生了一个两难的问题,对于旧王朝的旧臣,既要让他们对王朝忠贞,又要他们听命,这可以说是一个两难的问题。而到了朱元璋这里,他在处理这个问题上可以说是本性暴露无遗。

元大都陷落的时候,整套的行政班底几乎都还在。而朱元璋选拔任用了两个重要的文臣,一个是翰林学士张以宁,另外一个是翰林学士危素。张以宁精通经学,而危素精通史学,这两人都是当时大名鼎鼎的知识分子。为了表示自己对人才的器重,朱元璋委任这二人为侍讲学士。张以宁曾受命出使安南,而记述朱元璋身世的《皇陵碑》最早就是危素撰写的。

张以宁比较幸运,他得较早,而危素则不断受到朱元璋的折辱。

明洪武三年(1370),朱元璋召集危素到大内东阁。朱元璋在听到脚步声后问了一句是谁。危素回答道:"老臣危素。"朱元璋对此的回答是:"我只道是文天祥。"危素一时语塞,只能不住叩头。没过多久,朱元璋对这个已经年近70的老人再次加以折辱。元顺帝的时候,元大都里有一头会跳舞的大象,朱元璋手下的臣民为了讨好朱元璋,将这头大象送到了南京。一天,朱元璋在朝会上让这头大象舞蹈,但是可能是因为环境的变化,这头大象伏地不起，没有舞蹈的动作。这在朱元璋眼里也是一种"忠义之举"。见此情形，朱元璋让人拿来两块木牌，一块上书写"危不如象"，另外一块书写"素不如象"，然后将这两块木牌挂在危素的肩上。

朱元璋此举刺激了他手下的群臣，一些御史见状纷纷上书，说危素是亡国之臣，不宜留在皇帝身边作为侍从。而朱元璋便打发危素到和州，为元朝忠烈守庙去了。年老的危素不堪其辱，很快就羞愧抱病而亡。

或许普通人对危素这个人并没有多少印象，但是在史学界，这却是一个了不起的人物。大家都知道，要研究中国历史，《二十四史》是必不可缺的重要文献。危素早年在元室的朝廷上，就参加了《宋史》、《辽史》和《金史》的编修。而到了明代，他又与宋濂同修《元史》，更奠定了他在学术上的崇高地位。除此之外，他还是当时著名的诗人和书法家，可以说是天下文士的代表。但是在朱元璋面前只能成为被玩弄的小丑。

一方面朱元璋对危素这样的人态度如此，但在洪武四年（1371），他又下诏为死于朱元璋手下的元朝南台御史福寿立祠，命令祭官前去祭拜，并且对大臣们说："疾风知劲草，板荡识诚臣。作为臣子都应该像福寿这个样子。"

由此可知，在朱元璋眼中，危素和福寿只不过是自己可以随意变换角色的玩偶而已。

朱元璋一方面大力提倡忠贞，但另一方面对那些真正固守原则的人丝毫没有客气。无锡人钱仲益，元末16岁中举人，曾为元朝官员。朱元璋几次征召，他都推辞不就。反复几次后，朱元璋不再欣赏他的忠贞，而是怀疑他对新朝有所不满，于是就将他锁拿进京，将其右手钉在木板上，造成终生残疾。这样的例子还有很多，比如江阴文士王逢、苏州文士姚叔闰等人不是被发配就是被砍头。

由此可见，朱元璋对待知识分子其实就一个态度，那就是实用主义至上。而广大知识分子以后的命运也就此埋下了种子。

无辜的孔孟

朱元璋的实用主义精神不仅体现在对普通知识分子，就是对于被读书人供奉的孔孟也是采用实用主义的态度。

朱元璋虽然是农民出身，但是他也深切地知道孔子在夺取天下的过程中会起到什么样的作用。早在明洪武元年（1368），朱元璋就"以太牢祀先师孔子于国学"，随后又遣使到曲阜致祭，使者临行前，朱元璋谆谆告诫说："仲尼之道，广大悠久，与天地并。有天下者莫不虔修祀事。朕为天下主，期大明教化，以行先圣之道。今既释奠成均，仍遣尔修祀事于阙里，尔其敬之。"

这是朱元璋的第一张面孔，当孔子的后人应诏不赴朝时，朱元璋又龙颜大怒。据史料记载，洪武元年（1368）三月，大将军徐达攻克山东济宁，至圣先师孔老夫子的故乡曲阜正属济宁路，朱元璋便传令孔子第五十五代孙元国子监祭酒孔克坚到南京去朝见。孔克坚犹豫不决，称病不出，只派他的儿子孔希学前往。朱元璋得知这一消息后龙颜大怒，疑心这位袭封衍圣公看不起他这个出身卑微的皇帝，感觉受了莫大污辱，虽再三压抑，终是恼怒难消，便拟一诏书，快马送给孔克坚，说道："吾虽起庶民，然古人由民而称帝者，汉之高祖也。尔言有疾，未知实否。若称疾以慢吾，不可也。"

孔克坚在看到这样的诏书后方感觉大事不妙，便日夜兼程地赶到了南京。孔克坚的到来让朱元璋转怒为喜，洪武元年（1368）四月初八，朱元璋在谨身殿态度亲切而温和地召见了孔克坚。为了表示自己对孔子的诚意，他还赐给孔府土地约60万亩，并钦赐洒扫户115户。

虽然表面上朱元璋对孔子是万分地尊敬，但是对于有"至圣文宣王"这样一个高高在上的称号存在，朱元璋心中是万分的不快。公元1369年，京城新建了一所祭祀孔子的文庙，朱元璋命令礼官和儒士商讨祭祀孔子的礼仪。同时，他下达了一道诏书，诏书说："孔庙春秋释奠，止行于曲阜，天下不必通祀。"

朱元璋这一诏旨可以说是引发了他意想不到的后果。朝野中的士大夫纷纷上书进行劝谏，其中最具代表性的就是侍郎程徐。他上疏道：

古今祀典，独社稷、三皇与孔子通祀。天下民非社稷、三皇则无以生，非孔子之道则无以立。尧、舜、禹、汤、文、武、周公，皆圣人也；然发挥三纲五常之道，载之于经，仪范百王，师表万世，使世愈降而人极不坠者，孔子力也。孔子以道设教，天下祀之，非祀其人，祀其道也。今使天下之人读其书，由其教，行其道，而不得举其祀，非所以维人心、扶世教也。

除此之外，宋濂等文臣之首也拐弯抹角，口气缓和地不赞成朱元璋的意见。一怒之下，朱元璋将宋濂贬官。见此情形，国子助教贝琼打着批评宋濂的旗号写了一篇名为《释奠》的文章，算是给朱元璋解围。经过大臣们的闹腾，朱元璋只得极不情愿地收回了自己的命令。

在全国范围内罢祭孔子的决定没有实行，这让朱元璋一直耿耿于怀。而这股火气就发泄到了孟子身上。在中国古代的思想家中，"民本"思想在孟子那里表现得最为突出。他有一句名言："民为贵，社稷次之，君为轻。"除此之外，孟子还有一些著名的论断，比如"君之视臣如手足，则臣视君如腹心；君之视臣如犬马，则臣视君如国人；君之视臣如土芥，则臣视君如寇仇"，以及"得其民有道，得其心，斯得民矣。得其心有道，所欲，与之聚之；所恶，勿施尔也"，等等，散发着民本思想的言语。

这些话在现代人看起来是超越那个时代的存在，也是非常难能可贵的。但是这些话在朱元璋看起来却如芒刺在背。一次与儒学之臣讨论学术问题时，朱元璋就曾说过："战国之时，纵横捭阖之徒，肆其邪说。诸侯急于利者多从之，往往事未就而国随之以亡，此诚何益"、"邪说之害道，犹美味之悦口、美色之眩目"、"夫邪说不去，则正道不兴，天下焉得而治"，在孔子地位已定的情况下，朱元璋将目光对准了孟子。

洪武五年（1372）的一天，朱元璋在阅读《孟子》时，此前积累的矛盾全部爆发了，当天就命令将孟子逐出文庙的殿外，不得配享，并发狠地说，诸大臣"有谏者以不敬论，且命金吾射之"。看到这个圣旨，满朝文武惊恐不知所措。这时，刑部尚书钱唐挺身而出，抗疏直言。钱唐没有退缩，本着视死如归的精神，一步步走进了奉天殿。

只见朱元璋果然命"金吾"卫士杀气腾腾地引满弓，正等着钱唐的到来。见到钱唐视死如归的模样，气头上的朱元璋更加恼恨，便真的让"金吾"卫士连射了好几箭，钱唐的左臂、右肩、胸部都中了箭，但钱唐继续前行。看着钱唐痛苦而坚毅的样子，朱元璋终于退缩了。此事之后，朱元璋不仅没有因此而治钱唐的罪，还命令太医院的太医仔细地为他治疗箭伤。

事情并没有结束，见到文士们这样反对，朱元璋又恢复了孟子的配享。但朱元璋想到了一个更为严重的问题，那就是《孟子》又是官定的"四书"之一，各级学校用来做教本，科举考试用来命题，这岂不把天下的学子们都教坏了？于是，朱元璋便下令翰林学士刘三吾对《孟子》进行删节。当时已经80多高龄的刘三吾战战兢兢，经过反复揣摩，共删掉85条朱元璋感到刺眼的内容，保留170余条，成《孟子节文》一书。这本书大致符合朱元璋的要求，于是他也下达了一道诏书，规定"自今八十五条之内，课士不以命题，科举不以取士，以圣贤中正之学（指《孟子节文》这部书）为本"。

猜忌和屠戮

在朱元璋眼中，如果是明确的敌人，还可以从武力上进行消灭，但是文人书写文章中的那些隐喻很可能是辱骂自己，自己却不知晓。为此，朱元璋可以说是制定了一整套的规则来避免这种情况的发生。这就是人们经常说的文字狱。文字狱属于诏狱的一种。它具有以下的特征：罪状由当权人物对文字的歪曲解释而起，证据也由当权人物对文字的歪曲解释而成。一个单字或一个句子，一旦被认为诽谤皇帝或讽刺政府，即构成刑责。文字的含义不在客观的意义，而在当权人物的主观解释。

首先就是名讳的禁忌。朱元璋年轻的时候不得已而为僧，所以他对"光"、"秃"这类字眼儿是忌讳的，对于"僧"这个字也觉得不喜欢，推而广之，与"僧"谐音的"生"字，在朱元璋听来也觉得刺耳。

此外，朱元璋以红巾军起家。在当时元朝政府的文牍中，官僚们的口头上都把红巾军称为"红贼"、"红寇"。朱元璋最忌恨人骂他是"贼"，是"寇"。推而广之，连与"贼"字音形相像的"则"字也十分讨厌，看着就来气。

朱元璋的这种心理事实上也导致了很多冤案的发生。尉氏（河南尉氏）县学教授许元，在奏章上有"体乾法坤，藻饰太平"，这两句话是千年以前的古文，但朱元璋却解释说："'法坤'与'发髡'同音，发髡是剃光了头，讽刺我当过和尚。藻饰与'早失'同音，显然要我早失太平。"于是许元的命运是被处斩。杭州府学教授徐一夔的表文中有"光天之下"、"天生圣人"等语，朱元璋牵强附会，说文中的"光"指光头，"生"是"僧"的谐音，徐是在借进呈表文骂他当过和尚。徐一夔最后依然被严惩。

除此之外，朱元璋还妄自尊大，导致一些人最后被冤死。史书记载，有个叫卢熊的读书人，人品文品都很好，朱元璋委任他到山东兖州当知州。卢熊到兖州后要启用官印，发布文告。当他把皇帝授给他的官印取出一看发现了其中的问题。原来，朱元璋笔下的诏书是授卢熊为山东衮州知州。这官印是根据皇帝的诏书刻制的，这兖州自然变成衮州了。可是山东历来只有兖州而没有衮州。卢熊是个较真的读书人，他向朱元璋写了一份奏章，要求皇上更正，希望将官印重新刻制过来。朱元璋见到这个奏章后，知道是写错了，但是就死不认错，还大骂卢熊咬文嚼字，这兖和衮就是同一个字，卢熊竟敢将它念成"滚"州，这不是要朕滚蛋吗？即将卢熊斩首。

公元 1396 年，朱元璋特命翰林院学士刘三吾、左春坊右赞善王俊华撰庆贺谢恩表式，颁布天下，以后凡遇到庆贺谢恩的时候，照规定的格式，用固定的词进行颂扬，只要填上官衔姓名就可以了。

明朝文字狱，从公元 1384 年兴起，到公元 1396 年告一段落，时间长达 13 年。

朱元璋屡兴文字狱，手段之残忍，内容之荒诞，可以说是前所未见。朱元璋极其残忍的行为，其实是有着深刻寓意的。其中的道理非常简单，只有这种不需要任何理由、无从辩解的杀戮，才能够立威，显示出皇权的绝对性，从而对朝野造成巨大的威慑。此外，通过这种方式，朱元璋还能够打掉文人的自尊，塑造文人的奴性品格。这对于他的统治来讲自然是十分有利的。

第十四章／皇权的极致

朝堂上的争斗

朱元璋解决了北元之后，制定了一系列旨在恢复和发展生产的种种措施，也收到了一些良好的反馈。但这其中的矛盾是依然存在的，这次的矛盾不是来源于外部，而是在朝廷内部。起因其实也很简单，有人的地方就分左右中，朱元璋手下的大臣们以地域为界限，分成了两大派别。

首先出场的是淮西集团。所谓的淮西，其实就是最早跟随朱元璋的那一批人。而这其中就以李善长为代表。李善长是较早投奔朱元璋的文人，在淮西的诸将中享受很高的声望。由于这些将领大多出身草莽，没有多少文化，所以遇到问题时只要有李善长出面，多半的问题就能得到解决。在职位的分配上，朱元璋出征的时候必然会让李善长留守。而李善长往往能够在后方有条不紊地保障粮草辎重等战事上的供给。这对于朱元璋的重要性不言而喻。

事实上，朱元璋对于李善长一直是以萧何看待的。早在元至正二十年，也就是公元1360年起，朱元璋就命令李善长为第一丞相。明洪武三年（1370），朱元璋大封功臣，授予李善长为开国辅运推诚守正文臣，特进光禄大夫、左柱国、太师、中书左丞相、韩国公等称号，可以说是达到了一个文臣所能够达到的顶峰。

但李善长毕竟不是萧何，他虽然有着和萧何一样的才华，但是却没有学到萧何的为人之道。当初萧何是汉朝第一开国功臣，遭到了汉高祖刘邦的猜忌。萧何为了保全自己，处处谨慎，时时收敛，以避开皇帝的猜疑。但是李善长却不同，他贪恋富贵和权势，甚至不惜结党营私。而这一切，朱元璋都看在眼里。

以李善长为代表的淮西集团很快就遇到了政治上的对手，这就是以刘基为代表的浙东集团。如果说淮西集团可以称作是武人集团的话，那以刘基为代表的浙东集团则是不折不扣的文人集团。这些人大多是朱元璋在渡江后召集的一些文人墨客以及开国前后征召的一些士大夫。事实上，朱元璋还没有统一全国的时候，淮西集团那些武人的粗鲁举动就已经引起了文人集团的不满。

与淮西首领李善长相比，刘基的势力确实算是比较弱小。虽然刘基也为朱元璋取得天下立下了卓越的功劳，但是在封赏的时候却只被封为诚意伯。这还不算，刘基还是所有伯爵中俸禄最低的一个，年俸只有240石，而他的对手李善长则是4000石。无论是从官位的大小还是朝廷中的影响力，刘基与李善长的斗争都毫无胜算的可能。

但是刘基有着李善长所不具备的优势，那就是刘基自己身处的职位。当时刘基的职位是御史中丞。简单来说，他是所有言官的首领。这看似平常，实际上却暗藏玄机。所谓的言官，其实就是负责监察的官员。这些人的存在只有一个目的，那就是监察各部门的官员。这些人拥有着极大的权力，发现官员违法乱纪的现象可以直接上报朱元璋。为了防止这些人也徇私枉法，朱元璋结合历代的监察制度，采取了两种办法。首先就是在挑选官员的时候，专门寻找那些书呆子以及道学先生。因为这项工作往往是得罪人的工作，这些人来干则再适合不过了。其次，为了制止这些监察官员违法作乱，朱元璋采取了一个极为巧妙的方式来管辖，那就是采用以小制大的策略。这些官员的品级很小，但是职权却很大。

　　设置言官的时间出现得很早，这些人不管具体的政务，他们的主要任务就是提意见。而历代封建王朝也逐渐形成了一个传统，那就是不杀言官。历史上有过诸多的昏君，但是即便他们敢于乱杀大臣，但是也很少有人杀掉言官的。

　　洪武元年（1368），李善长和刘基的第一次交锋开始了。

高手过招

明洪武元年（1368）的五月，朱元璋到河南进行巡视并打算布置北伐的事宜。在临行之前，朱元璋命令丞相李善长和御史中丞刘基在京城留守。临行的时候，朱元璋特意召见刘基，让他放心督察奸邪，整肃朝纲。刘基也非常忠实地履行了自己的职责，命令手下的御史们勇敢地担负起责任，对所有不法官吏和事件都要上报和弹劾。

刘基的做法引起了李善长的不满，他认为刘基此举的目的完全是为了打击淮西集团。而双方矛盾的导火索是一个叫作李彬的人。李彬是李善长的一个亲信，他由于触犯了法律被刘基抓了起来。在查清李彬的罪行后，刘基准备依法杀掉他。此时的李善长连忙找刘基说情，希望刘基能够高抬贵手。但是没有想到的是刘基对此软硬不吃，还将此事快马禀报给朱元璋。朱元璋办事相当利索，给了刘基一道杀掉李彬的批文。但是李善长还想做最后的努力，此时正值京城大旱，李善长就对刘基说："正在求雨的时候可以杀人吗？"这事实上是一个一石二鸟的问话，既能够起到保护李彬的目的，而且还可以以此为借口，如果刘基要坚持杀掉李彬，就可以将天不降雨的责任推卸到刘基身上。然而，刘基面对李善长的责问，说："杀李彬，天必雨！"

李善长再无言语，李彬被杀。

刘基熟知天文，但是这一次却失算了。这次干旱持续了很长时间，一直也没有下雨。等朱元璋回到南京的时候，李善长等人所积累的怨恨就集中爆发了。他开始煽动很多人开始攻击刘基。恰逢此时，刘基老妻讣告传来，刘基准备回家治丧了。

朱元璋一直以汉高祖自居，在他眼中，刘基就是自己的张良。就实际作用来看，刘基和张良确实有些类似，但是刘基和张良有一个最大不同点是，张良能够见微知著，在功业完成之后急流勇退，明哲保身。而刘基则不然，他更接近于诸葛亮。

正是这样的性格，在刘基离开朱元璋的时候，他对朱元璋交代了两件事。第一就是朱元璋的老家凤阳是龙兴之地，但不是最好的建都之所。第二件事就是当时的北元还有很强的实力，不能够轻易出兵。后来的事实证明，刘基的判断都是对的。

第一回合，刘基退出了官场，李善长赢得了胜利。

但是事情往往不会这么简单，尤其是对于一个绝顶聪明的人而言。其实早在刘基请辞回老家的时候，他就已经安排好了下一步的反攻计划。而这个计划中最重要的人则是刘基的死党杨宪。

杨宪隐藏得很深，在韬光养晦，扶植了凌说、高见贤、夏煜等人，利用言官的职权向朱元璋开始报告李善长的恶行，说李善长无才无德，不能够被委以重用。虽然朱元璋对李善长十分地放心，但是时间久了，也难免心生疑窦。没过多久，朱元璋便召回了刘基，准备委以重用。看到这种情形，李善长坐不住了，他明白了自己与刘基的差距。为此，他想到了一个反击的办法，那就是同样寻找代理人。这个人必须要有能力，但是还不能有威望,要易于控制。不断地选择之后,李善长选择了自己的老乡胡惟庸。

胡惟庸跟随朱元璋的时间也不算短,但是总是不得运,一直都是在基层做知县之类的小官。但是在得到李善长的肯定之后,胡惟庸的仕途就变得异常顺利,很快就成为淮西集团的领袖。

改变命运的谈话

到了洪武三年(1370)的时候,朱元璋再次动了换相的念头。这一次,朱元璋找来了刘基商量具体的人选。

朱元璋心目中丞相的人选有3人,分别是杨宪、汪广洋和胡惟庸。这3个人都有一个共同点就是跟随朱元璋的时间比较早,有一定的做事才能,比较听从朱元璋的指令。在与刘基的谈话中,朱元璋首先问杨宪如何,刘基回答说:"杨宪有丞相的才能,但是没有丞相的气量。宰相必须公平而有气度,心要像水一样清澈,做事要以义理来权衡,不能掺杂个人的恩怨好恶。而杨宪恰恰不是这样的人。"

随后,朱元璋又问起了汪广洋。刘基对此人的评价是非常浅薄,不可以被重用。接着,朱元璋说出了第三个人选,那就是胡惟庸。刘基说出了自己对胡惟庸的判断,那就是:"胡惟庸好比驾车的小牛,恐怕会有脱辕把车弄翻的那一天。"

此时的朱元璋显示出了自己极为老练的一面，他对刘基说："那我的相位只有先生能够担当了。"一直都很谨慎的刘基在朱元璋面前犯下了一个错误，而这个错误可以说是后面一切问题的导火索。刘基是怎样回答朱元璋的呢？史书记载：

臣非不自知。臣疾恶太深，又不耐繁剧，为之，且负大恩。天下何患无才，愿明主悉心求之。如目前诸人，臣诚未见其可也。

这句话翻译一下就是这样的意思：我并非不知道自己，但我这个人疾恶太甚，又不耐繁剧的行政事务，勉强去做对国家和圣上都无益。天下还有很多有才能的人，只要用心去寻找，肯定能够找到合适的，只是眼下的这几位确实还不能够胜任宰相的职位。

这句话从表面上看是一种谦辞，但是在朱元璋这里却听出了其他的一些内容。那就是自居丞相之才，还说出了所谓疾恶如仇的话。并且对朱元璋所挑选的人没有一个能够赞同，这可以说是犯了朱元璋的大忌。至此以后，朱元璋对刘基不再有任何的信任之感，但是刘基依然在朝中为官。

洪武三年（1370），朱元璋给刘基下了一道诏书，意思是刘基已经年老，可以回家颐养天年了。聪明的刘基自然明白其中意思，很快就告老还乡了。而就在这样的关键时刻，浙东集团的重要人物杨宪受到排挤，本人性命也不保，被胡惟庸找借口杀掉了。

在这场斗争中，以刘基为代表的浙东集团全面失败。刘基失败了，此时他的理想就是能够在家好好安度晚年。但是历史的经验告诉他，失败的人往往会付出沉重的代价。事实也正是如此。

刘基的老家是浙江青田,地处崇山峻岭之中。以刘基对朱元璋的了解,他知道朱元璋并不会没有顾忌。于是他一回到家就让长子向朱元璋上表谢恩,也断绝与官府的一切往来。即便这样,这一年的八月,朱元璋还是派人送来了一封朱元璋的亲笔书信:

皇帝手书,付于诚意伯刘基:所以元以宽而失。朕收平中国,非猛不可。然歹人恶严法,喜宽容:谤骂国家,煽惑是非,莫能治。也就是天象叠见,而且天鸣已及八载,日中黑子又见三年,今秋天鸣震动,日中黑子或二,或三,或一,日日有之。更不知灾祸自何年月日至。卿山中或者有深知历日者,知休咎者,与之共论封来。洪武四年八月十三日午时书。

这是一封暗藏杀机的信件。而刘基不愧是绝顶聪明之人,他以天象作答,顺利通过了朱元璋的审查。

胡惟庸的天真

话分两头，当刘基在老家打发着剩余的日子的时候，他的对手李善长也不是很好过。洪武四年（1371）正月，朱元璋就罢免了李善长的宰相官职。因李善长是开国元勋，朱元璋将其安置在凤阳定远老家，赐给田地1500亩，佃户1500家，仪仗户20家，守坟户150家，是对他出力一场的一种回报。事实上，朱元璋将其安置在此还有另外一层意思，那就是凤阳是当时另外一个政治军事中心，将李善长安置在此也便于监视。

李善长被罢相以后，朱元璋任命汪广洋为丞相。没过多久，汪广洋也自身难保，这其中一个重要原因就是汪广洋的手下有胡惟庸。胡惟庸是个野心勃勃的人，背后又站着强大的淮西集团，而汪广洋因被人看作懦弱无能而少人扶持。除此之外，汪广洋还敏锐地感觉到朱元璋对丞相这一职位还是心存戒心的，也不适合进行大刀阔斧地改革。因此，汪广洋也就学着汉朝曹参的办法，有事没事就喝喝酒，吟吟诗，写写字。省内的事任凭胡惟庸去处理。对皇帝也不提什么建议、推荐什么人才。刚开始的时候，朱元璋对此也是容忍的，但没过多久，朱元璋就心存不满了，认为汪广洋是尸位素餐，便心生恶意。很快就罢免了汪广洋，升胡惟庸为左丞相。

胡惟庸是定远人，和李善长是老乡。洪武四年（1371），李善长罢相的时候，汪广洋提升为右丞相，胡惟庸负责汪广洋右丞相职务，即中书省二号人物。明洪武六年（1373），汪广洋左迁广东参政，胡惟庸递补右丞相，迅速升任左丞相，坐上了中书省第一把交椅。

胡惟庸和汪广洋不同，他具有极强的办事能力。只要朱元璋吩咐下去的事情，胡惟庸可以很快就办妥。也正是这个原因，朱元璋对胡惟庸非常地倚重和宠信。洪武七年（1374），已经在家养老的刘基听说胡惟庸被任命为丞相，非常忧虑，他预言国家百姓难逃一场灾难，生气地说道："使我言不验，苍生之福也。"这话辗转传到胡惟庸耳朵里，胡惟庸对刘基从此就怀恨在心。

为了能够斗倒刘基，胡惟庸正所谓欲加之罪，何患无辞。他唆使地方官上了一个奏章，说刘基看准了淡洋这个地方有王气，一心想得到它作为墓地。这一下子就戳到了朱元璋的痛处。因此下诏降罪，剥夺了刘基的俸禄。

面对朱元璋这样的责难，刘基的处世智慧再次产生了作用。刘基做出了一个意想不到的举动。他带上儿子刘琏赶往京师。没有一句辩白、一句埋怨，只是说因为罪臣冒犯，只是向皇帝谢罪，让皇上生气，实在是罪该万死。这样一来，朱元璋反而无从下手了，刘基暂时保住了自己的性命。这实在是很绝的一招，刘基清楚地知道，如果没有朱元璋的指使，胡惟庸是不敢对他下手的。只要自己回到了京城，生活在朱元璋的眼皮底下，让他放心，自己的生命就得以保全。

但是刘基没有想到朱元璋比他想象得更加绝情。

洪武八年（1375），刘基已经64岁高龄了。他头发半白，耳聋眼花，齿摇龈露，脚下迟重，左手麻痹蜷挛，呈现龙钟老态。此时的朱元璋命令胡惟庸带着医生前往治疗。但是在吃过胡惟庸给予的药后，刘基的病情不见好转，反而有加重的情形。朱元璋见此状况，于是就颁布了一道诏书，命令他回家养病。但是回家后不久，刘基就病死了。在临死之前，为了保全自己的家庭，刘基做了两件事情，第一就是嘱咐家人把自己尸骨焚化，不要土葬，这明显是为了解除朱元璋的猜忌。第二件事情就是命令儿子将自己保存的《观象》、《玩古》等天文书交给长子刘琏，说："我死后，赶快送给皇上，万勿泄露。"又将遗表拿给次子刘璟，说："为政宽猛如循环。当务之急，在修德省刑，祈天永命。诸形胜要害之地，宜与京师声势联络。我欲为表上之，惟庸在，无益也。上必思我，惟庸败后，有所问，以此密奏之。"

刘基的一生足智多谋，对形势判断极为准确，心思缜密。虽然他本人并不是真的像民间传说的那样可以呼风唤雨，但是他判断事物的发展趋势用料事如神一点也不过。在民间，他已经和诸葛亮一样被当作了智慧的象征。

刘基死后，朱元璋难免有些伤感，他希望刘基的儿子刘琏可以留在京城做官，刘琏请求为父亲守三年孝，朱元璋答应了。到洪武十年（1377）七月，朱元璋命刘琏为考功监丞，很快擢为监察御史，第二年四月升为江西参政。洪武十二年（1379）六月，被胡惟庸党羽逼迫而死，年仅32岁。当然这都是后话。

胡惟庸此时正是异常得意的时候。他除掉了天下第一谋士刘基，将浙东集团几乎是消灭殆尽。不可否认，当时能够完成这项任务的人并不多，胡惟庸从能力上讲也绝非泛泛之辈。但是他有着一个极为致命的弱点，那就是权力欲望太过强烈。

胡惟庸胜利了，但是他并不明白的是他能够取得胜利的真正原因。不是因为他的能力比刘基要强，而是他背后站着朱元璋。而朱元璋之所以选择胡惟庸，也并不是因为胡惟庸有着别人无可替代的能力，而是胡惟庸对朱元璋的威胁可以说是最小的。此时的胡惟庸并没有清楚地认识到这一点。

在打垮了刘基以后，胡惟庸就越发地猖狂，在挤掉另外一个丞相以后，他开始独揽相权，时间长达7年之久。在此期间，胡惟庸贪污受贿，排挤不服从他的人，甚至私自截留奏章，自行决定官员的升迁。令人费解的是，朱元璋对此不闻不问。

那很多人又有这样的疑问，以朱元璋的能力，想要对付一个小小的胡惟庸需要容忍这么多年吗？如果就此认定，那也太小看朱元璋了。在朱元璋眼里，小小的胡惟庸是不足挂齿的，并不需要他耗费多少的精力，而真正让朱元璋思考的是，他要毁灭胡惟庸背后的东西。胡惟庸的背后不是一个人，而是一种制度，这种制度就叫作宰相制度。

在朱元璋心里，宰相制度是一种坏制度，其中最明显的特征就是他在一定程度上限定了皇帝的权力。但是这个制度已经存在了上千年，无论是普通大臣还是百姓，都认为宰相是必不可少的。想要拿掉这个制度，朱元璋必须要等待一个充分的理由，而此时胡惟庸的表现则正是给他这样的机会。

宰相制度

在这里，我们首先来简要说明一下宰相究竟是什么，这是我们理解朱元璋之所以对胡惟庸迟迟不下手的一个重要原因。

首先从宰相这两个字面意思来看，宰的意思是主持，相的意思是辅佐。简单来说，宰相是辅佐皇帝处理国家大政的最高长官。宰相这一职位出现的时间很早，春秋时期，以世卿、世大夫执政，当时所称的相，逐渐成为一个固定官名。到了战国，世卿制度被打破，相职在诸侯国内普遍设置。丞相作为官称，始于秦国，后来也被他国采用。由于春秋战国时期宰相制度的普遍实行，秦始皇统一六国后，在对政治制度进行改革时，便确立宰相"掌丞天子，助理万机"，使之成为正式官制。秦朝的宰相仍沿袭统一前的叫法，称"丞相"。

到了汉初一直到武帝时期，宰相的权力可以说是达到了一个顶峰。丞相在一人之下、万人之上，无所不管，与当时的皇权基本上处于平等状态。萧何、曹参等一批名相出现，在西汉的政治舞台上发挥着重要作用。就在这个时候，相权和皇权之间的矛盾开始暴露出来。由于相权的膨胀使皇权受到威胁，皇帝便想办法制约相权，宰相也就很快迎来厄运。仅西汉初期到汉武帝时期的百余年间，相权虽然很大，但宰相被杀的也达30多人。

为了改变这一局面，整个宰相制度开始进入一个调整时期。不同朝代不同皇帝对此调整的方式都有所不同，但是有一个调整的核心就是分权，也就是由一个宰相变成多个宰相，希望宰相之间形成一种相互制约的关系。

但是无论如何调整，相权和皇权之间的矛盾始终都是无法解决的。到了元朝时期，开始是一省多相制，后改为两省多相制，又以中书省取代尚书省。

那这有了一个问题，既然皇权和相权之间存在着不可调和的矛盾，那么为什么不废除丞相制度呢？在中国的历史上，不乏一些极为英明的君主，他们的智商和能力足以让他们管理好一个国家，但是无一例外地都采用了丞相制度。那这又是为什么呢？

其实道理很简单，那就是现代政治学中所讲的分权制衡理论。作为皇帝本人来讲，任何一个智商稍微正常一点的皇帝从内心深处来讲都是不愿意将自己的权力分给别人的，因为一旦给予别人权力，自己很有可能就处于被制约的境地。但是一个非常现实的问题是，皇帝的精力是有限的，当皇权无限扩大的时候，这种权力和精力的不对等性则必然产生丞相制度。

丞相其实大多时候是没有办法得到皇帝好感的。这其中的道理很简单，丞相虽然是自己任命的，但是他总是给皇帝提意见，甚至有的时候还能够反驳皇帝。这让任何一个皇帝都是无法容忍的。但是，皇帝在大多数情况下是拿丞相没有办法的。即便是罢黜了这个丞相，下一位丞相往往还是这样的做派。尤其是当丞相向皇上提意见的时候，皇帝还要摆出一副乐于接受的姿态。如果皇帝忍不住骂了甚至处罚了丞相，朝廷的士大夫们就有话说了，史官会记载某位丞相敢于直言纳谏，而皇帝则要背上不贤的骂名。

历代的皇帝也都想把丞相这个职位给取消掉，但是皇帝们很快发现了问题。如果要取消掉这个职位，那么所有的事情都要由自己来做了。这样的工作量可以说是惊人的，尤其是在大多数的皇帝看来，当皇帝仅仅是为了有更大的权力进行享受，他没有过度劳累的义务。所以，即便皇帝们看着丞相时心里非常地不爽，但是也不敢贸然取消这一官职。

但是朱元璋不一样，在他眼里，丞相制度已经成为了他行使权力的一个障碍，而他想要做的就是要清除这一障碍。而清除这一延续千年的制度，必须要等到一个让人心服口服的理由，而这一天，朱元璋也在不断等待。

李善长的失误

胡惟庸虽然品行确实存在着缺陷，看待事物往往过于简单，但是他绝对不是一个笨人。跟随朱元璋也不是一天两天了，随着自己的行为一次次地越过了界限，胡惟庸也对那个高高在上的朱元璋的恐惧也越来越深。胡惟庸深知朱元璋的为人，他为了保全自己，想出了一个办法，那就是大量结交党羽。胡惟庸天真地认为，只要自己的同伙足够多，触角足够长，朱元璋就会拿自己没有办法。所谓的法不责众，胡惟庸认为朱元璋再残忍，也不可能将满朝文武全部杀光吧。

已经成为丞相的胡惟庸想拉人下水并不是一件困难的事情。在封官许愿的刺激下，一批重臣都纷纷投靠了胡惟庸。一时间，朝堂之上布满了胡惟庸的眼线。但是此时的胡惟庸并没有觉得安全，在他的拉拢名单之上，还有一个非常重要的人，这个人就是曾经提拔过他的李善长。

胡惟庸想要拉拢李善长的动机有很多，这其中有李善长德高望重的原因，其实还有一个重要的原因就是李善长身上还有朱元璋赐予他的一件宝物，这件宝物就是所谓的免死铁券。明代金书铁券共分为七等，其中公爵分为二等，侯爵分为三等，伯爵分为二等，各等铁券大小不一。《明史·舆服志四》记载：

功臣铁券……其制如瓦，第为七等。公二等：一高尺，广一尺六寸五分；一高九寸五分，广一尺六寸。侯三等：一高九寸，广一尺五寸五分；一高八寸五分，广一尺五寸；一高八寸，广一尺四寸五分。伯二等：一高七寸五分，广一尺三寸五分；一高六寸五分，广一尺二寸五分。

值得注意的是，这张铁券可以说是朱元璋乃至整个明代皇帝给予大臣的最高奖赏。之所以这样说，是由它的功能决定的。按照发放铁券的约定，将来大臣犯法，可以以此来免除自己的死罪。在某种程度上来说，有了这张铁券，仿佛自己就拥有了免死的特权。

事实证明，这只是大臣们的一厢情愿。这张铁券是皇帝赐予的，而皇帝有权决定铁券是否起作用，或者说能够起到多大的作用。换个角度来讲，如果一个皇帝想要收取一个大臣的性命，所能够想到的办法实在是太多了。而仅仅想凭借着一张铁券就保证自己不死，这无疑是一种非常天真的想法。

但是，此时的胡惟庸所能想到的最好的保证自己安全的手段也就是李善长所拥有的两张免死铁券了。虽然胡惟庸清楚地知道自己无法使用，但是一旦攀上李善长这样的开国功勋，以后出现问题的时候，自己所能调动的政治资源也就多了一些。

当胡惟庸企图靠近李善长的时候，李善长很快就识破了胡惟庸的意图。李善长可以算得上是一个极为卓越的政治家，他亲眼看到过无数的英雄豪杰都逐一被朱元璋打败。在他眼里，要和朱元璋作对那只能是死路一条。面对自己挑选提拔上来的胡惟庸，他万万没有想到胡惟庸膨胀的速度是如此之快，也是如此的不自量力，想要在朱元璋的眼皮底下培植自己的势力，甚至还要把自己拉下水。李善长干净利索地拒绝了胡惟庸的请求。

胡惟庸见硬的不行，开始走曲线的道路。而这次胡惟庸工作的对象是李善长的弟弟李存义。李存义是胡惟庸的儿女亲家，所以很快就被拉下水。李存义在得到胡惟庸的好处后就开始不断游说李善长。李善长起初还严厉指责李存义，后来也就习以为常了。最后，李善长说了一句模棱两可但意味深长的话："吾老矣，吾死，汝等自为之。"意思是说，我已经老了，等我死后，你们自己看着办吧。

在拉下李善长后，胡惟庸有些忘乎所以了，认为满朝皆为自己的党羽，甚至萌发了自己做皇帝的念头。他没有想到的是，自己的一举一动早已经在朱元璋的监视之下。

覆灭

历史往往是由小事所引发的,这次也不例外。胡惟庸本人品行就让刘基堪忧,他的儿子就是传说中的恶少。在一次出行中,已经喝得醉醺醺的胡公子不幸坠马,死在了过往的车轮之下。胡惟庸听说此事后,不由分说就将车马夫杀死了。

这件事传到了朱元璋的耳朵里,他命令胡惟庸向他解释这件事情。胡惟庸压根儿没有意识到问题的严重性,倚仗着多年的宠信,胡惟庸在见到朱元璋后没有半点的自责,反而要以金帛抵偿儿子的性命。这更激起了朱元璋内心的反感,并没有同意胡惟庸的请求。在之后发生的事情上,不同的历史书上有着不同的记载,大多是说胡惟庸准备谋反,被人揭发,所以朱元璋最后动了杀心。

事实上,再给胡惟庸一个胆子,他也万万不敢谋反的。这是由当时的条件决定的,他只是一个权臣,没有自己的军队,更没有自己的封地,最重要的是,此时的朱元璋也并非年老昏花。所以从任何一个角度上说,胡惟庸想要谋反的理由看上去并不是那么可信。但是这不是朱元璋所要考虑的内容,他考虑的只是有了导火索和炸药之后,此时他需要的就是一根点燃的火柴。很快,这个机会就到来了。

明洪武十二年(1379)十月,占城国(今越南中部)派出了使节前来南京进贡，并且带上了象马等贡品。掌管中书省的胡惟庸并没有将此事奏报给朱元璋，而是通过宦官得知了占城国使团抵达京城的消息。在今天看来，这属于一起严重的外交事故。朱元璋得知此事后异常愤怒，他责问胡惟庸："朕居中国，抚四夷，以礼待之，今占城来贡方物，尔等泛然若罔闻。为宰相辅天子，出纳帝命，怀柔四夷，就应当如此吗？"

在这个时候，胡惟庸最理智的办法就是承认错误，然后努力去弥补自己的过失。但是他和汪广洋却将这件事的全部责任推给了礼部。在他看来，只要在礼部找个替罪人，自己的位置依然可以高枕无忧。但是这一次，胡惟庸错了，朱元璋并没有去彻查到底是谁的责任，而是采用了一个非常极端的方式，那就是将所有涉事的官员全部抓了起来。这当然也就包括了胡惟庸和汪广洋。

胡惟庸和汪广洋的下狱可以说是一个信号，此时朝中的御史们嗅到了不一样的味道，开始一拥而上，攻击胡惟庸培植党羽，祸乱朝廷。其中言官的代表人物就是当时的御史中丞涂节。他原本是胡惟庸的亲信，但是看到胡惟庸已经进了监狱，于是为了自保就反戈一击，在洪武十二年的十二月提出了胡惟庸毒死刘基的事情。而在这件事上，涂节又说了一句："这件事当时的御史大夫汪广洋应该知情。"就因为这一句话，朱元璋就将汪广洋贬谪到海南，没过多久，朱元璋又改变了主意，派遣官员在路上将其处死。

但是涂节的命运也好不到哪里去，朱元璋在处死汪广洋之后，涂节也被送到了监狱。在监狱中，经受不住拷打的涂节给胡惟庸安了另外一项罪名，这项罪名就是结党谋反。而这，恰恰是朱元璋所想要达到的目的。

剩下的事情就简单了，朱元璋下令处死胡惟庸以及他的那些党羽，并且灭掉了胡惟庸的三族。除此之外，他还下达了另外一道命令，那就是对此事进行深入调查，如果有参与此事的人，若查证属实，一律处死。

于是，历史上著名的胡惟庸案开始了。历史已经一再证明，想要罗织罪名和证据对于中国的官吏来说应该是一项基本技能。于是告发的人越来越多，参与的范围也越来越广。这样下来，胡惟庸案牵涉的范围已经超出了朱元璋的预期。但是朱元璋并没有停止，从洪武十三年（1380）案发开始，他连续命人查了好几年，最后被杀掉的人超过了10000多人。

朱元璋这样做，并不是因为他杀戮成性，而是出于那个不可告人的理由。而这个理由就是撤销丞相。在一片杀戮的氛围中，朱元璋顺理成章地完成了这一目的。在朱元璋眼里，丞相撤除了，天下所有的一切都在自己的掌握之中，然而，他没有意识到，废除丞相对于他的王朝以及后世的子孙而言，后果可以说是灾难性的。

这其中的原因在上文中已经有所讨论，而废除丞相在后世演变成为权力更大的内阁制，这些人除了不享有丞相的称号外，其余的和丞相并没有差别，甚至从权力的划分上比丞相更大。当然这不是朱元璋所能料想到的，这也都是后话。

无论如何，朱元璋通过胡惟庸这颗他自己布下的棋子，完成了自己的夙愿。

大局已定

胡惟庸死了，但是因他而涉及的案子并没有结束。很多人尤其是淮西集团都牵涉其中，但是淮西集团实际上的领袖李善长依然非常的稳固。事实上，群臣也不是没有上奏希望朱元璋能够杀掉李善长，但是朱元璋并没有这样做。李善长见状，以自己年老，希望能够回家养病向朱元璋请辞，朱元璋答应了李善长的请求。

出人意料的是，李善长能够在这场风波中生存了下来。不仅如此，而且他的弟弟李存义和胡惟庸是结结实实的同党。朱元璋也没有杀掉李存义，而是将其流放。这在当时看来已经是朱元璋对李善长莫大的恩赐了。

但是李善长心中是非常地明白，自己的来日已经无多了。多年的陪伴让他太了解朱元璋了，自己毕竟或多或少与胡惟庸有着非比寻常的关系，以朱元璋的性格，他绝对不会放过自己的。而这样的理由很快就出现了。

洪武二十三年（1390），年老的李善长准备给子孙建造一个府邸，也算是置办产业。此时的李善长已经不是当年的丞相了，没有权力去调动别人。但是修房子是需要工匠呀，仔细思考后，李善长想到了带兵的汤和。按理说，汤和与自己是老乡，交情一直也很好。他向汤和请求借给自己300个士兵当作劳工。这在朱元璋眼里似乎是一件再平常不过的事情，然而事情的发展还是超出了李善长的预料。

汤和选择了自保，他一方面将士兵借给李善长，另一方面也将这事秘密奏报给了朱元璋。朱元璋再一次对李善长动了杀念。朱元璋不是不清楚，这300个士兵实在是干不了什么，而且士兵是汤和派出的，能否完全听李善长的指挥还是两回事。但是这已经给了朱元璋足够的理由。

但是李善长继续犯下了错误。他自己的亲信因为犯法而被流放了，李善长却上书为丁斌求情。朱元璋又一次愤怒了，他无法忍受李善长一个已经退休的丞相对自己处理犯人的方式还要指指点点。这一次，朱元璋没有给李善长面子，而是将丁斌关到了监狱，进行日夜拷打。

先严刑逼供丁斌，查出丁斌原在胡惟庸家办过事，知道李存义等和胡惟庸相互勾结的情况，接着下令把李存义父子逮到京师审问。李善长的那句"汝等自为之"也成了朱元璋嘴里出现频率最高的词句。

事情已经至此，凑热闹的人也就逐渐多了起来。御史们也开始纷纷上书，弹劾李善长，纷纷以各种缘由向朱元璋告状。一时间李善长成为了舆论的重点。在重压之下，一个意想不到的部门成为了压倒李善长的一根稻草。这个部门就是钦天监，钦天监的主要任务是负责天文历法。他们向朱元璋奏报，最近天上的星星出现了变化，是不吉利的预兆，然后提出了解决的方法是"当移大臣"。

事已至此，什么也不用说了，那就杀掉呗。在前文中，我们说过，李善长是有免死铁券的，并且不止一张。但是"谋逆"的罪名让李善长无从辩解。

洪武二十三年（1390），朱元璋杀掉了李善长，夷其三族。全家70余口全部走向了刑场。

李善长是一个悲剧性人物。被朱元璋喻之为"萧何"的开国丞相李善长，虽在建国后长达20余年的时间里，高居一人之下、万人之上，他功比萧何，却没有萧何那么幸运能得善终。究个其中原因，既有朱元璋到了晚年，总担心国家天下基业不稳，于是大开杀戒屠杀功臣，也有李善长自己的利令智昏，李善长是在劫难逃。

从史书的记载来看，李善长为朱元璋平定天下做出了极大的贡献。不仅有参谋和后勤保障之才，也具有相当高的军事才能。朱元璋驻军和阳（今安徽和县）时，亲自带领军队去攻打鸡笼山寨，只留下了少量军队让李善长守城。临行，朱元璋告诫李善长道：若敌来犯，坚守不出即可。元将探知和阳兵少，即来偷袭。李善长并未被动守城，而是预先在城外埋伏下奇兵，结果大败来袭之敌。朱元璋回来得知，连连夸奖李善长是个能人。

但是李善长的死却是一个不折不扣的悲剧。李善长死后第二年，虞部郎中王国用上《虞部郎中王国用论韩国公冤事状》，公然为李善长辩解。王国用的奏章如此不留情面地指出李善长之死属于冤案，本应该激怒朱元璋的。可不知是朱元璋良心发现还是觉得天下已定，竟然一点也不怪罪王国用。这也可以从另外一个方面证明，朱元璋对李善长的死还是心存些许内疚的。

第十五章／将星陨落

开国与治国

在历代的开国之君中,有一个无法调和的矛盾就是君主与开国功将之间的关系。从战争的本质上来讲,可以说是一场权力与财富的再次分配。

朱元璋起身草莽,虽然他也知道将士骄奢会败坏军纪,降低战斗力。在一段时间内,朱元璋也曾经以他的治军严肃而自豪,曾以他生长两淮的将士勤苦节俭而标榜。但事实上,在战争的关键时刻,他在鼓励将士奋勇杀敌时所依靠的并不是仁义,依然是重赏重罚,甚至允诺开城劫掠。

所以,对于乱世中的绝大部分将领而言,每一次战役都可以看作是一次升官发财的机会。当年陈友谅大敌压境,刘基所献上的计策就是"倾库府以固士心"。在鄱阳湖大战之后,论功行赏,主要将领常遇春、廖永忠等人都有田地的赐予，其余将士也有金银缎帛的奖励。

平定天下以后，朱元璋开始正式对这些出生入死的将领们进行封赏，除了李善长文人封公以外，其余5员大将分别是魏国公徐达、郑国公常遇春、曹国公李文忠、宋国公冯胜、卫国公邓愈。其余的30名大将位列侯爵。

开国之后，这些功勋卓著的武将都把明王朝的建立看作是自己的功劳，将朱元璋的胜利也就理所当然地分到了自己的身上。皇帝给予他们足够的尊严和特权，但朱元璋忘了一个事实，那就是人的欲望是无穷的。在一个已经相对安定的环境中，诸多的武将并不懂得仁义礼智，他们注定会成为让朱元璋头疼的一群人。

朱元璋分封诸将以后，自己认为已经是非常的丰厚了，但是功臣们却觉得这还不够。于是双方的矛盾其实在朱元璋登基的那一刻起就形成了。对于这些功臣们来讲，反抗朱元璋是不可能的了，那他们只能把自己手中有限的权力进行无限放大。他们征发士兵为自己建造宅院，纵容自己的家奴侵夺他人财产，霸占湖泊和茶园等。

除此之外，在天下完成统一之后，一些将领就放松了对自己的要求，纪律松弛，开始沉湎于酒色。比如在平定陕西和甘肃以后，徐达班师回朝，命令冯胜在前线镇守。但是冯胜却在没有任何请示和报告的情况下擅自回到了京城。朱元璋所器重的将领还有大将军徐达和李文忠，而这两人则时常烂饮狂醉，对防务漠不关心。这种现状也引起了朱元璋的担忧，为此他特意向这二人发布了一道敕令：

将军总兵塞上，偏裨将校日务群饮，房之情伪未尝知之，纵欲如此，朕何赖焉？如济宁侯顾时、六安侯王志酣饮终日，不出会议军事，此岂为将之道？朕今夺其俸禄，冀其立功掩过，如犹不悛，当别遣将代还。都督蓝玉昏酣，悖慢尤甚，苟不自省，将绳之以法，大将军宜详察之。迁民镇修城，非今所宜，况军士疲劳已甚，若又使之力役，不惟供亿艰难，亦恐胡人得乘吾隙，非计之善也。

这个敕令发布的时间是明洪武八年（1375）的正月。而这个时候，各种反明的势力也开始相互勾结，这让远在南京的朱元璋非常地担心。他把自己最信任的徐达和李文忠放在边疆，但是这二人却是如此的表现。此时的朱元璋不知作何感想。

除了这些高级将领之外，各级军官的暴虐和贪婪也是见怪不怪的存在。这些人敲诈普通士兵，危害百姓，以公谋私。这些中下级军官之所以敢如此猖狂，其中一个非常重要的原因就是有他们的上司为其撑腰。

朱元璋的办法

针对这样的行为,朱元璋自然也不会不加以理会。事实上,朱元璋本人是一个非常有远见的人。早在洪武元年(1368)正月的时候,朱元璋手下的功臣们还没有从开国胜利的狂喜中清醒的时候,朱元璋就已经向功臣们提出了自我保全的问题。他说自己不会像古代帝王那样对功臣实行权诈之术,存猜忌之心,而是将这种现实的危险明白无误地表达出来。这其实已经表明朱元璋很早就开始考虑功臣们今后的事宜了。

事实上,朱元璋的担心不是没有道理的。朱元璋所担心的不是某一个将领,所关注的也不仅仅是一人一事,而是这些人背后的武人集团。这种左右摇摆的心态在处理一个人的时候,表现得特别明显,这个人就是永城侯薛显。

薛显是一个典型的武人。他性格暴虐,无法无天,但是在投奔朱元璋后屡立战功,逐渐发迹。但是性格的缺陷让他经常滥杀无辜。明洪武三年(1370)冬,朱元璋大封功臣时,面数薛显擅杀胥吏、兽医、火者、马军及千户吴富的罪状,虽然封薛显为永城侯,却不予免死铁券,谪居海南,并将其俸禄一分为三:一份用于赡养其所杀吴富及马军之家,一份用于赡养薛显母亲妻儿,另一份自用。

当薛显在海南待了一年以后,朱元璋念其善于作战,随后又将其召到了南京,并且给予了免死铁券。此后的薛显又随大将徐达征战漠北,镇守边关,屯田北平，练兵山西。朱元璋对薛显的一打一拉，是一种高明的拉拢手段，同时也是对其他将领的一种震慑。但很可惜的是，朱元璋并没有达到预期的目的。

朱元璋并不是一个愿意轻易服输的人，为了解决这一问题，他想到了案例教学的方式。他曾经把全国中下级官员所犯罪行和处理的结果集结成一本书，叫作《大诰武臣》，专门颁发给武臣们阅读。为此，朱元璋还亲手写了一篇长序，在这篇长序中，朱元璋谴责了那些军官们的恶行，苦口婆心劝告武臣们善待百姓和兵士，以免招来灾祸。

除了案例的宣讲之外，朱元璋还组织了实际教学。在洪武三年（1370）的时候，朱元璋接受监察御史的建议，规定每月初一和十五在上朝结束以后，京城中的官员们要到午门听课。讲课都是精通历史的儒生，讲述的内容就是哪些将帅侍奉皇帝较好，最终保全了自己，哪些将帅则骄奢淫逸、横行不法，最终身败名裂。事情已经明显到如此程度，估计也不用朱元璋强调什么了。

但即便如此，朱元璋还是没有看到自己想要的结果。庞大的武人集团依然是横亘在他面前挥之不去的阴影。在感觉道德已经不起作用的时候，朱元璋想出了另外一个办法，那就是法律。洪武五年（1372）六月，朱元璋发布了一道榜文。这个榜文的名字叫作申戒公侯榜文。这篇榜文很长，其中最重要的内容有如下9条：

其一，凡内外各指挥、千户、百户、镇抚并总旗、小旗等，不得私受公侯金帛、衣服、钱物，受者杖一百，发海南充军，再犯处死。公侯与者，初犯再犯免其罪附过，三犯准免死一次，奉命征讨，与者受者，不在此限；

其二，凡公侯等官，非奉特旨不得私役官军，违者初犯再犯免罪附过，三犯准免死一次。其官军敢有辄便听从者，杖一百，发海南充军；

其三，凡公侯之家，强占官民山场、湖泊、茶园、芦荡及金银铜场铁冶者，初犯再犯免罪附过，三犯准免死一次；

其四，凡内外各卫官军，非当出征之时，不得辄于公侯门首侍立听候，违者杖一百，发烟瘴之地充军；

其五，凡功臣之家管庄人等，不得倚势在乡欺殴人民，违者刺面、劓鼻，家产籍没入官，妻子徙至南宁，其余听使之人各杖一百，及妻子皆发南宁充军；

其六，凡功臣之家，屯田佃户、管庄、干办、火者、奴仆及其亲属人等，倚势凌民夺侵田产财物者，并依倚势欺殴人民一律处断；

其七，凡公侯之家，除赐定仪、仗户及佃田人户已有名额报籍在官，敢有私托门下、影蔽差徭者，斩；

其八，凡公侯之家，倚恃权豪，欺压良善，虚钱实契，侵夺人田地、房屋、孳畜者，初犯免罪附过，再犯住支俸给一半，三犯停其禄，四犯与庶民同罪；

其九，凡功臣之家，不得受诸人田土及朦胧投献物业，违者初犯者免罪附过，再犯住支俸给一半，三犯停其禄，四犯与庶人同罪。

这在后世被称为"铁榜"，因为这个法律文件不是写在纸上，而是用铁铸成的。通过这样细致的规定，我们不难推测，当时武人集团横行的现状已经到了极为严重的程度了。

时间的问题

那就有这样的一个疑问,既然这个武人集团已经妨碍了明帝国的正常统治秩序,那为什么不采取严厉的措施呢?其实,并不是朱元璋不愿意这样做,而是当时的形势实在是不允许他这样做。

首先就是情感上的原因。这些人虽然行为不端,但他们中的绝大多数都是开国的肱骨之臣。和朱元璋本人大多都还是老乡。如果就此屠戮,不仅在心理上难以承受,朱元璋更无法承受道义上的谴责。在帝国尚未稳定之时就杀掉功臣,这时的朱元璋还不敢妄下此决心。

朱元璋之所以一直选择容忍还有一个现实的原因就是这些人现在依然都是有用的。当时,虽然大规模的战事已经结束了,但是整个的政局并不稳定。辽阔的大明王朝可以说处于种种势力的包围之下。对此我们可以简单地细数一下:明王朝的北面是元的大本营,随时准备乘机越过长城一线。东北有元将纳哈出,西部有依附于蒙古部的吐蕃和乌斯藏,西南有云南梁王的割据,其他周边的少数民族也纷纷自立,不服从中央政府的管辖。

面对全国范围内的这种状况,朱元璋还需要这一批能征善战的将士继续平定疆土。所以,面对开国初期这些不法将帅横行的局面,朱元璋也没有太好的解决办法,只能是重举轻落,容忍和包容。但这并不意味着朱元璋可以无期限地容忍下去。

从洪武三年（1370）开始，朱元璋平定周边的战事也就陆续展开了。战争进行得很顺利。洪武四年（1371），傅友德、廖永忠平定四川。洪武八年（1375），辽东守将大破北元太尉纳哈出的入侵，北方边疆暂时保持了安定。洪武十四年（1381），朱元璋发动了对云南梁王的进攻，一年之后平定云南全境。

随着北元残余势力的减弱，少数民族的平定，较大范围内的武装割据基本上扫除干净了。而伴随着政权的不断稳固，武人集团的问题也提上了日程。

此时的朱元璋已经不再考虑老乡情分了，而是将手中的屠刀对准了一起战斗过的伙伴们。很多人没有想到的是，朱元璋选择的第一个目标是德庆侯廖永忠。

廖永忠和自己的哥哥廖永安原本是巢湖水师的统领。跟随朱元璋后一直对朱元璋忠心耿耿。廖永安在太湖水战中失利被张士诚抓获，张士诚多次诱降，但是廖永安誓死不降。朱元璋得知此事后非常感动。廖永安实现了自己的诺言，一直被张士诚关押在姑苏的牢狱中，最后死去。朱元璋追封他为楚国公，后改封郧国公。张士诚被击败后，朱元璋亲迎其灵柩于城郊，葬于钟山。朱元璋对廖永安十分赞赏，爱屋及乌，作为廖永安的弟弟，廖永忠自然受到了朱元璋的特别优待。加上廖永忠本人机智多谋，作战又十分勇敢，很快就成为了朱元璋的水军元帅。

在鄱阳湖水战中，廖永忠的功劳仅次于常遇春。而朱元璋对他的信任也达到了一个顶点。正是因为相信廖永忠不会背叛自己，朱元璋才让他做了一件事，那就是秘密杀掉韩林儿。而对于这个任务，廖永忠也出色地完成了。他没有想到的是，这件事也是自己命运悲剧的开始。

平定张士诚以后，朱元璋给了廖永忠一系列立功的机会。他命令廖永忠为南征副将，会同汤和攻打方国珍。等到平定了陈友谅，大军南下广东的时候，朱元璋特意召回了汤和，而将南征将军的帅印交给了廖永忠，希望他能够独当一面。

但朱元璋高估了廖永忠的政治智慧。他不明白，朱元璋已经对他格外优待了，至于像杀掉韩林儿这样的事情能够永远烂在肚子里才是最好的选择。但是廖永忠却不这么想。在洪武三年（1370），朱元璋准备大封群臣的时候，廖永忠频繁活动，想要打探朱元璋的态度。而他的这种行为无疑让朱元璋心存疑虑。虽然最后朱元璋给了他一个侯爵，但是朱元璋已经对廖永忠的品行有了深深的怀疑。

没过多久，朱元璋忽然想起那个被害死的韩林儿了，这在朱元璋内心多少有些触动。对于这样不光彩的一幕，他自然是要想办法进行掩盖。而要做到最彻底的封口，那最好的办法就是杀掉一直有些不怎么听话的廖永忠。至于理由，对于朱元璋来说已经不是问题了。洪武八年（1375），还没有明白出现了什么问题的廖永忠就此被捕，逮捕的罪名是偷偷穿绣有龙凤纹的衣服，犯了僭越之罪。没有经过任何的审讯，廖永忠就被砍了头。

死因成疑的李文忠

明洪武十七年（1384），李文忠突然死亡，当时年仅46岁。而他的死亡在明代历史上也成为了一桩悬案。

李文忠原名叫作李保保，是朱元璋的亲外甥。在很长一段时间里，李文忠是跟随着母亲到处流浪的。14岁的时候，李文忠在滁州见到了朱元璋，而这一次见面可以说改变了李文忠的命运。

朱元璋此时也没有孩子，于是就将李文忠看作自己的孩子，给他请了老师，教其读书习武。李文忠极为聪颖，学习能力很强。

元至正十七年，也就是公元1357年，当时年仅19岁的李文忠以舍人的身份，率领朱元璋的亲军随军支援池州，第一次作战就立了功，击败在池州的赵普胜的兵，又攻下青阳、石埭、太平、旌德4个县。

一年以后，李文忠会同邓愈、胡大海率军由徽州进入浙江，从元朝军队手中夺得建德，升为亲军都指挥，镇守建德。随后，李文忠开始镇守严州，统一指挥浙西防务。在这期间，李文忠表现出了极高的军事才能。起初，张士诚并没有将李文忠放在眼里，一开始就对其猛烈攻打。李文忠率军于东边的城门抵御，另派将领出小北门，抄小路袭击敌人后路，两军夹击，大破张士诚。但是张士诚并不甘心，过了一个月，张士诚再次进攻，李文忠又在大浪滩打败敌军，乘胜攻克分水。随后，张士诚派遣将领占据三溪，李文忠又率军将其击败。经过这几次的交锋，张士诚再也不敢窥探严州，使得朱元璋免去了南面的危险，从而能够全力进行与陈友谅的战斗。

元至正二十六年，也就是公元1366年，已经消灭了陈友谅的朱元璋率大军讨伐张士诚。李文忠率朱亮祖等攻克桐庐、新城、富阳，然后进攻余杭。攻下余杭后，李文忠便指挥军队离去，驻扎在高楼，并下令：擅入民居者死。在这期间，李文忠手下的一名士兵借用百姓炊锅，被斩首示众，杭州城中因而井然有序。李文忠获军3万，粮食20万，被朱元璋就地加封为荣禄大夫、浙江行省平章事。

洪武初年，李文忠以偏将军的身份配合徐达、常遇春北伐，追击元顺帝，在北伐的过程中也是屡立战功。洪武三年（1370），朱元璋分封诸臣的时候，李文忠被封为曹国公，是开国六公爵之一，并且出任最高军事大长官大都督府左都督。此时的李文忠可以说是达到了人生的顶点，而此时的他只有31岁，可以说是前途无量。

起初，朱元璋对李文忠可以说是做到了"视若己出"，正如史书上记载的，朱元璋和李文忠可以说"以份则君臣也，以亲则甥舅也，以恩则父子也"。由此可见，这两人的关系是非比寻常的。

事实上，朱元璋是一个非常重视亲族关系的人。自从朱文正死后，同朱元璋一同患难过的亲族就只剩下李文忠父子了。在朱元璋看来，自己对李文忠父子多加照顾，或许能够稍微安抚一下姐姐的在天之灵。也正是出于这样的心理，朱元璋还采取了一些实实在在的措施。他免除了李贞，也就是李文忠父亲家乡盱眙的鱼课，在这里不设征收鱼税的机构，其中的目的就是因为李贞曾经是一个渔民，而鱼税曾经使得他们一家人困顿不堪。

此时的李文忠可以说是朱元璋最为倚重的人了。这种倚重不仅是源于血缘上的认同，更是对李文忠能力的一种认同。就李文忠的才能而言，做一个统兵大将实在是绰绰有余，但是朱元璋所能给予的只能是人臣的最高峰了。在朱元璋看来，自己的下一辈中没有一个人能够比上李文忠的，这既让朱元璋自豪，同时他也有些许的担心。

而随着时间的推移，朱元璋越发地感觉到李文忠身上所蕴藏的能量。

首先，李文忠是众多开国武将中唯一有文化的人，并且他的文化水平还不低，史载"颇好学问，常师事金华范祖干、胡翰，通晓经义，为诗歌雄骏可观"。朱元璋深知，鲁莽的武将并不可怕，可怕的是拥有绝世军事才能的人拥有着一颗能够治世的心。更为严重的是，李文忠的地位并不是完全依靠着裙带关系得来的，他所拥有的地位可以说凭借着一场又一场的战斗积累而成，是从一颗又一颗敌人的头颅砍杀出来的，在军中拥有极高的威望。

其次，此时的李文忠还有一个职务，那就是监管国子监。这意味着什么呢？这也就意味着他能够争取到一批支持他的知识分子。这是一种非常危险的信号。

最后，朱元璋对李文忠还有一点不满的是，李文忠竟然还"劝帝少诛戮，又谏帝征日本，及言宦者过盛，非天子不近刑人之义"。这说明了什么问题呢？李文忠和朱元璋的执政理念是不同的。而朱元璋也清楚地知道自己过于严苛，而李文忠的这种"宽仁爱民"的理念不正是一种收买人心的方式吗？

综合上述种种，即便李文忠不是有心的，但是事已至此，以朱元璋的性格来说，李文忠无疑是处在了一个极为危险的境地。

随着朱元璋对李文忠逐渐冷淡起来，针对李文忠提出的意见也爱理不理。甚至有一次，朱元璋派士兵进入了李文忠的府邸中，抓走了李文忠手下的一些儒生。李文忠是个极为聪明的人，种种的迹象让他心惊胆寒，在恐惧之下，他病倒了。这已经是洪武十二年（1379）的事情了。

这场大病持续的时间很长，一直到了洪武十七年（1384），李文忠的病情再次加重。朱元璋得知消息后，派遣太子前去探视并命淮安侯华中监督医生的诊治。这一年的一月二十七日，朱元璋前去看望了李文忠。

朱元璋的到来让李文忠家里人非常高兴，希望皇帝的到来能够给他带来福气。但是谁也没有想到的是，朱元璋探视李文忠后的第三天，这位叱咤战场30多年的大将最终还是撒手而去。这一消息传出，朝野上下一片震惊。不知道李文忠究竟得了什么病，为何又在突然有好转迹象的时候猝然死去。正在朝野迷惘之际，朱元璋下达了一道命令：他将为李文忠看病的医生以及他的家属100多人全部处死，并将华中削爵，流放到了川西。罪名就是毒死了李文忠。

李文忠究竟是因何而死，是不是中毒而亡，如果是中毒，那其中的罪魁祸首又是谁？这已经成为了历史的谜团。在李文忠死亡的案件中，还牵涉出来了另外一个人，这个人就是被朱元璋削掉爵位的华中原本是华云龙的儿子。而这个华云龙则是跟随朱元璋南下定远的24个心腹之一。后随徐达北伐中原，后做了北平镇守兼北平行省参政。但是这个人有一个毛病，那就是妄自尊大。华云龙在镇守元大都的时候，搬进了元丞相脱脱的府邸，甚至使用元故宫内皇帝才能使用的龙床。这让朱元璋非常生气，对其训斥了一番。自此以后，华云龙便不问政事，沉湎酒色。明洪武七年（1374），朱元璋召华云龙回南京，但是不久就死于途中，是自杀还是被杀，始终也是个谜团。

华云龙死后，他的儿子华中世袭了爵位，而朱元璋让他负责李文忠的治疗，生则无功，死则有罪，至于这一切是不是朱元璋的安排，也只有他自己知道了。

蓝玉的时代

朱元璋是一个精力极为充沛的人，他将自己的精力集中在朝廷上的功勋之臣的时候，他的眼光一刻也没有放弃另外一方战场，这个战场就是北元。

在明初的几次战争中，北元的实力受到了极大程度的削弱，但是他们依然有足够的兵力对明朝的边境造成严重的侵扰。在朱元璋眼里，他一直认为蒙古骑兵是整个明王朝最重要的威胁。朱元璋的这种眼光可以说是超前的，为此，他组织了两次远征。远征的时间分别是洪武十三年（1380）和洪武十四年（1381）。

前文中，我们对这两次远征都有一定的介绍，虽然从表面上讲，明的远征取得了胜利，但是尚未对北元形成致命的打击。此时的北元在与明朝的长期斗争中也意识到了一个问题，与强大的明朝正面作战想要取得胜利几乎是不可能的，所以他们也采取了游击战的策略，不断骚扰明朝边境。

　　平心而论，北元选择这样做也是出于迫不得已的原因。在互市没有开放的情况下，蒙古人想要得到中原地区的物产，只有一个方式，那就是抢。更何况这种方式所得物品代价是最低的。

　　朱元璋对于这样的打又打不着，不打又不行的对手十分头疼，痛定思痛后，朱元璋下定决心要彻底消灭北元的主力，让其永远不得翻身。等朱元璋将眼前的问题解决得差不多的时候，他把目光投向了北元，是时候解决这个对手的时刻了。但是朱元璋很快发现一个问题，那就是他手底下能够打仗的将领已经不多了。明初那些名将大部分都死了，当然，朱元璋对此负有不可推卸的责任。在最能打仗的几个人中，常遇春死得最早，自己最信任的李文忠也长期生病，冯胜和邓愈虽然还活着，但是年岁已高，不适合带兵打仗了。

　　朱元璋环顾诸将，他发现只有一个人可以重用，这个人的名字叫作蓝玉。

　　蓝玉的姐姐是常遇春的夫人，一直跟随着常遇春作战。在作战风格上，蓝玉勇猛有谋，非常像常遇春。在开国的战争中，屡立战功，由管军镇抚升任千户和指挥使，后升任大都督府佥事。

　　洪武五年（1372），在朱元璋第二次北征大漠的时候，蓝玉属于徐达的中路军，并且是徐达的先锋官。蓝玉先出雁门关，在野马川（今克鲁伦河，位于今中蒙边境）打败扩廓帖木儿游骑。又打败在土剌河（今土拉河，位于内蒙古乌兰巴托西）扩廓帖木儿的军队，扩廓帖木儿逃去。

　　洪武七年（1374），蓝玉独当一面，率兵北征，突袭兴和（今河北张北），将元守将脱因帖木儿打得狼狈逃窜，俘获元国公贴里密赤等59人。

　　洪武十一年（1378），蓝玉和西平侯沐英一起征讨西蕃的叛变动乱，这次战功之后，朱元璋封其为永昌侯，成为了明朝军功贵族阶层。

洪武十四年（1381），蓝玉以左副将军的官阶，跟随征南将军傅友德、右副将军沐英率领王师30万，向南征讨云南，蓝玉、沐英率领东路军一部分兵将，没有攻打就拿下昆明。至此，盘踞在残元的势力也被消灭了。与此同时，蓝玉又攻占大理，在曲靖擒获元廷平章达里麻，梁王在逃亡途中死去，滇地全部平定。这次战后评功，蓝玉功劳第一，朱元璋增加蓝玉俸禄五百石，而且蓝玉之女被册封为蜀王朱椿妃。这样，蓝玉也就成为了皇亲国戚。

洪武二十一年（1388），当时元顺帝的孙子脱古思帖木儿继承帝位，不断对明朝边境进行侵扰。为了彻底解决这个老对手，朱元璋用尽了手段，也获得了一些成效，但是始终未能根除这个顽强的敌人。

随着朱元璋年龄的增大，也越来越觉得自己必须做点什么了，为了能够给子孙留下一个安定的边疆环境，朱元璋豁出去了。

洪武二十年（1387）的那次对纳哈出的远征可以说消灭了北元在辽东的势力，解决了朱元璋的后顾之忧。在完成这一件战略任务之后，长期的军事直觉告诉他，最后决战的时刻就要到来了。

军人的荣耀

洪武二十一年（1388）的三月，朱元璋交给蓝玉15万大军。单纯从兵力上讲，这和洪武三年（1370）的那次远征兵力几乎相同。唯一有所不同的是，那一次是兵分三路，有三个指挥官，而这一次，蓝玉是唯一的指挥官。这一次，蓝玉的任务就是不惜一切代价，找到北元最后的主力，然后将其消灭。

出征前，年事已高的朱元璋亲自为蓝玉送行，并且勉励他"直抵虏廷，肃清沙漠"。

蓝玉率领着大军出征了。军队出了大宁，来到庆州。此时，有情报传来，说脱古思帖木儿驻扎在捕鱼儿海，也就是今天的贝加尔湖附近。得此消息后，蓝玉当机立断，决定亲率大军向目标前行。

现在打开地图，我们可以发现，蓝玉选择的行军道路是一条异常艰苦的道路。这并不是因为蓝玉没有指挥才能，而是因为蓝玉根本无路可走。这一路要经过草原、荒漠，后勤的运输很难得到保障。最重要的是，在没有精确地图的导航之下，一旦失去了方向，后果将是毁灭性的。

此时的蓝玉也清楚地知道此行意味着什么，但是为了那个最后的目标，他义无反顾。而蓝玉也即将证明自己将是那个时代最为优秀的将领。蓝玉很清楚自己军队的战斗力，也知道这场远征的胜负决定因素不是排兵布阵，而是找到敌人。

很显然，北元也不是好糊弄的。他们很快知道了蓝玉大军出征的消息，和往常一样，北元选择了躲避起来。在茫茫的大漠之中想要找到他们，明军已经吃过太多的亏。蓝玉率领着军队继续前行，虽然他们目标坚定，但是长时期行军还是让明军的信心产生了一丝动摇，最为关键的是，粮食的危机很快就要到来了。

蓝玉召集来了自己最信任的将领王弼，询问当前所处的位置。王弼告诉他已经到了百眼井，距离捕鱼儿海还有40里。看着已经有些疲惫的将士，蓝玉心生退意。但是有一个人坚决反对，他对蓝玉说了这样的一句话："我们率领10多万的士兵，深入漠北腹地，一无所得就匆忙撤兵，将来用什么回复皇上呢？"

蓝玉也在思考着这个问题。他也明白是自己做出决断的时刻了。就此撤退，那这次规模浩大的远征也就是以失败告终，不仅无法面对朱元璋，更无法面对自己。但是要继续前行吗？此时依然没有敌人的身影，将士也面临着危机。如果前面依然没有敌人，那最坏的结果就是十几万人可能困死在这个地方。

前进还是撤退，这是一个艰难的选择。而这个选择权，只能由主帅蓝玉来做最后的决断。蓝玉想了想，所有的兵法和经验在此时已经不起作用了，唯一能够给蓝玉判断理由的就是军人的直觉。这种直觉是无数战场厮杀后的沉淀，也是累累白骨后的提升。

直觉告诉蓝玉，敌人就在附近，他下达了继续前行的命令。已经丧失信心的明军此时又有了一个坚定的主心骨，将士们都以为蓝玉拿到了确定无疑的情报。于是，15万的大军继续出发了，带着蓝玉给予他们的信心。此番前行，蓝玉做了最周密的准备，在接近敌人的时候，一切都是那样地小心翼翼。

史载"军士穴地而炊,毋见烟火",也就是说连做饭都要在低处挖个洞,防止烟火冒出来被敌人发现。这些细节无一不表明一个问题,这是一支注重细节的可怕军队。

当大军到达捕鱼儿海的时候,蓝玉的直觉是对的。这里有北元大军的踪迹,但是究竟是不是主力,蓝玉并不清楚。但是无论如何,蓝玉需要一场胜利,这不仅是为了鼓舞士气,还是为了获得足够的给养。蓝玉没有丝毫的犹豫,他立刻命令王弼为先锋,向北元军队的方向前行,务必全歼这股部队。

反观北元这边,他们一直认为明军缺乏水源和粮草,不能深入进击。这是一种事实,也是长期与明军之间进行战争时所总结出来的智慧。但是这一次他们错了,更为不幸的是,此时的老天也没有帮助他们。在王弼逐渐靠近北元军队的时候,狂风大作,卷起了漫天的黄沙,能见度一下子变得非常低。当蓝玉的十多万大军宛若神兵降临在北元皇帝营帐的时候,北元士兵惊呆了,瞬间丧失了反击能力。事实上,他们也没有什么可反击的,正如一群饿狼见到了久违的羔羊,剩下的事情只有屠戮了。

这次战役可谓战果辉煌,除了逃跑的元帝和太子之外,蓝玉俘获了次子地保奴、妃嫔、公主不下百余人,后又追获吴王朵儿只、代王达里麻及平章以下官属3000人、男女77000千余人,以及宝玺、符敕、金银印信等物品,马、驼、牛、羊15万余头。这还不算,蓝玉又攻破了元宰相哈剌章的营地,俘获了大量的人畜。

这次胜利,可以说是自洪武三年(1370)李文忠应昌大捷以后对北元的最大规模的胜利。这场胜利也是一个重要的转折点,它使得蒙元内部开始分裂,奠定了北方边疆的安宁。

胜利的消息传到了朱元璋耳中,朱元璋心中最大心愿就此了结。他说出了自己一生中对手下将领的最高评价,那就是将蓝玉比作历史上大破匈奴的名将卫青和李靖。

这场胜利可以说是蓝玉生涯的顶点,但是历史经验告诉我们,顶点过后就是下滑的轨迹,蓝玉也并不例外。

性格之后的黑幕

大胜而归的蓝玉似乎有些忘乎所以了。就在取得这场大胜归来的途中,蓝玉性格中傲慢的因素开始显现出来。

首先,他开始侵吞战争财产,公开向投降的元人索要牲畜和妇女,甚至霸占了元帝妃子,而这个女人性格也十分刚烈,自缢而亡。

其次,在蓝玉班师回朝的途中,夜晚抵达了喜峰口。按照当时的规定,夜晚时候关门是关闭的。当听说蓝玉大军前来的时候,守关的官员连忙准备开门。但是此时的蓝玉做了一件谁也想不到的事情,那就是命令士兵捣毁了关门,强行进入关隘之中。

这两件事情让朱元璋非常地生气,但是考虑到蓝玉此次远征功劳甚大,于是就暂时容忍了。为了警告蓝玉,他原本封蓝玉为梁国公,后改封为凉国公。如果蓝玉稍微有些政治头脑,他都明白此时朱元璋态度的转变。但是蓝玉并没有意识到这一点,他把朱元璋的容忍看成是对自己行为的纵容。而这种错觉,很快就让蓝玉吃到了苦头。

而悲剧的开始有很多种说法，其中最广泛的一种说法就是蓝玉被杀和燕王朱棣有很大的关系。朱棣是朱元璋的第四个儿子，也是从性格上和才能上与朱元璋最为相近的一个。在前文中我们说过，蓝玉是常遇春的内弟，而常遇春的女儿又是当时太子朱标的妃子。鉴于这样的关系，蓝玉和太子的关系是很好的。在出征纳哈出回来之后，蓝玉找到太子，说燕王朱棣有帝王气概，希望太子小心。而太子并没有将这话放在心上，而是在一次闲聊中将蓝玉的话告诉给了朱棣。

朱棣听闻此言后，内心对蓝玉十分忌恨，于是朱棣在朱元璋的面前狠狠将蓝玉告了一状。朱棣的刺激让朱元璋开始下定决心收拾骄纵不法的蓝玉了。

抓捕蓝玉的罪名是谋反，而这也是洪武年间四大案的最后一案——蓝玉案。

中间的过程是不用赘述的，酷吏表演的时间到了，他们不知道用了多少办法，最终从蓝玉口中得出了一份准备造反的供词。而朱元璋也绝不会就此罢休，以谋反为线索，不断地向下查，最终查出蓝玉的同党有15000多人。这是一个非常恐怖的数字，最重要的是，这个数字中所涉及的一些人。据后人统计，在整个蓝玉案中，除了蓝玉这个公爵之外，一共有13个侯爵、两个伯爵以及更多的中下级军官。最为神速的是，整个蓝玉案从蓝玉被捕一直到最终数万人惨死结案，前后只用了数月的时间。而关于这次的案件，大部分的原始资料都集中在朱元璋编写的《逆臣录》中。

但是在历史的重重迷雾之中，我们可以知道，朱元璋之所以这样做，肯定是有着自己的目的。而这个目的的核心就是权力。

朱元璋清楚地知道，蓝玉无疑是一个极为能干的将领，而这个将领也只有自己能够掌控。但是随着自己年龄的增大，他的下一辈恐怕将无能为力。

为了能够使自己的后代安稳地坐在龙椅之上，朱元璋只能采取一个极端的方法，那就是杀掉。从待遇上，朱元璋并不是一个刻薄的人，但是他绝对是一个小心翼翼、不允许有任何不稳定因素存在的人。为此，他不惜杀掉胡惟庸，杀掉蓝玉。而蓝玉本身就是皇亲国戚，他武人的性格是惹朱元璋生厌的一个重要因素，而背后朱元璋的担忧才是他被杀的真实原因。

壮烈的傅友德

随着蓝玉的人头落地，朱元璋所封的公爵中只有宋国公冯胜、颍国公傅友德和信国公汤和了。而对于这些伴随着朱元璋出生入死的老友，朱元璋并没有放下杀戮的屠刀。

首先来说傅友德，他的死亡可以用惨烈甚至壮烈来形容了。

傅友德并不是最早一批投奔朱元璋的人，他原本只是农民，后因无法生存，投奔红巾军。先后在明玉珍和陈友谅任职。当年陈友谅杀掉徐寿辉，傅友德对陈友谅极为不满，于是率众投奔了朱元璋。而朱元璋得知傅友德久经沙场，又同属红巾军，于是让其跟随常遇春作战。

傅友德成名是在鄱阳湖水战之中。他驾轻舟挫败陈友谅军前锋。多处受伤，却愈战愈猛，又在泾江口拦击敌军。元至正二十四年（1364），朱元璋攻打武昌，但是久攻不下。朱元璋手下诸将相互观望，不愿前进。傅友德率数百人一鼓先登，面颊虽中一箭，并未因此退却，拔箭再战，继而肋下又中一箭，仍不为所动，终夺高冠山。第二年，傅友德随常遇春进行了安陆之战，在这场战役中，傅友德身中9处伤，但是没有丝毫的退缩，最终生擒安陆守将。

傅友德虽然勇猛，但是绝非匹夫之勇，而是深谙兵法。这一点在以后的作战中屡次得到证实。

明洪武三年（1370），朱元璋大封功臣的时候，傅友德以其超群的武略，席卷天下之大功被封为颍川侯，食禄一千五百石，赐免死铁券，子孙世袭。

明洪武四年（1371），朱元璋任命傅友德为征虏前将军，与征西将军汤和分道伐蜀。傅友德极为出色地完成了自己的任务，抢占了成都，为平蜀立下了头功。

明洪武五年（1372），傅友德随征西将军冯胜北征大漠。当时，朱元璋共派出三路大军北伐，唯独只有傅友德大获全胜，七战七捷，创下传奇式的战功。

在此后的很长一段时间里，傅友德都在北方守护着大明王朝的安全。

明洪武十四年（1381），朱元璋命傅友德为征南将军，蓝玉、沐英为副将军率兵30万远征云贵。在远征云贵的过程中，傅友德表现出了非凡的驾驭全局的才能。从大军出师到最后的云南平定，前后所用的时间也就3个月。而平定后的云贵秩序稳定，政权平稳，将这一地区纳入了大明王朝的正确管辖内。

明洪武十七年（1384），朱元璋开始论功行赏，晋封傅友德为颍国公，食禄三千石，再次授予免死和世袭铁券。

蓝玉被捕后，傅友德的老部下定远侯王弼前来看望傅友德。在这次谈话中，王弼说了一句话："上春秋高，行旦夕尽我辈，宜自图。"意思是说皇上年事已高，说话办事让人难以捉摸，眼下这件事（蓝玉案）牵涉了大量的文武将领，我们应该自己找寻出路了。这种绝密的谈话最终还是落到了朱元璋的耳朵中。此时的朱元璋索性要把事情做绝。

明洪武二十七年（1394），朱元璋大宴群臣。宴会之上，朱元璋忽然说对傅友德的二儿子傅让有些不满。此时的傅友德站起来，准备打算当场赔罪。还没有等傅友德说话，朱元璋就开始责怪傅友德不守规矩。傅友德无言以对，朱元璋随即让傅友德将自己的两个儿子带来。当傅友德走到大殿门口的时候，门口的卫士又传旨，让其带两子的首级来见，并赐予傅友德一把宝剑。

傅友德明白了自己的命运，杀死自己两个儿子后，他提着两颗首级来到了大殿。朱元璋见状装起了糊涂，故作惊讶地说道："你怎么这么残忍，你能忍心吗？"傅友德并没有答话，而是冷冷地看着龙椅上的朱元璋。傅友德说了一句："你想要的不过是我们父子的人头罢了！"说完，拔剑自刎而亡。

这个场面是朱元璋没有料想到的，他原本是想成为审判者，实际上却成为了被审判者。傅友德的举动让朱元璋暴怒不已，他立即下令查抄傅友德的家产，将傅家所有男女全部发配辽东、云南。唯一能够幸免的是傅友德的孙子傅彦名，他是已经死去公主的儿子。可能是亲情的关系，朱元璋让他留在了京城，后来做了金吾卫千户。

虎啸生风，叱咤南北战场的傅友德就这样刚烈地结束了自己的一生。而他死亡的方式也不禁让人叹惋。

开国大将们最后的命运

朱元璋环顾殿下,而下一个目标就是冯胜。冯胜是定远人,他和自己的兄长冯国用都是热爱读书,通晓兵法。在朱元璋行军到妙山的时候,冯胜随兄长一同归附,受到重用。冯国用累立军功,升至亲军都指挥使,去世后由冯胜袭其官职,典掌亲军。

冯胜是属于典型的在战争中成长的将领,在跟随朱元璋的初期,他也犯下了一些错误,但是他很快就戴罪立功。攻克湖州和平江的过程中,冯胜功劳仅次于平章常遇春,再升为右都督。

洪武初年,冯胜一直在北方作战。尤其是在洪武五年(1372)的出征中,战功显赫。但是冯胜贪心太重,在凯旋的途中私自藏匿俘获的马匹等物资,因而功过相抵。此后,冯胜多次前往临清、北平练兵,率军出大同征讨元朝遗部,镇守陕西及河南。其女被册封为周王妃。

徐达和李文忠死后,冯胜成为了朝中第一员大将。洪武二十年(1387),朱元璋任命冯胜为征虏大将军,目的是征讨纳哈出。这一仗虽然历经了一些波折,但是最终依然达到了朱元璋预期的目的。

洪武二十一年(1388),冯胜奉诏调遣东昌番兵征讨曲靖。番兵中途反叛,冯胜镇守永宁,进行安抚。洪武二十四年(1391),冯胜的儿子冯谅与奴仆打死人命,还威胁地方官不准举报。但是这件事最终还是让朱元璋知晓了。

刑部判处冯谅死刑，而朱元璋念及冯胜功勋卓著，赦免了冯谅的死罪。至此以后，冯胜略有收敛，但是仍然不甘寂寞，仗着自己的军功横行乡里。而他的这一切都被朱元璋看在眼里，朱元璋对他的不满也越来越加深了。

洪武二十八年（1395）正月，这一年的春节刚刚过去，一件小事最终让这位骄横的大将丧命了。事情的起因是这样的，冯胜和他的妻弟樊父因为在下棋的时候相互戏谑而恼怒。樊父把冯胜摆出来的金银器皿抢在手里不想归还。冯胜无奈，只得将官司打到了朱元璋那里。樊父诬陷冯胜在打谷场埋藏有兵器，图谋不轨。没等冯胜开口解释，朱元璋便阻止了他，赐予他一杯准备好的酒。冯胜看着酒杯，很快就知道这意味着什么。

冯胜死后，朱元璋下令他的后代不允许世袭他的爵位。此时的时间是洪武二十八年二月初三，距离傅友德自杀也仅仅过去了两个月的时间。冯胜死后，朱元璋的最后一块心病也了却了。

事实上，在朱元璋所封的所有公侯勋爵中，洪武一朝没有病死也没有被杀死的只有两个人，这就是长兴侯耿炳文和武定侯郭英。在洪武二十三年（1390）以后病死得善终的人也并不多，而最终能够保全性命的大将只有沐英、汤和、耿炳文和郭英4个人。

第五篇 / 帝王家事

第十六章／王的女人

马皇后

洪武十五年（1382）八月，朱元璋悲痛欲绝，一向冷静的朱元璋也无法抑制住自己内心的情感，号啕大哭。这个人不是别人，正是朱元璋的原配夫人马皇后。

根据史书记载，马皇后的先祖曾经是安徽宿州的大户人家。他的父亲马公家住新丰里，由于乐善好施，所以家业日渐贫困。马皇后的母亲姓郑，但是在1332年生下马氏不久就去世了。郑氏离开以后，马公也没有再娶，而是将马氏视为掌上明珠。马氏自幼聪明，能诗会画，尤其喜欢阅读史书，但是性格也比较倔强。

马皇后的父亲马公因为杀人避仇，最终逃亡他乡。在临行前将自己的爱女托付给自己的生死之交郭子兴。郭子兴对马氏视同己出，后来听说马公客死他乡，越发可怜此女孤苦，收为养女。马氏在郭家表现很好，举止从容，所以郭氏夫妇一直很钟爱马氏，想要给她找一个好夫婿。

当朱元璋前来投奔郭子兴后，朱元璋表现出来的才华让郭子兴十分满意。久而久之，郭子兴见朱元璋是个人才，对自己的事业将会有很大的帮助，于是便把养女马氏许配给了朱元璋。有了这层关系，朱元璋更是如鱼得水，很快发迹。

在这段时间里，发生了一件让朱元璋一生难忘的事情。在民间传说中，当年朱元璋还在郭子兴手下任职的时候，郭子兴有两个儿子，非常忌恨朱元璋的才能。这二人便在郭子兴面前诬陷朱元璋企图谋反。郭子兴便把朱元璋关了起来。郭子兴的儿子想要借此除掉朱元璋，就暗自告诉下人不给朱元璋饭吃。而朱元璋的夫人马皇后得知此消息后，在厨房里偷偷烙好了饼揣在怀里偷偷送给朱元璋。由于饼太热了，烫伤了马皇后。但是马皇后一点也不在乎。

在战争年代，马皇后也为朱元璋最终夺取天下做出了自己应有的努力。早在朱元璋还为郭子兴效命的时候，郭子兴对朱元璋的猜忌之心一直不减。马皇后见此情形，为了保障朱元璋的安全，马氏把自家财产送给养母张夫人和郭子兴妾张氏，请她们在义父前给干女婿说点好话，以弥补裂痕，使得朱元璋能脱离困境。

朱元璋与陈友谅交战的关键时刻，陈友谅重兵来袭，不少官员和百姓都准备逃难。就在这种人心慌乱的紧急时刻，马氏镇定如常，把自己的金帛全都拿出来犒赏士兵，稳定了军心，为朱元璋获得胜利起了重要作用。

马皇后原本识字并不多，为了替朱元璋做一些机密事情文书的保管和记录，就努力学习文化。她把一些懂得诗书的女眷请为自己的老师，先从启蒙读物开始，最终能够略通大意。至此以后，马皇后办事也就更加的干练，成为了朱元璋离不开的贴身秘书。凡是朱元璋交代的事情，她总是打理得井井有条，使得朱元璋免去了许多的心思和操劳。

朱元璋在应天登基以后，正式册封马氏为皇后。

后宫的典范

开国之后，马皇后贵为后宫之主，但是她并没有就此享乐。在她的眼中，尊贵无比的朱元璋只是自己的丈夫。她仍然亲自操办朱元璋的膳食，就连皇子皇孙的吃饭穿衣，马皇后也亲自过问。当一些嫔妃被宠幸得孕的时候，皇后加倍体恤。而当一些嫔妃有的时候背离朱元璋意思时，马皇后则设法从中调解。

在管理后宫上，马皇后注意借鉴前朝的经验。她觉得宋朝有许多贤惠的皇后，便命女史摘录她们的家法，经常翻阅查看。有人说，宋朝的皇后太过仁厚了吧？马皇后反问道："过于仁厚，难道不比刻薄更好吗？"

开国之后，朱元璋对自己的妻妾要求极为严格，决不允许她们干预政事。对此，马皇后表现出来的风度和品格足以让朱元璋动容。朱元璋称帝以后，为了报答马皇后长期以来对自己的恩情，对她长期的孤苦表示安慰，朱元璋决定寻找马皇后的族人，并且准备授予他们官职。而马皇后得知这个消息后，非但没有同意朱元璋的好意，而且还向朱元璋说了这样的一段话：

>国家官爵，当用贤能。妾家亲属，未必有可用之才。且闻前世外戚家，多骄淫不守法度，每致覆败。陛下加恩妾族，厚其赐予，使得保守足矣。若非才而官之，恃宠致败，非妾所愿也。

这段话之所以要单独用原文标注出来，是想说明马皇后说此番话的分量。这段话翻译出来是这样的意思：国家的官爵应该授予那些有贤德和有才能的人。妾家的亲属未必有可用之才。何况我听说前代的外戚之家往往因为骄奢淫逸、不遵守法度而最终家破人亡。如果陛下真的要加恩于我的家族，给他们一些赏赐就够了。如果没有才能而依靠我而加官，势必恃宠骄横，这对国家是很不利的，也不是我希望看到的。

马皇后的这番议论可以说极为坦荡又极为合理，朱元璋对此极为赞赏。有了马皇后做表率，其他的嫔妃自然也就不敢倚仗着朱元璋的宠幸而为自己的父兄邀官求爵。

朱元璋对官员们的奢侈之风非常不满，一心想让官员们能够节俭一些。马皇后非常支持朱元璋的举动，并且率先做好垂范。平时的时候，马皇后总是身穿很粗糙的衣服，而是洗过很多次，接近于破旧的衣服。一次偶然的机会，马皇后听说了元世祖的察必皇后煮弓弦织帛衣的故事，大受启发，就命人在后宫架起织布机，亲自织些绸衣料、缎被面等物品，赏赐给那些年龄很大的孤寡老人。对于剩余的布料，马皇后则将其裁剪成衣裳，赐给王妃公主，并且向她们解释说道："你们生活在富贵之家，不知道纺织的难处，要懂得爱惜财物。"

除此之外，遇到灾荒的年景，马皇后亲自带领嫔妃吃素，向上天祈祷。北征的大军在攻克了元大都以后，以前元皇宫内的大量宝物都运送到了南京。此时，整个皇宫一片欢腾，而马皇后表现得却是异常的冷静。她从这些战利品中看到了另外的一些东西。她对朱元璋说："元朝的这些东西，最终还是流散了。我想，帝王是不是有比珠宝更为贵重的宝物呢？"朱元璋立即领悟到了马皇后的言外之意，他想了一会儿说："你所说的是以贤为宝吧？"马皇后拜谢道："正如陛下所说的那样，妾与陛下从贫贱中走过来，好不容易有了今天，常常害怕奢侈带来骄纵，细微处隐藏着危亡。所以愿得到贤德的人与皇上一同治理天下。"朱元璋对此深表赞同。马皇后又对朱元璋说："法屡更必弊，法弊则奸生；民数扰必困，民困则乱生。"意思是说法律不可以经常变更，经常变更就会变得残破无用；百姓也不能够被经常搅扰，经常搅扰就会使得百姓难以为生。

从马皇后对朱元璋的言语劝说中，我们可以得出这样的一个结论：马皇后的治国策略其实更接近于道家。这从史书上的一个记载也能够看出，马皇后曾经问女史官："黄老之学是什么，汉朝的窦太后却非常地喜欢？"女史说："黄老之学把清静无为作为根本。像弃绝仁义，让老百姓注重孝顺友爱，这就是它的教义。"马皇后说："孝顺友爱就是仁义，难道有让人弃绝仁义却去讲究孝顺友爱的吗？"

在朱元璋大刀阔斧进行改革和冷酷行为的时候，马皇宫的仁德可以说是对朱元璋矫枉过正的一种修复。

后世的纪念

朱元璋在前殿中处理国事，有的时候难免感情用事。而马皇后在等到朱元璋回到后宫后，常常根据事理对朱元璋进行劝阻。虽然朱元璋性格刚烈，做事往往不计后果，但是因为马皇后劝阻而最终能够免于刑法的人并不在少数。其中最有名的当属宋濂。

宋濂是朱元璋手下著名的文臣，也是一位很优秀的学者。朱元璋给宋濂一个非常重要的任务，那就是当太子朱标的老师。而最后的结果是，宋濂很好地完成了朱元璋交与他的任务。在宋濂的教导下，朱标和朱元璋完全不同，为人十分宽厚。后来，宋濂又被朱元璋委任修元史，担任总裁官。

朱元璋对宋濂没有好感也谈不上反感。在朱元璋眼中，宋濂就是一个普通的文人，写点文章，做做学问还行，并不能给他出谋划策。所以宋濂虽然很早就跟随了朱元璋，但是朱元璋授予他的最高职位也只是小小的翰林学士，一个五品的官职。朱元璋虽然没有对宋濂加以重用，但是却相当信任宋濂。这其实很大程度上是由宋濂的个性导致的。在朱元璋手下众多的文人之中，宋濂是有名的老实人，无论遇到什么事，从来都是实话实说。朱元璋曾经为此感叹："宋濂伺候我 20 年，没有说过一句假话，也没有说过一句别人的坏话，真是个贤人啊。"宋濂退休的时候已经 68 岁了，朱元璋送给宋濂一块布料，嘱托他 32 年后，拿这块布料做一件"百寿衣"，这让宋濂异常地感动。

但是没过多久,宋濂的孙子因为被指认参与到胡惟庸案中,朱元璋不远千里将宋濂召回到京师,想要杀掉宋濂。马皇后知道此事后,对朱元璋进行了这样的劝说:"普通百姓家为孩子请老师,尚且将尊师之礼奉行一生,何况我们天子之家呢?况且宋濂住在家里,一定不知道实情。"此时的朱元璋已经听不进去劝告了,非要杀掉宋濂。于是,马皇后在侍奉朱元璋吃饭的时候,马皇后不饮食酒肉,朱元璋很好奇地问为何。马皇后回答说是为了宋先生做福事。朱元璋见此状况内心也感到十分凄然,第二天就赦免了宋濂的死罪,把他安置到茂州。

这样的例子在史书中还有很多的记载。参军郭景祥守卫和州,有人告密说他的儿子拿着槊想杀他的父亲,朱元璋听后大怒,想要杀了郭景祥的儿子。马皇后说:"郭景祥只有一个孩子,别人告密的也许不是实际情况,杀了他恐怕就会断绝郭景祥的后代。"朱元璋认真了解情况后,发现他果然是冤枉的。

朱元璋曾经出了一项政策,那就是让重刑犯修筑城墙。马皇后在得知此事后向朱元璋进谏说:"通过罚劳役来赎罪,这是国家对待犯有重罪的囚犯的最大的恩惠,但本来就疲惫的囚犯如果再加重劳役,恐怕仍免不了死亡。"朱元璋于是就将这些犯人赦免了。

马皇后虽然长期生活在后宫之中,但是她清楚地知道人才的重要性。一次,朱元璋从太学视察回来,马皇后就问朱元璋太学里有多少学生,朱元璋回答说有数千人。马皇后感慨地说:"数千太学生,也可以算得上是人才济济了。可是太学生虽然有生活补贴,但是他们的儿女靠什么生活呢?"针对这种情况，马皇后在征得朱元璋同意，然后征集了一笔钱粮，专门用来供养太学生的妻子儿女，太学生对此异常感激。

洪武十五年（1382）农历八月，马皇后一觉过后感觉身体不适，后来竟然越来越严重了。群臣请求为马皇后祈祷祭祀，求得太医院的良医诊治。马皇后对朱元璋说："死生都是命运的安排，祈祷祭祀又有什么用处呢？况且医生又怎能使人活命！如果吃药不能见效，恐怕会因为我的缘故而降罪各位医生吧？"

随着病情的加重，朱元璋问马皇后还有什么要说的，马皇后在自己生命的最后时刻说出了自己的遗言：

愿陛下求贤纳谏，慎终如始，子孙皆贤，臣民得所而已。

一代贤后的风貌就此显现。马皇后死后，朱元璋异常伤心，并决心不再立后。很快朱元璋颁《大行皇后谥册》：

皇帝制曰："*皇后马氏，亘古帝王之兴淑德之配，能共致忧勤于政治者盖先克开泰寰宇，福被苍生。惟后与朕启自寒微，忧勤相济，越自扰攘之际，以迄于今，三十有一年。家范宫闱，母仪天下，相我治道，成我后人，淑德之至无一加矣！朕意数年之后，吾儿为帝，当与后归老寿宫，抚诸孙于膝下，以享天下养。何期一疾弗瘳，遽然崩逝，使朕哀号不胜痛悼！虽然，有生必有死，天道之常，后虽崩逝，而后之德不泯者存！谨遵古谥法，册谥皇后曰'孝慈'。于戏！公议所在，朕不敢私，惟灵其鉴之。*"

马皇后的去世，也使得宫廷内外一片哀伤。特别是那些受过马皇后恩惠的宫女，一个个哭得都非常伤心。她们感谢着马皇后给予她们的仁慈和保护。一些女官将思念马皇后的情感写成了一首歌，很快就在宫中流传开来了。这首歌的歌词是这样的：

　　我后圣慈，化行家邦。抚我育我，怀德难忘。怀德难忘，于万斯年。毖彼下泉，悠悠苍天。

　　史书上还记载，在马皇后出殡那天，应天百姓几乎倾城而出，自发为她送葬。时值盛夏，那天忽然电闪雷鸣，下了一场瓢泼大雨，那扶老携幼的众多百姓在大雨中恸哭，竟然没有一个回家躲雨的。

　　马皇后无疑是朱元璋生命中最重要的女人，在朱元璋杀戮成性的时刻，她总是以一种女性的慈爱和善良守护着无辜的性命。在后世流传的种种画像中，马皇后不是一个非常美丽的人，但绝对是一个极富人格魅力的人。在她有限的生涯里，她对朱元璋的矫正可以说是让整个大明王朝有了不一样的颜色。而她的历史事迹也值得后人为其立传，无愧于一代贤后的称号。

朱元璋和他的嫔妃们

在夺取天下之前，朱元璋主要的精力都是在军事之上，纳妾并不多。史书上记载的主要是后来被封为成穆贵妃的孙氏和宁妃郭氏。孙氏是陈州人，父母亡故后随着二哥孙蕃在扬州逃避兵祸。青军元帅马世熊攻下扬州后收孙氏为义女，后青军人马归附朱元璋，朱元璋就迎娶了时年18岁的孙氏。朱元璋称帝后，孙氏被封为贵妃，位在众妃之上。非常不幸的是，孙氏去世的时间比较早，在32岁的时候就死了。朱元璋对这位孙氏还是非常有感情的，孙氏死的时候并没有子女，朱元璋命令周王朱橚为她穿戴为生母去世而穿的孝服，并守孝三年，并且让太子、诸子为她服重孝。朱元璋还令儒臣作《孝慈录》记载孙氏事迹，并赐孙氏的哥哥每年田租300石，为孙氏守墓。

宁妃郭氏是濠州郭山甫之女。据说郭山甫善于相面，朱元璋没成事之前曾到郭山甫家，郭山甫一见之下便大惊，认为朱元璋的面相贵不可言。于是他便派自己的两个儿子过江跟随朱元璋，并把女儿送到朱元璋身边随侍。而在朱元璋称帝后，郭氏被封为宁妃。

朱元璋是一个很自律的人，在夺取天下之前的妻妾并不多。这是有着深刻的社会原因的。朱元璋生活在元末那个群雄逐鹿的时代，亲眼看到过他们的成功，也见过他们的覆灭。在那样的环境里，群雄以争夺子女玉帛为先，以拥有良骑美服为上，以酣歌作乐为奇，以拆散别人的父母妻子为乐。但是朱元璋对此有着极为清晰的认识，他不仅要保住自己的性命，更要成就一番伟大的事业。在这种信念的支持下，朱元璋与那些心无大志，追慕美女和钱财的人有着很大的区别。朱元璋在争夺土地、拓展自己疆土的时候，他在军中从未曾亡将妇人女子据为己有，只有在攻克武昌的时候，出于对陈友谅长期对抗的报复，将陈友谅的妾带了回来。但是朱元璋很快就意识到了这样做的严重后果，很快就遣散了那名女子并且对自己的行为深感后悔。除此之外，朱元璋在这一方面对自己的约束可以说甚至有些偏执了。攻打婺州时，他的侄子进献了一名聪慧能诗的绝色女子给他，没想到朱元璋为表明自己不以女色为心的态度，竟然下令将这名女子处死了。

朱元璋在称帝以后，按照正常的规定可以名正言顺地选取民女进宫。而至此以后，朱元璋后宫的妻妾也逐渐开始多了起来。《明会要》记载，洪武十四年（1381），"敕谕苏、松、嘉、湖及浙江、江西有司，民间女子年十三以上、十九岁以下，女人三十以上、四十岁以下无夫者，愿入宫备使令，各给钞为道里，送京师。"而在《皇明祖训》中规定："凡天子及亲王后妃宫人等，必须选择良家子女以礼聘娶，不拘处肃，勿受大臣进送，恐有奸诈，但是娼妓不许狎近。"

朱元璋本人对后宫的管理非常严格，加之马皇后也是一名非常贤德的皇后。朱元璋在位期间的后宫可以说是异常平静。早在洪武元年（1368），也就是朱元璋刚刚登基不久，朱元璋就命令翰林儒臣编修《女戒》，作为教育宫中女子的读本，并告谕学士朱升：

治天下者，正家为先。正家之道，始于谨夫妇。后妃虽母仪天下，然不可俾预政事。至于嫔嫱之属，不过备执事，侍巾栉。恩宠或过，则骄恣犯分，上下失序。历代宫闱，政由内出，鲜有不为祸。惟明主能察于未然，下此，多为所祸。卿等其纂《女戒》及古贤妃事可为法者，使后世子孙知所以持守。

由此可见，朱元璋对于那些可能产生的种种复杂问题还是有着极为清醒的认识的。一直到了朱元璋生活的晚年，他依然在颁布的《皇明祖训》强调："凡皇后止许内治宫中诸等妇女人，宫门外一应事外毋得干预。"

事实上，朱元璋性格非常暴烈，除了自己的原配夫人马皇后以外，朱元璋本人对于这些妃子并没有多少的情感。加上朱元璋给这些嫔妃制定了非常严苛的制度，导致了很多嫔妃获罪被杀。这其中的典型就是鲁王母郭宁妃、唐王母李贤妃、伊王母葛丽妃都是因为触怒朱元璋而被处死的。这3个人被处死以后，朱元璋将其用大箩筐装了起来直接埋在了京城的太平门外。没过多久，朱元璋的怒气渐渐消散了，他派人去重新装殓安葬，却发现尸体早已腐烂无法辨认了，只好勉强立了3个墓。唐王偷偷到墓前祭奠，也不敢让人知道。这样的事情在朱元璋的嫔妃中不止一次地发生。楚王的母亲胡充妃，因被怀疑堕胎，也被朱元璋一怒之下杀死，将她的尸体放置在城外。楚王来京朝见，寻不到母亲尸首，只找到一条连带，带回自己的封国下葬。

即便是对自己非常喜爱的妃子，朱元璋对这些人的防范之心也无时无刻不存在。除了马皇后外，朱元璋诸妃中地位最高的是李淑妃。她为人"事上有礼，抚下有恩，遇事有断"，是一个既有德行又有才能的女子，很快就成为了朱元璋的贤内助，尤其是在马皇后去世以后，她把朱元璋的后宫管理得井井有条，一直深受朱元璋的信任与喜爱。

洪武三十年（1397）十二月，朱元璋得了一场重病，当时的病症十分危险。朱元璋此时做了一个让人意想不到的举动，他自己以为自己这次肯定是熬不过去了，于是派人把李淑妃叫到病床前，对她说：你跟随我超过了一纪（十二年，指她被册封为淑妃、摄六宫事以来的时间），朝夕在左右侍候，费心用力。你去见见两位哥哥,尽尽骨肉同胞的情谊吧!李淑妃听闻此言后立即就明白了自己的处境,这是朱元璋让她死在自己的前头。之所以她能够独获这样的殊荣,其中的缘由也很简单,那就是她过于有能力,朱元璋担心自己死后她会干政。精明强干的李淑妃马上明白了怎么回事,泣拜道:"臣妾知道了,死就死吧,何必见兄长呢!说罢回宫上吊自杀了。"

但是也正是朱元璋立下这样严苛的制度,在一定程度上维持了大明王朝的稳定。整个明王朝将近 300 年的时间,奇迹般没有严重的后妃外戚干涉朝政的事情。即便像后期的明英宗、明神宗那样年幼即位的,后妃虽处尊位,却只是担负保护皇帝身体健康的职责,对于朝政的影响力是十分有限的。究其原因,这跟后世皇帝效法朱元璋对后宫的严厉管束是分不开的。这也让后世修史的人十分敬佩,《明史》中对朱元璋制定的后宫制度有这样的评价:"终明之代,宫壸肃清,论者谓其家法之善,超轶汉、唐。"

第十七章　凤子龙孙

太子朱标

朱元璋的子嗣有很多,但是他最为重视的无疑是朱标。朱标是朱元璋的长子,母亲就是马皇后。朱标出生在攻占太平府的军旅之中,长子的出世,给酣战中的朱元璋带来了莫大的欣喜。得报后,朱元璋兴奋地在当地的一座山上刻石曰:"到此山者,不患无嗣。"从这个细节我们也可以看出,在内心深处,朱元璋对朱标可以说是寄予了厚望。朱元璋年幼时因为家境的原因无法念书,这也成为了他一生的痛楚。所以,在朱元璋有了朱标以后,首先的任务就是让朱标念书。

朱元璋对朱标的教育可以说是下了很大的力气,从挑选老师的标准就可以看出。朱元璋给自己儿子选择的老师是当时最著名的大学问家宋濂。关于宋濂,在前文中已经有所涉及。

宋濂不仅是一个很好的学问家,他教授学生也很称职。他不仅教给朱标知识,而且教朱标如何做人。最重要的是,宋濂不仅注重言传,同时也注重身教。他自己的一言一行都非常地符合礼法。在教育的过程中,宋濂循循善诱,赢得了朱元璋的认可,也得到了朱标的尊重和爱戴。宋濂与朱标的师生关系时间长达十几年,这十几年间,宋濂的人品和学问对朱标的性格品德产生了很大的影响。

洪武元年(1368),朱元璋登基做了皇帝,其中一件非常重要的事情就是立朱标为太子。至此以后,朱标的辅佐教育制度更加趋于系统和完善。在建国之初,朱元璋保留了历代传承下来的太子府的各种官职,但是这些官员大多是由政府官员来兼职。比如,李善长兼任太子少师,徐达兼任太子少傅,常遇春兼任太子少保等。朱元璋的这种变更是有自己的考虑的,他曾经对在太子府兼职的一个官员说:

朕于东宫官属,不别议府寮,而以卿等兼之者,盖军旅未息,朕若有事于外,必留太子监国,若设府寮,卿等在内,事当启闻太子,或有听断不明,而与卿等意见不同,卿等必谓府寮导之,嫌隙将由是而生。朕所以特置宾客、谕德等官,以辅成太子德性,且选名儒为之宾友。昔周公教成王,告以克诘戎兵,召公教康王,告以张皇六师,此居安虑危,不忘武备。盖继世之君,生长富贵,泥于安逸,军旅之事多忽而不务,一有缓急,罔知所措。二公所言,不可忘也。

从本意上讲,朱元璋不愿意看到宫、府之间的矛盾,也不允许政出多门。

在教育上,朱元璋是一个非常舍得投入的人。他选拔天下著名的儒生到宫廷里做太子以及诸位王子的教师,又从国子监中选拔那些聪明俊秀的青年作为伴读。这些人的主要目的就是真正意义上的"陪太子读书"。但是朱元璋特别告诫老师，说这些人同太子相处的时候，一定要"端其心术，不流于浮靡"，也就是说不仅要认真做学问，在做人上也要循规蹈矩，做出应有的表率。

朱元璋自己也经常参加到对太子的教学之中，或是评论文字，或者是赐宴赋诗，或者是讨论古今政事的得失。朱元璋认为，帝王之学与平民之学不同，他曾经对讲授经书的孔家后人说："人有积金，必求良冶而范之，有美玉，必求良工而琢之。至于子弟，有美质，不求明师教之，岂爱子弟不如金玉耶？盖师所以模范学者，使之成器，因其才力，各俾造就。朕诸子将有天下国家之责，功臣子弟将有职任之寄，教之之道，当以正心为本，心正则万事皆理矣。苟导之不以正，为众欲所攻，其害不可胜言。卿等宜辅以实学，毋徒效文士记诵词章而已。"在这里，我们可以清楚地看到，朱元璋眼中所谓的"帝王之学"，实际上就是对待臣下以宽和，抚人民以仁恕，劝耕桑以省馈饷。为此，朱元璋特意命令东宫和王府负责教育的官员将古人可以作为楷模的言行故事编辑整理，以此作为太子和诸王的教科书。

朱元璋在很早的时候就有意培养朱标的行政能力，希望为他以后治理朝政打下基础，也希望他能够在实践中磨砺个性，增长才干。

洪武六年（1373），朱标只有20岁。朱元璋就命令各衙门，"今后常事启奏太子，重事乃许奏闻。"这说明朱元璋已经开始有意让朱标参与到国家政事的处理之中了。洪武十年（1377），朱元璋又下达了一道命令，"命群臣自今天大小政事皆先启太子处分，然后奏闻。"这其中所想要表达的意思是不言而喻的。朱元璋很希望能够把自己一生的行政智慧都传授给朱标。在下达了这个命令之后，朱元璋对朱标说了一段很长的话：

人君治天下，日有万几，一事之得，天下蒙其利，一事之失，天下受其害。自古以来，惟创业之君历涉勤劳，达于人情，周于物理，故处事之际，鲜有过当，守成之君生长富贵，若非平昔练达，临政少有不缪者。故吾特命尔日临群臣，听断诸司启事，以练习国政，惟仁则不失于躁暴，惟明则不惑于邪佞，惟勤则不溺于安逸，惟断则不牵于文法，凡此皆以一心为之权度，苟无权度则未有不失其当。今有人指石为玉，当辨之曰："果玉乎？果石乎？"知其为非玉，乃石也，如此则的然莫敢吾欺，若信其言以为玉，则是非之心不明，失其权度矣。凡人虽有明敏之资，自非历练临事，率意而行，未免有失，知悔而改，亦已晚矣。吾自有天下以来，未尝暇逸于诸事务，惟恐毫发失当，以负上天付托之意，戴星而朝，夜分而寝，日有未善，寝亦不安，此尔所亲见也。尔能体而行之，天下之福，吾无忧矣。

　　这是在有关朱元璋记载中为数不多的长篇大论。在这里，朱元璋向朱标展示了一个帝王所应该拥有的智慧和能力。他除了强调历练、谨慎，还特别提出了失于躁暴、惑于邪佞、溺于安逸等问题之外，朱元璋特别强调要不被书本所束缚，遇事要勤于思考、善作决断。这些可以说是朱元璋多年以来所积攒下来的经验，但是同时也是朱标在性格中所欠缺的部分。

　　按照朱元璋的设想，朱标在经过这些磨炼以后，应该就能够继承大统，做一个完美的守成之君了，但是事情的发展往往是出乎意料的。

朱标之死

洪武二十五年（1392）四月二十五日，太子朱标病死，享年只有38岁。这对朱元璋的打击可以说是致命的。尤其是在马皇后先朱元璋而去后，太子朱标可以说是朱元璋最后的寄托了。而朱标的死，让已经年老的朱元璋心力交瘁，而朱标的死因则引起了后世的无限遐想。其实，在现有的资料统计之下，想要破解朱标的死亡之谜并不是一件非常困难的事情。

首先是身体上的原因，朱标出生在乱世，童年可以说就是在战乱中度过，他的身体原本是比较柔弱的。作为长子，朱标从一出生后，自己的命运实际上就不由自己控制了。他不能亲自前往战场杀敌，也不允许从事稍有危险的体育活动，朱标所能做的，或者说被允许做的就是读书。身体上的原因可以说是朱标早亡的一个重要原因。

但导致朱标死亡的最重要的原因其实就是性格。朱标从小深受儒家的教育，应该说，他没有辜负朱元璋对他的期待。朱标聪颖忠厚，对宋濂等人言必称师。长大后，温文儒雅，慈仁殷勤，颇具儒者风范。史籍中多称他"为人友爱"、"孝友仁慈，出于至性"。方孝孺曾称颂他："三朝兼庶政，仁孝感婴孩。""懿文光典册，善美过昭明。"虽不无溢美，但也反映了一定的事实。所有的这一切都是按照朱元璋当初预想的那样，但是他的柔弱和怯懦甚至缺乏阳刚之气都让朱元璋感到遗憾和担心。有这么一则民间传说，虽然真伪已经不可考证了,但是很能够说明一些问题。

话说有一天,朱元璋看到一匹御马潇洒至极,便吟诵了一句"风吹马尾千条线",而后命令儿子们对下联。朱标想了想,对出了一句"雨打羊毛一片毡"。朱元璋不是非常地满意。而朱棣则对出了一句"日照龙鳞万点金"。这两句对联很明显地显示出了两个人性格以及志向的不同。

朱元璋虽然自己雄才大略,也希望能够把朱标培养成一名合格的接班者,但是他生性猜疑,有着极强的权力欲望。就像吴晗曾经指出的那样:"全国大大小小的政事,(朱元璋)都要亲自处理。交给别人办,当然可以节省精力、时间,但是第一他不放心,不只怕别人不如他的尽心,也怕别人徇私舞弊;第二更重要的,这样做就慢慢会大权旁落,而他这个人不只是要大权独揽,连小权也要独揽的。"

在这种高压之下,朱标的心理压力可想而知了。虽然朱元璋已经将自己的一部分权力下放给朱标,但是只要有朱元璋在,朱标是清楚地明白自己是不可能放手去处理各种政事的。所谓的历练,其实在很大程度上只是听从李善长等人的意见,想办法去适应朱元璋的想法而已。

洪武十三年(1380)的胡惟庸案,牵涉大量的官员,而这些官员中的很大一部分其实都是和朱标相熟的人,这其中就包括了朱标多年的老师宋濂。太子为宋濂求情,朱元璋不愿答应,并且训斥朱标说:"等你做了天子再去赦免他吧!"这显然是要鞭策朱标要摆正自己的位置。而此时的朱标可以说万念俱灰,作为明王朝未来的继承人,自己甚至都没有能力保护自己的老师。这成为了朱标心中挥之不去的一个心结。最后马皇后为了安抚自己的儿子,亲自向朱元璋求情,最后年老的宋濂得以免死。

在马皇后死后,朱标对其也是非常怀念。朱标听人说,一次朱元璋作战受伤后，被陈友谅的士兵追击。形势万分危急的时候，马皇后及时赶到，背着朱元璋逃命，最后才使得朱元璋免遭不幸。这件事让朱标很感动，于是他便绘制了这种情形的图画，并且经常将这幅图揣在怀中，以寄托自己的哀思。谁也没有想到的是，正是这样的一个举动，可以说在一定程度上救了朱标。

历史上曾有过这样的记载，一日朱元璋又要大开杀戒，朱标便上前劝阻："陛下杀人过滥，恐伤和气。"朱元璋听到这样的话，一时也没有作声。到了第二天，朱元璋故意把一条棘杖放在地下，叫太子拿起，太子面有难色，朱元璋说："你怕有刺不敢拿，我把这些刺都给去掉了，再交给你，岂不是好。我所杀的都是天下的坏人，内部整理清楚了，你才能当这个家。"朱元璋原本以为通过这样的方式能够让朱标明白其中的道理，但是朱标不仅没有领情，而且还大义凛然地说了一句："上有尧舜之君，下有尧舜之民。"这句话的意思表述得也非常明白，那就是有什么样的君主就会有什么样的臣民。

朱元璋自视很高，他一生的信念就是要恢复尧舜禹三代之治，在他苦口婆心教育儿子的时候，自己的儿子非但不明白，反而受到儿子的顶撞批评。朱元璋不禁怒火中烧，也顾不得皇家体统和尊严，起身抓住自己屁股下的座椅就向朱标砸去。旁边的官员和太监都被这一幕惊呆了，谁也不敢上前劝阻。朱标此时急中生智，有意把怀中的图画掉在地上，朱元璋见到这幅图后，感念马皇后的恩情而宽恕了他。

从这些故事中可以看出，朱标明明知道朱元璋酷爱刑法的性格，但是始终不改自己宽仁的主张，甚至不惜冒犯朱元璋。朱标和朱元璋虽然是父子，但是所受的教育不同，生活境遇也不同。这就导致了他的思想作风和处世方式也就不同。朱元璋主张以猛治国，希望人人都能够产生惧怕之心。而太子则生性忠厚，又长期接受儒家教育，所以往往讲究仁政和慈爱。

这种性格的不同如果是出现在普通人家并没有多少问题，关键是发生在当朝皇帝和太子之间，这其中的问题就变得很严重了。在这种情形之下，朱元璋给予朱标的压力是可想而知的。长期的太子生涯让朱标感受到的不是才能的施展，而是漫长的郁郁不得志，甚至是来自父亲给予的惊恐之情。

　　虽然朱标出身皇家并且贵为太子，这在外人眼里是梦寐以求的事情，但是对缺乏足够强健的身体和坚韧的心理承受力的朱标来说，太子的身份并没有给他带来多少生活上的幸福。从小在严厉的儒家教育中，朱标没有自己的童年。在成年懂事以后，朱标可以说是完全生活在朱元璋的阴影之下，最后随着他与朱元璋的矛盾日趋尖锐，在精神压力巨大的情形下，他终于还未来得及登基就先朱元璋而去了。

　　朱标死后，当时著名的儒生方孝孺悲切异常，做了大量的诗篇来怀念他。在方孝孺的眼中，朱标必定是一个德泽后世的明君。历史不容假设，生于帝王家的朱标，在多方的目光中过完了自己尊贵但却郁郁寡欢的一生。

藩王世相

朱元璋一生儿女众多，史书记载共有 26 的儿子。其中长子朱标被封为太子，最小的儿子朱楠因为过早夭折外，其余的 24 个儿子悉数封王。随着朱元璋子女的逐渐增多，朱元璋在自己的生涯中有三次封王的事件。

第一次封王是在洪武三年（1370），所封的主要是从第二子一直到第九子。其中，朱樉封秦王，封地在西安；朱㭎封为晋王，封地在太原；朱棣封燕王，封地在北平。朱橚封为吴王，封地在杭州（后改封周王，封地在开封）；朱桢封为楚王，封地在武昌；朱榑封为齐王，封地在青州；朱梓封为潭王，封地在长沙；第九个儿子朱杞封为赵王，两岁受封，3 岁就死去了，没能就国；朱檀被封为鲁王，封地在兖州。除此之外，朱元璋的侄孙朱文正之子朱守谦被封为靖江王，封地在桂林。由于这次分封的时间比较早，这次封王中，朱元璋年龄最大的是二儿子，也只有 10 岁，年龄最小的才出生两个月。

朱元璋第二次封王的时间是在洪武十一年（1378）。这一次封王主要是从第十一子一直到第十五子。其中朱椿封蜀王，封地在成都；朱柏封湘王，封地在荆州；朱桂封代王，封地在大同；朱楧封肃王，封地在甘州；朱植封辽王，封地在广宁。

朱元璋第三次封王是在洪武二十四年（1391），这次封王主要是自十六子到二十五子，共有 10 个王。由于篇幅限制，在此就不再赘述了。

从朱元璋的分封形式图我们就可以知道，朱元璋的分封并不是随意分封，而是有着深刻用意的。

首先，他将自己的几个大儿子基本上安置在了北方，其目的就是为了防御北元的进攻。除此之外还兼有节制北方将帅以及互相联络的目的。

其次分封的地点就是云贵地区，这同样具有加强边防，控制少数民族聚居区的意义。

最后，朱元璋还分封了一批人到内地。

朱元璋封王的范围很广，几乎是所有儿子都能封王。但这有着严格的程序和标准。按照朱元璋定下的规定，这些将来的藩王要在宫廷内接受很好的教育与培养。朱元璋对他们的要求也非常之高。诸王之中有与皇太子年龄相仿的，就同皇太子一起读书、学文之外，朱元璋还让他们习武，练习武术和兵法。

受封的诸王并不是立刻就能到自己的封国，而是要在京城学习和成长一段时间。按照惯例，这些藩王一般是成年十八九岁后到封国去。朱元璋给予他们很丰厚的物质享受，很高的地位和权力。藩王在自己的封地设有亲王府。王府的规制在当时是非常高的。朱元璋还亲自给王府里的宫殿起了名字，三大殿分别是承运殿、园殿以及存心殿。宫城四门，南边的门名字是端礼门，北面的门是广智门，东边的门是体仁门，西边的门是遵义门。这其中的意思是非常明显的，朱元璋想要通过这种方式来告诫自己的子孙们，要想达到祈天承运的目的，必须存心，必须按照仁义礼智的思维去想去做。

在王府的属官中，朱元璋起初是设有左右相傅的。洪武十三年（1380），朱元璋在中央废除了丞相，王府的相傅制度也就随之废除，专门设置长史负责王府的管理。每座王府拥有大量的护卫，少的有甲士3000，多的高达数万人。王府的冠冕、服饰以及出行的礼仪仅次于天子，公侯大臣都要叩头敬拜，基本上可以说是一个国中之国。

除了这些待遇之外，朱元璋给予自己儿子们规定了极为丰厚的俸禄。众所周知，朱元璋对待官员是很苛刻的，官员能够得到的待遇也非常的低。但是朱元璋对于自己的儿孙们丝毫不吝啬。洪武九年（1374），朱元璋亲自定下规矩，亲王每年支禄米五万石，钞一千四百贯。除此之外，朱元璋还给亲王下面的郡王等其他级别的子嗣都给予了丰厚的财产。

公主们的命运

朱元璋妻妾众多，这也导致了他的子女也众多。史书记载，朱元璋一生生育了16个女儿，除了两个夭折之外，共有14个女儿长大成人。

在朱元璋的14个女儿中，她们中有一半的人都嫁给了公侯勋臣的儿子，朱元璋这样做的目的非常的简单，这种政治上的婚姻一方面是用来密切这些重臣与朝廷的关系，另外一个作用就是为了平衡与牵制勋贵们之间的力量。简单来说，这些金枝玉叶在一定程度上就是朱元璋在调解朝廷政治的砝码和棋子。

在外人眼中，这些公主可以说是吃穿不愁，享尽荣华富贵。但是事实往往并非后人想象的那样。这些小公主往往很早就要嫁人，这些千金小姐中有好几位都是匆匆离开了人世。还有好几位也都只活了二三十岁。还有一些公主因为种种原因在年纪轻轻的时候就守寡，这在历史上都是有着明确记载的。

很多人还没有想到的是，在明初激烈的政治斗争中，一些公主还被迫成为了政治斗争的牺牲品。其中最典型的例子当属朱元璋的长女临安公主。洪武九年（1376），朱元璋将临安公主嫁给了开国功臣李善长的儿子李祺。起初，这样的婚姻结果自然是各取所需，皆大欢喜。但是到了后来，事情就发生了变化。洪武二十三年（1390），朱元璋为了打击功勋势力，将李善长满门抄斩。虽然临安公主最后因为父女情分保住了自己的性命，但是李祺在历史上的记载就语焉不详了。有人说他早就死了，也有人说被流放到了其他地方。总而言之，经过这件事后，作为朱元璋长女的临安公主肯定是生活在不幸之中。

除此之外，还有一些公主正是因为自己是公主身份，最终导致一家人晚景悲凉。这其中的典型代表就是安庆公主。

安庆公主是马皇后所生，嫁给了欧阳伦。欧阳伦并不是勋贵，只是一个进士出身。朱元璋能够把自己的女儿嫁给这个进士，至少说明朱元璋对于欧阳伦是十分认可的。但是，这个读书人显然忘记了自己的身份。

欧阳伦倚仗着自己是皇亲国戚，是马皇后的女婿，就开始为非作歹，危害地方。朝廷对他的这种行为多次提出了警告，但是这位驸马爷依然置若罔闻，我行我素。欧阳伦除了强占土地，隐匿赋税以外，还插足商业，特别是从贩卖私茶中牟取暴利。

明初时期，茶叶属于国家专卖的，严禁私人贩运。朱元璋这样做是有着清晰的战略目的。在明建国之后，朱元璋一直承受着北元给予的种种压力。朱元璋十分担心北元会南下，联合青藏等地，然后对明王朝实施包围。虽然西北地区已经属于明王朝的势力范围，但是它们并不完全由中央政府控制。为了防止这些游牧民族对自己不利，朱元璋在西番实行了茶马贸易制度。

这种以茶易马的交易显然是具有军事和战略的双重意义。这种带有驾驭性质的茶马贸易，极易形成居高不下的垄断价格。在利润的诱惑下，一些皇亲国戚就开始铤而走险，私自贩运茶叶。朱元璋屡次下令禁止这种行为，但是收效甚微。

洪武三十年（1397），朱元璋再次下发命令，严禁私人贩茶，违者将给予重罚。但是欧阳伦却认为朝廷的法令只是针对普通老百姓的，自己并不用遵守。这一年的四月，正值春耕时节，欧阳伦从陕西督运了一批私茶赶往河州。欧阳伦下令当时的陕西布政司，要求沿途的州县准备车辆。欧阳伦的家奴甚至强夺百姓牛车50辆。在遇到官员检查的时候，他甚至命人捶打当地的官员。地方守关的人不堪忍受向朱元璋来报告，朱元璋得到这个情况以后，非常气愤，下令将欧阳伦以及同伙捉拿进京。朱元璋原本想将欧阳伦斩首示众，但是安庆公主苦苦哀求后，朱元璋命欧阳伦立即自杀。而陕西布政使屈从于压力，打扰百姓，一并处死。而地方守关的小吏如实反映情况，受到了嘉奖。

　　这件事在当时引起了很大震动，朱元璋这种惩罚不避亲的行为既严肃了法纪，也是给自己的公主和驸马们一个结结实实的警告。

第十八章　／　念念不忘身后事

最后的法令

洪武二十八年（1395），朱元璋自感来日无多，他把满朝的文武大臣召集到了奉天门发布了一场重要谈话。这也可以说是朱元璋对如何治理国家的总结：

朕自起兵至今四十余年，亲理天下庶务，人情善恶真伪，无不涉历，其中奸顽刁诈之徒，情犯深重、灼然无疑者，特令法外加刑，意在使人知所警惧，不敢轻易犯法。然此特权时处置，顿挫奸顽，非守君所用常法，以君统理天下止守律与大诰，并不许用黥、刺、剕、劓、阉割之刑。盖嗣君宫生内长，人情善恶未能周知，恐一时所施不当，误伤善良。臣下敢有奏用此刑者，文武群臣即时劾奏，处以重刑。

自古三公论道，六卿分职，自秦始置丞相，不旋踵而亡，汉、唐、宋因之，虽有贤相，然其间所用者多有小人专权乱政。我朝罢相，设五府、六部、都察院、通政司、大理寺等衙门，分理天下庶务，彼此颉颃，不敢相压，事皆朝廷总之，所以稳当。以君并不许立丞相，臣下敢有奏请设立者，文武群臣即时劾奏，处以重刑。

　　皇亲国戚有犯，在嗣君自决，惟谋逆不赦，余犯轻者与在京诸亲会议，重者与在外诸王及在京诸亲会议，皆取自上裁。其所犯之家，止许法同举奏，并不许擅自逮问合议。亲戚如皇后家、皇妃家、东宫妃家、王妃家、郡王妃家、驸马家、仪宾家、魏国公、曹国公、信国公、西平侯、武定侯之家，朕皆已著之祖训。尔五府、六部等衙门，以朕言刊梓，揭于官署，永为遵守。

　　这段谈话的第一部分是关于刑法的。在这个时候，朱元璋首次承认自己的法外用刑，强调了因时制宜，不得已而用之，并且严加申明后下不为例。也就是从这个时候起，朱元璋开始酝酿修订洪武七年（1374）的《大明律》。修订后的《大明律》颁行于洪武三十年（1397）年五月，将原律中的七十三条量刑较重的部分进行了修改。从整体上看，修订后的这部律法中的刑罚依然过重，但毕竟是将整个大明王朝的航船驶入了正确的航向。

　　谈话的第二部分是重申废除丞相制度的正确性和必要性。这也构成了明清数百年间的朝廷政治格局。

　　谈话的第三部分则是有关藩王。这是朱元璋一直不断考虑和思索的重要问题。这一年的几个月后，朱元璋颁布了《皇明祖训条章》，这个《祖训条章》是在洪武六年（1373）五月颁定的《祖训录》的基础上制定而成的。朱元璋对于这部《皇明祖训条章》寄予了极高的期望。他在颁行这个条章之前，对礼部有这样一段训示：

  自古国家建立法制，皆在受命之君，以后子孙，不过遵守成法，以安天下，故日夜精思，立法垂后，永为不刊之典，如汉高祖刑白马盟曰："非刘氏者不王。"以后诸吕用事，尽改其法，遂至国家大乱，刘氏几亡。此可为深戒者。尔礼部其以朕训颁行天下诸司，使知朕立法垂后之意，永为遵守，后世敢有言改变祖法者，即以奸臣论。

  在这段讲话中，朱元璋展示了他希望能够立法垂后的担当以及作为万世师表的决心。为了表明自己的正确性，朱元璋再次援引了他所喜爱的刘邦现身说法，指出后世破坏了刘邦立下的规矩才产生了祸乱，尽管他认为刘邦在立法垂后方面做得远远不够。

  从内容上看，这个条章共分祖训首章、持守、严祭祀、谨出入、慎国政、礼仪、法律、内令、内官、职制、兵卫、营缮、供用13个部分。内容无所不包、细致入微，极具实用性。在这里他再次强调了不许设立丞相，不许后宫干政，不许太监干政，等等，同时花费了大量笔墨，再次劝诫诸王与皇室同心同德，保护大明江山，保住自己的荣华富贵。朱元璋在这里写道：

  凡自古亲王居国，其乐甚于天子。何以见之？冠服、宫室、车马、仪仗亚于天子，而自奉丰厚，政务亦简，若能谨守藩辅之礼，不作非为，乐莫大焉。至如天子，总揽万机，晚眠早起，劳心焦思，唯忧天下之难治。此亲王所以乐于天子也。

这其实是朱元璋在劝说藩王要知足常乐。为了能够起到震慑的作用,朱元璋可以说是恩威并施。在教育藩王上,朱元璋曾这样对他们说:

凡古王侯,妄窥大位者,无不自取灭亡,或连及朝廷俱废。盖王与天子,本是至亲;或因自不守分,或因奸人异谋,自家不和,外人窥觑,英雄乘此得志,所以倾朝廷而累身己也。若朝廷之失,固有此祸;若王之失,亦有此祸。当各守祖宗成法,勿失亲亲之义。

朱元璋的这种劝勉中又含有警戒。在朱元璋的眼中,他分封的那些藩王,既是朝廷的隐忧,同时又是一种守护国家的重要力量。

后事的交代

洪武三十年（1397）年，朱元璋一直忙碌的身体给他发出了最后的预警。朱元璋病倒了，但是一旦等到病情有所好转，朱元璋就开始留心身边精明强干的托孤大臣。一天，朱元璋就问兵部右侍郎齐泰关于边疆诸将的情况，齐泰把一个个将领的姓名、履历、功过甚至个性都说得清清楚楚。朱元璋暗自惊喜，又向他问山川要塞以及布防的情况，齐泰则一边介绍，一边从袖口中抽取自己绘制的山川关津以及兵力布置的示意图。朱元璋此时决定齐泰是可以被重用的人才。

洪武三十一年（1398）年四月，朱元璋已经步履蹒跚。按照正常的规定，每年的四孟时节，也就是阴历正月、四月、七月和十月以及除夕时节皇帝要亲自去太庙上香祭祀。但是此时的朱元璋自己行动都已经是十分困难了。为了朱元璋的身体着想，妃子以及内侍大臣都劝说朱元璋不要亲自去了。按礼节的话，朱元璋可以派遣皇太孙代为行祭。

朱元璋考虑了良久，最终还是决定自己去祭祀。这其中的原因我们现在已经不得而知，最有可能的就是他自己觉得这是最后一次向他的父母敬献祭品，表达自己心意的机会了。在朱元璋的心目中，他虔诚地相信，他自己从一个放羊的流浪孤儿到最终成为大明王朝的天子，并且能够在天子之位上安享30多年，这都是父母以及祖宗的恩泽。他也相信，只要自己诚心向父母祈祷，将来也一定能够保佑自己的子孙后代永享富贵。

在这种精神的激励之下，朱元璋还是亲自前往祭祀。礼毕后，朱元璋对太常寺卿等礼臣说："当年建太庙的时候，祖宗神主迁入供奉，朕行罢祭礼，稍事休息，不知不觉睡着了，梦见我父亲喊着我的名字说道：'西南有警。'我随即上朝，果然有西南边报。祖宗神明照临在上，无时不在，你们掌理祭祀的大臣，要加意敬慎，宦者早晚都要洒扫，侍奉神主，你们应当按时去检查，务令心诚事洁，以安神灵。"

官员连声表示赞同，并且劝说朱元璋要保重龙体，早点回到皇宫。但是朱元璋却一直流连忘返，不忍心离去。朱元璋在查看了太庙周围的环境后，他对随行的官员说："当年新建太庙时，它们都还是新植的小树，现在不觉都已枝繁叶茂了，想凤阳皇陵也应该是这样了。皇考皇后（父母）离我而去已是50多年，可惜我已不能亲到皇陵为他们烧上一陌纸钱！"

这种真情的流露让周围的官员都感动不已。

人之将死，其言也善。朱元璋清楚地意识到自己来日已经无多了。不久之后，朱元璋卧病不起，朱允炆连日在病榻前侍候，形容憔悴，朱元璋十分心痛，他很担心传授给这个听话懂事、仁爱慈孝的孩子的这份大产业会被别人夺走，而最大的威胁来自他的四儿子朱棣。

此时的皇太孙朱允炆也清楚地感觉到了威胁。他问曾经陪同自己读书的太常寺卿黄子澄："现在诸王都是我的长辈，手握重兵，又不遵守法纪，应该怎么办呢？"黄子澄觉得，眼下还不是采取行动的时候，但是暗示出汉朝平定七国之乱的经验还是必要的。黄子澄说出了自己的对策："诸王的护卫兵，只足以自守，倘若有变，出以六师，他们谁能抵挡得住呢？汉七国并非不强，而最终却灭亡了。大小强弱视情势各不相同，而顺逆之理也各异。"

朱允炆听从了黄子澄的意见，开始着手稳定地处理这件事。与此同时，朱允炆的行动也传到了燕王朱棣那里，其实他们都在等待一个时间，那就是朱元璋病逝的那一天。

撒手人寰

洪武三十一年（1398）五月初八，朱元璋病情加重，开始卧床不起。71岁的朱元璋再度病倒。一生好强的他开始还勉强撑着病体，"日临朝决事，不倦如平日"，以为能熬过去，不想百般治疗，病情始终未见好转。皇太孙朱允炆日夜陪伴在朱元璋的身边。看着孝敬的朱允炆，朱元璋又怜惜又心痛。面对自己传下的这份庞大的家业，他担心自己年幼的孙子无法驾驭。但是事已至此，他必须要为巩固自己的江山做好另外的打算。

多年的政治生涯让他对现实状况有着极为清晰的认识。朱元璋决定在自己临终之前为自己的王朝再做最后的事情。他在告别自己的江山之际，他下达了两道命令：第一就是不允许诸多的藩王借着国丧的机会聚集到南京。第二件事就是王国所在的军队一律听候朝廷的调遣。

到了最后，朱元璋命人将自己信任的齐泰召到自己的床榻之前，并且口授了自己一生中的最后一道诏旨，实际上也就是遗诏：

朕受皇天之命，膺大任于世，定祸乱而偃兵，妥生民于市野。谨抚驭以膺天命，今三十有一年，忧危积心，日勤不怠，专志有益于民。奈何起自寒微，无古人之博智，好善恶恶，不及多矣。今年七十有一，筋力衰微。朝夕危惧，虑恐不终。今得万物自然之理，其奚哀念之有？皇太孙允炆，仁明孝友，天下归心，宜登大位，以勤民政。中外文武臣僚，同心辅佐，以福吾民。葬祭之仪，一如汉文勿异。布告天下，使知朕意。孝陵山川，因其故，毋所改。天下臣民，哭临三日，皆释服，毋妨嫁娶。诸王临国中，毋至京师。王国所在文武吏士，听朝廷节制，唯护卫官军听王。诸不在令中者，推此令从事。

遗言的最后几句，可以说完全是针对朱棣而发的。朱元璋自己也知道，自己对于藩王的诸多问题事实上处理的是有些过于匆忙了，但是此时他已经没有足够的精力去调整。为此，他只好传令不准诸王借国丧机会聚会于南京；藩国所在地的军队一律听候朝廷调遣。为了国家的安定，他不得不牺牲亲情，放弃了与儿子们见最后一面的机会。

这一年的闰五月初十日，朱元璋怀着无尽的留恋、忧虑与惆怅，撒手人寰。朱元璋死后的第七天，皇太孙朱允炆即位，葬朱元璋于孝陵，上谥号曰"高皇帝"，庙号"太祖"。

临终之前，朱元璋发布了一生中最为残酷的命令："责殉诸妃。"也就是命令嫔妃们为他殉葬。这道命令，实际上也就是复活了在中国已经消失了1000多年的人殉制度。

殉葬制度是中国早在先秦时代的野蛮风俗，那个时候的贵族们生前钟鸣鼎食，死后还要把生前喜欢的一切，包括美貌的侍女都带到坟墓中去继续享用。墨子说:"天子杀殉,众者数百,寡者数十;将军大夫杀殉,众者数十,寡者数人。舆马女乐皆具。"后世的考古发现也证明了,在战国以前的贵族大墓,常常可以见到累累殉葬的白骨。

但是随着人本思想的逐渐觉醒,这种落后而野蛮的做法就不断遭到人们的批评。以秦国为例,秦国起于西陲,在诸国中文化最为落后,公元前621年,秦穆公去世,殉葬者居然高达177人,秦人因此作了著名的《黄鸟》之诗,表达讽喻痛惜之意。墨子批判殉葬制"辍民之事,靡民之财",荀子则更激烈地批判道:"杀生而送死谓之贼!"随着人类文明的演进,春秋以后,人们开始以大规模制造泥塑木偶来替代生人陪葬,人殉现象就变得越来越少了,秦国也在公元384年正式下令废除了人殉制度。而到了两汉以后,中原王朝基本上废除了殉葬制度。

然而,朱元璋的这道命令可以说是文化上的一次倒退。在朱元璋诸多的后宫之中,除了张美人的女儿年仅4岁需要抚养得免一死外,其他为朱元璋侍寝过的近40位宫人妃子都被迫自杀。《明朝小史》卷三载:"太祖崩,伺寝宫人尽数殉葬。"

关于殉葬的具体情形,在中国的史书上并没有见到相关的记载。不过在朝鲜的《李朝实录》中详细记载了明成祖去世后嫔妃殉葬的情形。明成祖效法朱元璋,遗命30名宫人自杀从殉。太监先是在一间大殿外摆上了数桌食物,让宫人吃了人生最后一顿饱饭,并与明成祖的继承人仁宗告别,然后把她们带到殿内。大殿之内,已经放好了30多张"小木床",梁上悬下30条结实的绳子,末端打好了一个个活结。看到这个情景,一时之间,宫人"哭声震殿阁",有唤爹娘的,有喊老天的,还有几人干脆晕倒在地。那些清醒的人被命令自己站上木床，"以头纳其中，遂去其床，皆雉颈而死"。几个晕倒的，则被人抬着送到绳结中勒死。

这无疑是一种极为残忍的方式，明朝特别重视祖制，因此后世有足够的理由推算，朱元璋死后诸多妃子的死亡过程是与此类似的。那朱元璋为什么要冒天下之大不韪，复活了已经消失千年的人殉制度呢？说到底，其中的原因很简单，那就是对生命尤其是女性生命的极端蔑视。

为了对殉葬者有所补偿，朝廷往往会给那些地位比较高的殉葬者的亲戚一些优恤。《明史·后妃传》载："太祖崩，宫人多从死者。建文、永乐时，相继优恤。如张凤、李衡、赵福、张璧、汪宾诸家，皆世袭锦衣卫千百户，人谓之'太祖朝天女户'。"

但是无论怎么样的补偿，逝去的生命是无法补偿的。朱元璋最终还是离开了自己创建的庞王朝。

功过谁说

朱元璋走了,留下一个初具规模的庞大帝国。那在朱元璋走后,也是时候对这个人做一个稍具不同的评价了。

首先,不可否认的是,朱元璋是一个极其勤劳的人。著名的历史学家吴晗曾经做出过统计,在洪武十七年(1384),从九月十四日到二十一日的8天之中,天下各衙门所上奏章达1160件,所言之事有3391件。以每件奏章1000字计,也要有116万字,这样算下来,他平均每天要批阅20余万字,处理423件事。而这只是朱元璋处理政事中的一部分。除了批阅奏章以外,他还要每天上朝接受面奏,接见各地来京上告的耆民,处理百姓击登闻鼓直接告状的事,定期接见朝觐的官员,用日理万机来形容朱元璋的工作状态丝毫也不过分。朱元璋自己常常以救民自任,以圣人自期:"凡事,勤则成,怠则废;思则通,昏则滞。故善持其志者不为昏怠所乘,是以业日广,德日进。"他认为,常人与圣人的区别在于勤奋和思虑,他想要做大禹、周文王那样的圣人,而以元朝末年皇帝的骄奢淫逸为戒。

其次,朱元璋同样也是一个极其简朴的皇帝。朱元璋的简朴并非出于吝啬,而是出于爱惜民力的真诚。当然,长治久安也一直是他考虑的因素,他担心骄奢淫逸将会导致国家不旋踵而败亡的命运。明人曾经称赞朱元璋,说他:"节于自奉,食不用乐,罢四方异味之贡。非宴群臣,不特设盛馔。功业益崇，益尚俭朴。"这意思就是说，朱元璋的吃穿用度很节俭，吃饭时不像一些帝王那样需要演奏音乐，他还下令各地停止进贡珍奇异味，如果不是要宴请群臣，绝不摆大的宴席。朱元璋功业越高，越崇尚简朴。

朱元璋的这种简朴实际上来源于自己深切的生活体会。无论是历史还是眼前最近的元朝，朱元璋所能想到的就是为了自己所建立的王朝能够长治久安。他曾经说：

古王者之兴，未尝不由于勤俭；其败亡，未尝不由于奢侈。前代得失可为明鉴，后世昏庸之主，纵欲败度，不知警戒，卒濒于危亡，此深可慨叹。大抵处心清净则无欲，无欲则无奢侈之患。欲心一生，则骄奢淫逸无所不至，不旋踵而败亡随之矣。朕每思念至此，未尝不惕然于心，故必身先节俭，以训于下。

朱元璋可以算得上是中国历史上出身最卑微的皇帝，但是这并不能掩盖朱元璋的辛勤努力。能够在乱世中艰难生存并最终战胜所有的对手，这看似天命，实则是个人奋斗的结果。朱元璋生来之时一无所有，死后给自己的后代留下一个幅员辽阔的庞大王朝。他出身农民，但是从来没有背离农民。

如果从功业上来讲，朱元璋最大的功业无疑是推翻元朝统治，建立统一的新王朝。在这个王朝之下，使我国众多民族处在强有力的中央政府的管辖之下，大大加强了各民族间政治、经济和文化联系，使我国统一的多民族国家得到进一步的巩固。

清顺治十年（1653）正月的一天，当时的皇帝突然乘兴同大学士范文程、陈名夏等人讨论起古来君王的高下优劣来，其中陈名夏认为唐太宗可谓是帝王中的翘楚，但顺治却不能苟同，他认为作为明太祖的朱元璋是无与伦比的。为此，顺治解释说："虽然洪武帝也有所失政，可是他为后代君主所定下的条例章程，其规画之周详、完备，乃至于后世为政只须按部就班就是了。这就是朕特别推崇洪武帝的原由了。"

由此可见，朱元璋的成功不在于他的开疆拓土，更在于建立了一套完备的政治统治制度。这一制度，产生了积极的作用，也有着消极的影响。他推翻了元朝的腐朽统治，废除了不平等的民族政策，大力整顿吏治，实行休养生息政策，使社会经济得到恢复和发展，广大人民过上了安定的生活，促成了明初繁荣富强的局面。为了维护统治局面，屠戮功臣，大行文字狱，实行文化专制等行为也在历史上被人诟病。